U0936028

湘潭大学年鉴2016

XIANGTAN UNIVERSITY ALMANAC, 2016

湘潭大学党委办公室
湘潭大学校长办公室 编

湘潭大学出版社

湘潭大学年鉴(2016年)编委会

湘潭大学年鉴(2016年)编辑部

▲湘潭大学党委书记　章　兢
（2013 年 5 月—2016 年 12 月）

▲湘潭大学校长　黄云清
校长(2013 年 12 月—2016 年 12 月）
党委书记(2016 年 12 月—）

▲湘潭大学校长　周益春
（2016 年 12 月—）

▲ 2016 年 9 月 13 日，教育部部长陈宝生专程来校考察，调研了琴湖食堂、低维材料及其应用技术教育部重点实验室、校史馆等，对学校的发展成果表示肯定，对学校新学期工作表示赞赏

2016 年 4 月 7 日，最高人民检察院党组副书记、副检察长邱学强来校考察，指导学校反腐败司法研究基地建设，并勉励年轻博士：珍惜时光，专心科研，多出成果

2016 年 11 月 13 日，国家国防科技工业局副局长吴艳华来校考察，调研了校史馆、“装备用关键薄膜材料及应用”湖南省国防科技重点实验室、“国防科技数值算法与模拟”湖南省国防科技重点实验室等，肯定了学校在国防科研及实验室建设等方面取得的成绩

2016 年 5 月 4 日，省委常委、省委统战部部长黄兰香来校调研。希望学校重点抓好党外代表人士“举旗手”的培养和党外知识分子服务工作，在全国做出示范

▶2016年10月10日，中国航天60周年暨第四届航天工程和高性能材料需求与应用高端论坛在湘潭大学开幕。副省长向力力出席并在讲话中肯定了学校在高性能航天材料及关键航天部件研制和研发方面取得的优异成绩

◀2016年6月2日，省政协副主席杨维刚一行来校考察，参观了土木工程与力学学院流变力学实验室、岩土力学与工程安全湖南省重点实验室，并就“加快发展我省深海矿产资源开发技术与装备产业”进行专题调研

▶2016年12月10日，教育部高教司理工处处长吴爱华来校，就本科教育、学科专业建设、创新创业教育等进行调研，并鼓励大学生：想他人未想、做他人未做，努力拼搏、继续创新

◀2016 年 6 月 16 日，2016 届毕业生毕业典礼暨学位授予仪式在学校体育馆举行。校党委书记章兢主持毕业典礼，校长黄云清代表学校向毕业生表达了美好的祝愿

▶2016 年 9 月 3 日，2016 级新生开学典礼在第二田径场隆重举行

▶2016 年 3 月 30 日，学校党务工作会议在逸夫楼一报告厅召开。会议部署 2016 年学校宣传思想、党风廉政建设、组织统战、综治维稳工作

◀2016 年 12 月 28 日，学校召开 2016 年度本科教学工作会议，校党委书记黄云清作“坚守湘大经典品牌，创建一流本科教育”的主题报告，校长周益春主持会议并作会议总结，副校长廖永安作“把握机遇，紧抓落实，建设一流本科教育”的教学工作报告

▶2017 年 1 月 6 日，第七届教职工、第十届工会会员代表大会第四次会议在逸夫楼一报告厅举行。校长周益春作了关于“不忘初心，深化改革，努力开创有鲜明特色的高水平现代大学建设新局面”的工作报告

▶2016 年 5 月 11 日，学校召开第八次综合改革推进会，专题讨论资源配置改革方案

◀2016 年 7 月 14 日，学校召开 2016 年暑期研讨会，瞄准“双一流”建设，全面落实“十三五”发展规划和综合改革，加快推进有鲜明特色的高水平现代大学建设

▶2016 年 9 月 13 日，“环境资源保护与生态文明建设”研讨会暨湘潭大学环境与资源学院成立大会在逸夫楼一报告厅举行。中国工程院院士郝吉明、欧阳晓平，教育部科技司副司长高润生，校党委书记章兢、校长黄云清等出席

2016年4月8日，学校思想政治理论课“领航讲堂”启动仪式在逸夫楼一报告厅举行。中国社会科学院马克思主义研究院院长邓纯东，省委宣传部部务会成员、省政府新闻办副主任肖君华，校党委书记章兢、副校长刘建平、廖永安出席启动仪式

2016年5月20日，北京大学原常务副校长王义遒教授作客“韶风名家论坛·大学生文化素质教育系列报告”，为学校师生作了“论自爱”的主题报告。校党委书记章兢出席

2016年1月18日，81岁的天体化学与地球化学家、中国绕月探测工程首席科学家、中国科学院院士欧阳自远来校，揭秘“中国的探月梦”，勉励湘大学子立志高远，报效祖国。校长黄云清为欧阳自远颁发“湘潭大学荣誉教授”聘书

▶2016年10月21日，著名经济学家、耶鲁大学终身教授陈志武作客“韶风名家论坛”，分别围绕“文明变迁的金融逻辑——量化发展在历史研究中的应用”“金融为什么难发展——市场·家族·宗教·政府”两个主题举行了讲座。校长黄云清为陈志武颁发“湘潭大学特聘教授”聘任证书

◀2016年4月7日，总装备发展部抗辐射加固技术专业组组长范如玉少将作客“韶风名家论坛”，为学校师生举行了一场主题为“抗辐射能力裕量和不确定度量化(QMU)设计方法”的讲座。校长黄云清为范如玉少将颁发“湘潭大学兼职教授”聘书

▶2016年12月26日，在毛泽东同志诞辰123周年之际，湘潭大学千万元“伟人之托”奖助学金捐赠及颁奖典礼在学校大礼堂举行，208名学生获得总计94万元的“伟人之托”奖助学金，校长周益春出席并颁奖

◀2016年10月17日，全国工程教育专业认证专家组在学校召开见面会。19日，信息工程学院自动化专业、环境与资源学院环境工程专业接受全国工程教育专业认证专家组现场考查

▶2016年10月25日至27日，化工学院化学工程与工艺专业接受全国工程教育专业认证专家组现场考查

◀2016年4月22日，“最高人民法院多元化纠纷解决机制研究基地揭牌仪式暨多元化纠纷解决机制理论与实务研讨会”在学校举行

◀2016 年 7 月 15 日，第十九届全国凝聚态理论与统计物理学术会议在湘潭召开，该会由学校物理与光电工程学院承办。校长黄云清出席开幕式

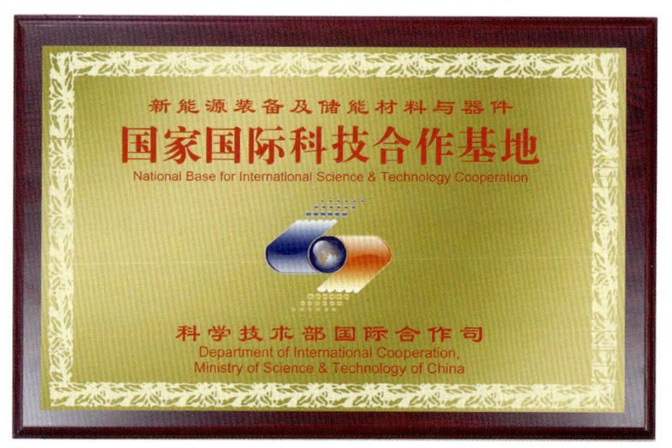

▲新能源装备及储能材料与器件国家国际科技合作基地牌

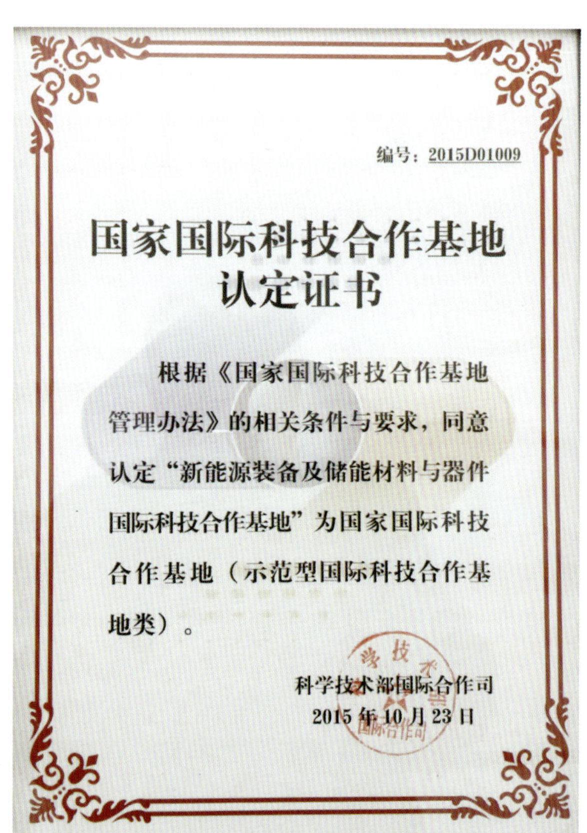

编号：2015D01009

国家国际科技合作基地
认定证书

根据《国家国际科技合作基地管理办法》的相关条件与要求，同意认定“新能源装备及储能材料与器件国际科技合作基地”为国家国际科技合作基地（示范型国际科技合作基地类）。

科学技术部国际合作司
2015 年 10 月 23 日

◀2016 年 1 月 19 日，科技部召开 2015 年度国家国际科技合作基地工作座谈会，向新认定的国际科技合作基地授予了认定证书。湘潭大学王先友教授牵头申报的“新能源装备及储能材料与器件”国际科技合作基地被认定为“国家国际科技合作基地（示范型国际科技合作基地类）”，标志着学校在国家级科技平台建设上实现了新的突破

▲第十二届全国人大代表、化工学院罗和安教授出席人大会议

▲第十二届全国政协委员、副校长刘长庚教授接受采访

◀2016年3月29日，英国德蒙福特大学杨圣祥教授受聘信息工程学院湖南省“芙蓉学者计划”讲座教授，副校长宁建民出席聘任仪式

▶2016年2月28日，校党委书记章兢、副校长刘长庚等看望中国美术家协会会员、学校艺术学院原院长周小愚教授，并为其颁发荣誉证书，感谢他为艺术学院的创办、建设和发展作出的重要贡献

▶2016年4月19日，校党委理论学习中心组开展集中（扩大）学习，校纪委书记高协平结合自身学习体会，对《中国共产党廉洁自律准则》和《中国共产党纪律处分条例》出台的背景、主要特点、主要内容、关联案例、党纪政纪的执行等作了深入解读

◀2016年12月19日，国务院教育督导委员会办公室对湘潭大学子弟学校义务教育均衡发展情况进行实地督导检查。副校长郑赤建陪同检查

▶2016年5月21日，金翼5·1·8爱心团队在逸夫楼二报告厅举办十周年成果报告会。副校长刘建平出席

2016 年 6 月 29 日，全国红色旅游工作协调小组办公室、湖南省旅游局在湘潭大学举办了主题为“追寻红色印记·传承红色基因”的红色旅游校园行系列活动，以实际行动纪念建党 95 周年和工农红军长征胜利 80 周年。湘潭大学党委书记章兢、副校长刘长青出席活动

2016 年 7 月 8 日，由中国法学教育研究会、中国人民大学法学院和南非开普敦大学法学院共同主办的“2016 中非法学院院长论坛”在中国人民大学明德法学楼召开。来自中非两国大学 40 余位法学院院长参加了此次论坛。湘潭大学副校长廖永安作为特邀嘉宾参加论坛

2016 年 6 月 2 日，第二届教职工气排球比赛在新体育馆落下帷幕。校党委副书记周益春、校工会主席戴飞军等出席闭幕式

▲2016年11月20日至27日，校党委书记章兢一行6人，先后访问了马来西亚马来亚大学和印度德里大学

▲2016年6月23日至30日，应美国密苏里大学圣路易斯分校和墨西哥国立自治大学邀请，校长黄云清率学校代表团一行6人赴美国、墨西哥访问，就师生交流和科研合作进行了深入探讨

▶2016年6月26日，中国驻墨西哥大使邱小琪在大使官邸会见了代表团一行

▶2016年4月5日，湘潭市委书记曹炯芳，市委常委、市委秘书长陈忠红一行来校调研考察。曹炯芳就湘潭市与湘潭大学“校地共建”，提出了“共建、共享、共生、共荣”的理念，希望共同打造全国“校地共建”的典范，实现双方的合作共赢

◀2016年11月12日至13日，校党委副书记周益春、副校长刘长庚来到学校对口扶贫村龙山县苗儿滩镇补洲村，实地考察学校精准扶贫工作，并代表学校师生向补洲村捐赠25万元

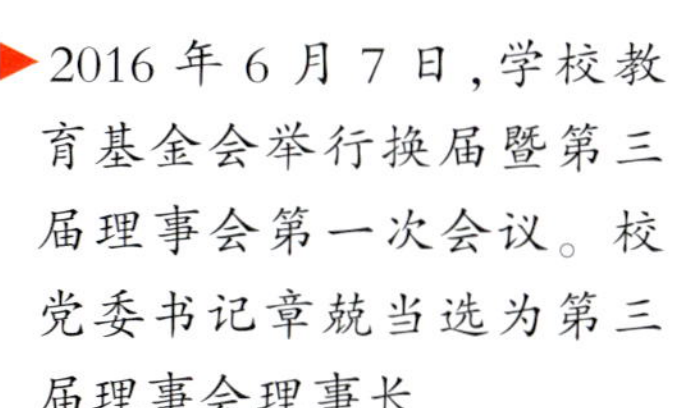

▶2016年6月7日，学校教育基金会举行换届暨第三届理事会第一次会议。校党委书记章兢当选为第三届理事会理事长

◀2016 年 2 月 5 日，湘潭大学陕西校友会在西安举行了以“秦湘连、秦湘恋”为主题的成立大会，校党委副书记周益春出席成立大会

▶2016 年 4 月 2 日，被誉为“中国风投第一人”的美国国际数据集团(IDG)全球常务副总裁兼亚洲区总裁熊晓鸽，作客学校就业创业大讲堂，给全校师生带来了一场“创新与创业”的主题报告

◀2016 年 10 月 26 日，第五届全国老年大学文艺汇演在学校大礼堂开幕。校党委副书记周益春出席

◀2016 年 11 月 12 日，全校师生举行纪念长征胜利 80 周年暨 2016 年"红色之旅"徒步韶山行

▶2016 年 12 月 22 日，全校师生举行环校健身长跑，纪念毛泽东诞辰 123 周年

◀2016 年 10 月 7 日，红色旅游校园行——纪念红军长征胜利八十周年百人大合唱比赛在大礼堂唱响。2016 级新生歌唱红色经典曲目，向红军长征精神致敬

◀2016年5月21日，"祖国在我心中"班级诗歌朗诵大赛暨"魅力班级，和谐校园"第十一届班级擂台赛系列活动颁奖典礼在学校大礼堂举行

▶2016年3月22日，湘潭大学第二十一届"百灵鸟"杯辩论赛开幕

◀2016年5月26日，湘潭大学第二十一届研究生学术文化节在逸夫楼报告厅举行

◀2016 年 5 月 29 日，湘潭大学代表队获中国大学生羽毛球超级赛亚军

▶2016 年 5 月 27 日，历史系研究生邓榕和文学与新闻学院研究生阳晓合著《当天地还小的时候》新书分享会在图书馆报告厅举行

▶2016 年 10 月 28 日至 29 日，湘潭大学第 36 届学生田径运动会在第二田径场举行

◀2016 年 10 月 23 日，第四届“爱心雨伞”启动仪式在第二田径场举行，400 把“爱心雨伞”投放到各大食堂。副校长刘建平出席并为“爱心雨伞”工程揭幕

▶2016 年 4 月 10 日，湘潭大学第十二届“挑战杯”大学生创业计划竞赛终审决赛在学生活动中心报告厅闭幕

◀2016 年 6 月 14 日，湘潭大学“我的青春不迷茫”欢送 2012 级毕业生晚会在学校俱乐部举行。副校长刘建平与毕业生共同观看了这场视听盛宴

两学一做

2016年5月11日，学校“两学一做”学习教育工作部署会议在逸夫楼一报告厅召开。校党委书记章兢为全体中共党员处级以上领导干部、教职工党支部书记、学生党支部书记讲授了一堂专题党课。校党委副书记、校长黄云清主持会议，校党委副书记周益春作了关于开展“两学一做”学习教育的工作部署

2016年7月1日，省委常委、省委组织部部长郭开朗专程来校，为土木工程与力学学院研究生、本科生党支部100余名学生党员上党课。上课前，郭开朗一行参观了艺术学院主办的庆祝建党95周年暨“两学一做”学习教育艺术作品展。在土木工程与力学学院，郭开朗听取了学院及学科工作情况汇报，考察了岩土力学与工程安全湖南省重点实验室、工程结构动力学与可靠性分析湖南省高校重点实验室

▶2016 年 7 月 11 日，学校在逸夫楼一报告厅举行"两学一做"党务骨干培训示范班。校党委副书记、校长黄云清以《学系列讲话，明精神实质，促学校科学发展》为题，讲授了一堂专题党课

◀2016 年 7 月 1 日，艺术学院建党 95 周年暨"两学一做"学习教育艺术作品展在土木工程与力学学院一楼大厅举行，校党委书记章兢、校党委副书记周益春出席开展仪式

▶2016 年 6 月 7 日，机械工程学院在毛主席铜像广场举行"红色党旗下，党员对你说"活动，90 名学生党员集体宣誓话离别

◀2016 年 9 月 27 日，学校落实“两学一做”学习教育知识竞赛决赛在大礼堂举行，商学院代表队获得冠军

▶2016 年 10 月 22 日，化学学院全体党员到韶山开展党性教育

◀2016 年 5 月 31 日，发展规划与学科建设处党支部开展“两学一做”专题学习

▶2016 年 5 月 12 日，兴湘学院全体教职工党员在院办公楼召开“两学一做”学习教育动员部署会议

◀2016 年 6 月 28 日，图书馆党总支组织全体党员集中学习党章党规

▶2016 年 6 月 20 日，文学与新闻学院党委开展“两学一做”专题学习

▲2016 年 6 月 23 日，学校开展党外代表人士“两学一助”学习教育动员会。校党委副书记周益春主讲了“以新湖南助力新湘大”的专题学习讲座。“学系列讲话，学优良传统，助力新湖南”是湖南统一战线积极呼应中共中央“两学一做”学习教育，加强党外代表人士教育的一项创新实践

马克思主义学院研究生党员开展“百姓微宣讲”、文明督导和市容环境卫生维护等公益志愿活动

巡视整改

▲省委巡视第八组专项巡视湘潭大学工作动员会

▲巡视组组长郭树人

▲校党委书记章兢

▶2016 年 9 月 7 日，省委巡视组专项巡视湘潭大学党委情况反馈会

◀2016 年 9 月 30 日，巡视整改工作推进会

▶2016 年 9 月 19 日，巡视整改专题民主生活会

孔子学院专题

湘潭大学自2009年开始着手申办孔子学院，目前已获批2个孔子学院，分别为莱昂大学孔子学院和麦克雷雷大学孔子学院，成为湖南省内首个在海外建有2所孔子学院的高校。2016年1月，学校成为国家汉办孔子学院奖学金生接受院校。

2所孔子学院情况（2016年）

孔子学院	院长（人）	汉语教师（人）	汉语教师志愿者（人）	教辅人员（人）	教学点（个）	注册学生（人）
莱昂大学孔院	2	2	12	5	2	450
麦克雷雷大学孔院	2	3	11	5	5	700

西班牙莱昂大学孔子学院

2011年10月，学校与西班牙莱昂大学合作建立的孔子学院正式挂牌成立，时任西班牙首相出席成立大会并发表了热情洋溢的讲话。莱昂大学孔子学院的课程设置覆盖了初、中、高级不同水平，兼顾语言、文化和商务汉语教学。孔院现有专职和兼职工作人员21人，其中中、外方院长各1人，汉语教师2人，汉语教师志愿者12人，专职行政人员3人，兼职行政秘书2人。莱昂大学孔子学院开办至今，招生人数逐年提升，目前已开设2个教学点，2015—2016学年总注册学生为450余人。目前孔子学院在岗中方院长和1名汉语教师均拥有对外汉语专业博士学位，其中1人为副教授。学校还将根据莱昂大学需求，派出更多专业师资，协助其申办汉语本科专业学位。

◀2016年2月12日，莱昂大学孔子学院2016年春节联欢晚会在圣弗朗西斯科大剧院成功举办。图为孔子学院学生表演中国传统舞蹈

◀2016 年 2 月 25 日，中国著名国画家杨渝光先生个人画展在莱昂大学举办。画展展出了杨渝光近年来创作的 40 多幅国画作品。图为杨渝光先生与画展参观者进行艺术交流

▶2015 年 4 月 9 日，莱昂大学孔子学院承办第 15 届“汉语桥”世界大学生中文比赛暨第 9 届“汉语桥”世界中学生中文比赛西班牙赛区区赛

◀2016 年 6 月 11 日，由莱昂大学孔子学院、马德里中国文化中心和欧华传媒集团共同举办的莱昂市首届中国端午文化节圆满举行

▲2015 年 10 月 20 日，中国著名魔术师刘谦先生参观西班牙莱昂大学孔子学院

▲2016 年 6 月 21 日，孔子学院总部欧洲处处长杨金成先生与项目官员秦其伦先生一行，赴莱昂大学孔子学院开展督导工作

乌干达麦克雷雷大学孔子学院

2010 年，学校被教育部遴选为“中非高校 20+20 合作计划”中方院校，与乌干达麦克雷雷大学结对合作。湘潭大学国际交流与合作工作正式迈入国家战略部署平台。麦克雷雷大学孔子学院是学校合建的第 2 所孔子学院，2014 年 4 月由国家汉办正式批准设立。目前，中方教师 2 人，本土教师 1 人，汉语教师志愿者 9 人，在当地临时招聘的汉语教师志愿者 2 人，共 14 人。管理人员为中、外方院长各 1 人，专职秘书 1 人。麦克雷雷大学孔子学院是乌干达首家孔子学院，成立以来，办学层次多样，截至 2016 年 10 月，已累计培养 3 000 多人。目前，在孔子学院总部的大力支持下，正努力推动乌干达将汉语纳入该国国民教育体系，乌干达教育部拟于 2017 年修改国民教育计划，将汉语列入乌干达中学的五大外语选修课之一。

◀2016 年 10 月 7 日，麦克雷雷大学孔子学院举行汉语教学经验交流会

◀2015 年 9 月 2 日，麦克雷雷大学孔子学院中方院长洪永红教授拜见乌干达教育部新任部长、总统夫人珍妮特·穆塞韦尼

▶2015 年 11 月 16 日，商务部副部长王和民访问麦克雷雷大学孔子学院，孔子学院负责人向其重点汇报了孔子大楼建设事宜

▲2015 年 12 月 2 日至 4 日，“中乌文化遗产的保护与开发国际研讨会”在乌干达首都坎帕拉举行

目 录

第四部分 科学研究

第五部分 学院(系)、教学部情况

第六部分 综合管理工作

第七部分 党建与思想政治工作

第八部分 学科、专业与平台建设

第九部分　表彰与奖励

第十部分　综合统计

第十一部分 大事记

第一部分

学　校　概　况

全校基本情况一览表

各类在校学生数(2016—2017)

计	博士生	硕士生	在职攻读硕士	留学生	本科生		专科生	函授生	业余
					本部	兴湘学院			
45 225	492	5 937	943	411	24 381	6 212	507	3 506	2 836

教职工人数

在职教职工			专任教师					聘请校外教师	离退休人员
计	其中：正高级	其中：副高级	计	其中：正高级	其中：副高级	其中：博士学位	其中：硕士学位		
2 248	307	620	1 462	301	490	809	392	780	1 286

人才资源

院士	"千人计划"	"万人计划"	长江学者	国家杰出青年科学基金获得者	芙蓉学者特聘(讲座)教授	国家教学名师	全国优秀(模范)教师	享受政府特殊津贴专家
1	1	2	3	4	15	4	12	52

教学平台

博士点	硕士点	专业硕士点	本科专业	院系(部)	国家级教学团队	省级教学团队	湖南省普通高等学校基础课示范实验室	湖南省普通高等学校实践教学示范中心	中央支持地方高校发展专项资金项目实验室	国家级实验教学示范中心
8	30	13	86	21	4	9	5	4	30	3

学科平台

博士后科研流动站	国家重点学科(含培育)	省优势特色重点学科	"十二五"省级重点学科	国家地方联合工程研究中心	国家地方联合工程研究实验室	教育部工程中心	教育部重点实验室	教育部高校人文社科重点研究基地
11	3	2	19	1	1	2	3	2

办学条件

固定资产(万元)		校舍面积(平方米)		占地面积(平方米)		学校藏书(万册)	教学科研设备(万元)
学校产权	非学校产权	学校产权	非学校产权	学校产权	非学校产权		
145 970.32	26 004.4	832 605	89 489	1 890 709.5	164 267.49	320.1	46 460.23

年度工作要点与总结

湘潭大学2016年党政工作要点

2016年学校工作的指导思想和总体要求是：全面贯彻党的十八大和十八届三中、四中、五中全会精神，深入学习贯彻习近平总书记系列重要讲话精神，按照“五位一体”总体布局和“四个全面”战略布局，全面践行创新、协调、绿色、开放、共享发展理念，以立德树人为根本任务，以改革创新为根本动力，扎实提高高等教育质量，持续深化综合改革，全力推进依法治校，切实加强学校党的建设，努力开创各项工作新局面，为“十三五”起好头、开好局。

一、全面加强党的建设，确保学校和谐稳定

1. *扎实开展“两学一做”学习教育。*按照中央和省委部署，在全校党员中组织开展“学党章党规、学系列讲话、做合格党员”学习教育，把学党章党规和学系列讲话精神作为党委中心组学习重要内容，纳入学校各级党组织、各级领导干部和全体党员学习培训计划。加强理论学习和专题研讨，推动讲话精神进教材、进课堂、进头脑，融入教育教学全过程。巩固拓展党的群众路线教育实践活动成果，抓好抓实“不严不实”突出问题的整改工作。

2. *落实党要管党从严治党不松懈。*坚持和完善党委领导下的校长负责制，健全完善学校党建工作责任体系。积极探索党建工作创新，出台校党委党建工作责任清单。花大力气加强学校基层党组织建设，继续实施二级党组织书记履行党建工作责任述职考核制度。切实加强机关工作作风建设。加强干部队伍建设，落实《党政领导干部选拔任用工作条例》《推进领导干部能上能下若干规定》《湖南省推进领导干部能上能下实施细则（试行）》，严格执行《湘潭大学处级领导干部选拔、任用和管理实施办法》，全面推行干部任期制，形成干部能上能下的机制。

3. *加强党风廉政建设工作。*进一步强化党风廉政建设党委主体责任和纪委监督责任，认真落实中央“八项规定”和湖南省委“九项规定”，切实执行“六大纪律”。坚持对腐败现象的零容忍，加大对违纪和腐败案件的查处力度，严格监督执纪问责，实行“一案双查”。以健全财务廉政风险防控为重点，做好廉政风险点的动态监控。加强廉政文化教育，加大“两个条例”的宣讲力度，深入推进惩治和预防腐败体系建设。

4. *做好宣传和思想政治教育工作。*认真落实高校党委意识形态工作责任制，牢牢把握意识形态工作的领导权管理权话语权。认真落实《进一步加强高校思想政治建设若干意见》，抓牢抓实青年教师和学生思想政治教育工作，加强师德师风建设。深入实施青年马克思主义者培养工程和大学生思想道德素质提升工程，建设一批大学生思想政治教育改革创新、网络文化精品建设和实践育人项目。加强思想政治理论课建设，推进思想政治理论课教师和辅导员队伍建设，建设一批辅导员名师工作室。

二、以立德树人为根本，扎实提高人才培养质量

5. *深化本科人才培养改革。*积极推进“十三五”高等学校本科教学质量与教学改革工程，加强实验教学示范中心、基础课示范实验室、虚拟仿真实验教学中心、大学生创新训练中心等教学条件建设。加快专业结构布局及调整步伐，继续重点支持特色专业及战略性新兴产业相关专业建设，着力推进“十三五”专业综合改革试点专业建设。继续推动工程教育认证，全力支持自动化、化工、环境工程等三个专业的工程教育认证工作。按照工程专业认证的标准培育2～3个专业开展专业建设，为2017年申报参加工程认证做好准备。用持续改进的理念，进一步加强对本科教学质量过程的监控。积极实施基础学科拔尖人才培养试验计划，深入推进韶峰班、师昌绪班等教改实验班建设。继续支持法学等专业深入开展应用学科卓越人才培养模式改革；组织做好教学成果奖的评选与申报工作；加强公共基础课程、文化素质教育课程和校级品牌课程建设，推进精品课程转型升级。力争获批新的国家精品视频公开课。推进课程教学和教学管理信息化建设。积极推进本科生创新创业教育，培养学生创新创业思维和意识。

6. 推进研究生教育综合改革。积极推进研究生培养创新工程。全面推动研究生招生制度改革，进一步改革研究生招生指标分配办法，探索建立吸引优秀生源的长效机制，有效提升研究生生源质量；拓宽硕士研究生招生选拔渠道，建立校企、校所、校地联动的订单式专业学位硕士研究生招生选拔机制，以及本硕连读的硕士研究生招生选拔模式；加强研究生课程建设与教学改革。完善学术学位研究生与专业学位研究生的分类培养模式改革，着力提升研究生培养质量；创新学位点合格评估机制，完善博士、硕士学位授权点的动态调整机制，进一步优化学科专业、类型结构；拓宽国际交流与合作渠道，不断提升研究生联合培养层次和质量；推进智慧校园的研究生信息化管理，优化资源配置方式，提高管理效率。

7. 深化创新创业教育。全面贯彻《湘潭大学关于深化创新创业教育改革的实施方案》，深化落实创新创业教育改革任务分工表。完善创新创业教育课程体系，建设一批大学生研究性学习与创新性实验项目、研究生科研创新项目，建设一批校内外创新创业教育基地，组织开展大学生、研究生学科专业竞赛活动；积极推动各专业制定创新创业训练学分认定实施细则，建立健全创新创业训练、第二课堂等创新活动的评价机制。探索建立理论与实践相结合的创新创业教育教师团队。

8. 加强对外交流与合作。着力发展留学生规模，提高留学生质量。积极申报国家汉办“孔子学院奖学金”资格院校，努力做好现有2所孔子学院的建设工作，争取有所拓展；落实“中非高校20+20合作计划”年度工作。扎实推进与西班牙莱昂大学机械设计制造及其自动化专业本科教育合作办学项目；扩大交换学生互派规模，提升交换学生层次，增加研究生互派比例实施教师国际研修计划。做好优秀本科生国际交流、海外名师及“海外人才与智力引进”等项目申报工作。

9. 抓好招生就业工作。积极推进招生选拔制度改革。探索完善院（系、部）分区域、分中学招生宣传制度，力争在省内各市州和重点生源省份建立稳定的招生宣传工作组。实施“教授进中学”常态化建设；积极推广教改实验班，探索实施本科招生分流计划；深入推进就业创业“一把手”工程，构建毕业生就业创业长效机制。建立精准推送就业服务机制，提升就业服务个性化、信息化水平；引导毕业生投身重要行业和关键领域，鼓励毕业生自主创业；完善以“就业创业大讲堂”等活动为载体的多形式就业指导教育体系；加大就业困难群体帮扶力度；深入开展“校友企业招聘月”等活动，积极拓宽重点领域就业渠道，构建高质量的就业通道。

三、加大改革力度，科学谋划学校发展

10. 稳步推进综合改革工作。出台学校综合改革整体方案。对照整体方案，进一步完善内部治理结构，全面理顺内部权力关系，优化部门职能和岗位职责，完成综合改革相关配套性制度的构建。完成定岗定责定酬，建立分类管理制度。探索试点院（系、部）治理结构改革和管理重心下移。稳步推进后勤改革工作。

11. 继续推进“十三五”规划工作。编制完成并启动实施《湘潭大学“十三五”发展规划》。加快院（系、部）规划、专项规划、专题规划工作进展，确保“十三五”开好头、起好步。

12. 全面落实依法治校。推进学校依法治校能力建设，健全完善与《湘潭大学章程》相配套的制度体系建设。加快规章制度“废改立”工作进度，确保今年全部完成。严格执行重大决策风险评估、听证等制度，提升依法决策、民主决策、科学决策的能力与水平。积极开展依法治校示范校和法治校园创建活动。

四、以学科建设为龙头,深入实施"双一流"战略

13. 谋划推进学科群建设。加强顶层设计,健全学科发展和调整机制。组织优势特色学科群的论证和建设工作,科学规划一流学科建设路径,面向重大科学技术问题、重大社会问题,凝练学科方向和研究领域,重点建设3个左右的学科群,形成集团优势,为打造世界一流学科打好基础,推进世界一流大学建设。

14. 切实加强学科平台建设。在确保已有3个学科ESI排名继续保持在前1%并稳步提升的基础上,力争取得新的突破。发挥学科龙头作用,健全学科发展和调整机制,支持跨院系交叉学科创新平台建设。继续做好国家"2011协同创新中心"申报工作,积极与社会其他创新主体共建高水平创新平台和新型高校智库。认真做好湖南省"十三五"重点学科的申请认定和建设工作。

15. 完善学科建设经费管理。盘活学科沉淀经费,提高经费使用效益。继续投入专项经费用于学科建设。统筹规划好"十三五"专题规划经费,在需要重点建设和重点发展方面予以重点支持。扩大资金统筹使用权,进一步提高资金使用整体效益。

五、以服务需求为动力,着力提升科研创新能力

16. 狠抓高级别项目申报。继续做好顶层设计,实现国家社科、自科基金重大招标项目的可持续发展。争取新增社科各类国家级项目25项左右,其中重大招标项目1~2项,力争在教育部重大课题攻关项目上实现突破。争取新增国家自科基金重点项目1项、杰青或优青1项、面上和青年项目75项左右;牵头或联合企业共同承担国家科技重大专项1项、国家重点研发计划专项1项、省科技重大专项1项、省战略性新兴产业科技攻关和重大科技成果转化项目1~2项;力争承担国家级军工科研项目1项、省部级军工项目1项。

17. 加强科研平台建设。改革科研管理模式。着力打造毛泽东思想研究等具有湘大特色的智库品牌,力争实现进入省级重点智库。力争新增国家级科研平台1个、省部级科研平台1个;力争新增省国防科技重点实验室1个。加强与世界一流水平的国外实验室合作,为建设高校国际合作联合实验室打好基础。大力推进毛泽东图像数据中心建设。

18. 推动高水平成果产出。加大对发表SSCI、A&HCI论文的支持力度,力争发表SSCI、A&HCI论文10篇。力争全年在A类出版社出版学术著作20部以上,在学校认定的一类学术期刊上发表论文20篇以上,二类期刊上发表论文60篇以上;力争培育《中国社会科学》论文;争取发表SCIE论文500篇,EI论文400篇,SCIE论文被引次数全国高校排名继续稳定在前70名左右;加大科研奖励申报力度,争取获省部级奖励8~10项。力争5项以上的成果获省部级以上领导肯定性批示。争取新增省市级哲学社会科学优秀成果奖10项以上。加强知识产权工作,争取获得各类知识产权授权120件(其中国家发明专利授权100项)。争取中国专利优秀奖1项、湖南省专利奖1~2项。

19. 深入推进产学研合作。鼓励科研人员创新创业,引导科研人员积极参与长株潭国家自主创新示范区、湘江新区、湘潭大学科技园、湘潭市创新产业研究院建设,协助科研人员深入企业开展产学研合作,争取签订产学研合作项目180项。积极与企业共建产学研基地、产业技术联盟和成果转移中心,争取获批成果转化平台1~2个。

20. 继续做好图书出版、学术期刊工作。认真做好"十三五"重点出版物规划工作,力争入选4个"十三五"重点出版物规划项目选题;适度扩大出版规模,力争2016年印制码洋达4000万,图书品种达300种。充分利用《红藏》数据库建设的平台开发网络出版与营销,力争2016年销售100套以上。充分利用教育部名栏建设工程"毛泽东思想研究"栏目,进一步提升毛泽东思想研究的品牌价值。加大对优秀论文奖励力度。发挥《中国韵文学刊》《湘潭大学自然科学学报》优势和特色,打造国内名刊。

六、以队伍建设为基础,积极推进人才强校

21. 加大人才引进和培养力度。实施高层次人才引进责任制,积极对接国家和湖南省人才选拔培养计划,推行重要岗位海内外公开招聘,加快延揽和培育院士、国家"千人计划"人选、长江学者等领军人才、创新团队和优秀群体，花大力气引进一批学科学术带头人。力争引进省部级人才工程人选5～10人。全年净增具有高级职称或博士学位的青年教师80名左右。启动实施师资博士后制度。

22. *深化人事制度改革*。完成定岗定责定酬，建立分类管理制度。结合编制核定和第二轮岗位设置与聘用工作，探索实施全员岗位合同聘任制，改革教师分类管理制度。完善人才评价体系和评价机制，建立健全有利于优秀人才脱颖而出的选拔评价机制。探索收入分配制度改革，以目标管理和目标考核为重点，完善岗位绩效工资制度。全面实施养老保险改革。

23. *加大师资学术交流力度*。通过国家留学基金委项目、地方政府项目、自主选派、学术休假等多种方式，遴选100名左右骨干教师到海外一流大学或学科访学，提升师资队伍国际化水平。引导教师广泛参加学术会议，开拓学术视野。探索创新人才利用和科研合作的新模式，大力开展科研合作，通过协同创新平台，广泛吸引校外优秀人才来校合作科研。大力加强引智工作，聘请国内外知名专家、学者担任兼职教授、客座教授、名誉教授以及来校讲学，开展学术交流和合作研究。继续打造"韶风·名家论坛"品牌，确保全年举办"韶风·名家论坛"不少于100场。

七、以改善条件为重点，不断优化育人环境

24. *完善基础设施建设*。重点完成学校主供电缆增容、工程训练中心、琴湖景观清淤、兴湘学生宿舍修缮等工程；启动学生宿舍空调安装工作；加快推进综合实验大楼建设进度；有序推进毛泽东思想研究大楼、北苑和南苑学生食堂、600亩校区道路第一期工程等新建项目。

25. *推动智慧校园建设*。重点推进数据中心建设和大数据应用，基本实现全校信息共享与互通。实施教学云空间、云桌面、物联支撑网络、模块化机房、校园无线网络扩展与提质等工程建设。完成学校中英文门户网站改版、车禁系统和学院门禁系统建设。推进网络与信息安全、教学云资源库建设工作。进一步完善协同办公、教育阳光服务网络平台、人力资源综合管理、学生工作一体化等智慧校园软件系统及平台。

26. *积极开拓办学资源*。积极争取上级财政支持，增强自筹能力，多渠道筹措教育资金，加强财务管理和科研经费管理力度，为学校改革创新发展提供财力保障。落实《北京大学湘潭大学交流合作备忘录》，重点围绕发展规划、学科建设、科研平台等8大领域开展深度合作。加强董事会、校友会和教育基金会的工作，拓展社会联系渠道和推进全方位合作。充分挖掘继续教育工作的潜力，理顺管理体制，制定有效措施，实行目标管理，争取实现继续教育办学规模和效益的较大增长，提高对学校建设发展的贡献率。

27. *调整优化资源配置机制*。以经费分配与管理机制改革为核心，稳步推进学校资源配置改革。加快建立合理有效的资源配置机制、有偿与共享相匹配的资源使用机制、自主与约束相结合的校院两级资源管理机制、全面周密的绩效考核与监督机制。

28. *推进平安校园建设*。建立健全维稳工作体系；加快门禁、车禁、监控系统建设，整合安保力量，打造人防、物防、技防相结合的立体防范体系；深入开展安全教育，提升师生防范意识；拓展校地合作共建机制，加大校园及周边综合治理力度，推进平安校园建设。

29. *凝聚发展合力*。加强民主管理，切实做好教代会提案的落实工作，进一步推进二级教代会的制度建设。加强群团组织建设，突出群团理论研究实效。进一步做好统一战线工作，深入实施同心工程，开展统一战线献计献策学校建设活动；加强党外代表人士后备队伍建设，为党外知识分子的成长搭建平台。创新校园文化传播形式，广泛开展各类校园文化活动，加大对"孝文化节"等校园文化品牌项目的培育和建设力度，构造立体化的校园文化育人体系，大力培育和践行社会主义核心价值观。按照党中央关于全面做好离退休干部工作的要求，坚持思想上关心、生活上照顾、精神上关怀，积极稳妥推进离退休工作转型发展，激励广大离退休同志为学校事业发展贡献正能量。推进党校、机关党委、军选办、继续教育学院、图书馆、教学质量监督与评估中心、档案馆、子弟学校等各部门各方面工作再上新台阶。

湘潭大学2016年党政工作总结

2016年是学校"十三五"发展规划的开局之年。一年来,学校党政班子深入贯彻落实习近平总书记系列重要讲话精神,牢牢把握立德树人根本任务,紧紧围绕有鲜明特色的高水平现代大学目标,团结依靠全校广大教职员工,全面深化改革,锐意进取,各项事业稳步健康快速发展。现将2016年的工作简要总结如下:

1. 重点工作成效突出。一是综合改革稳步推进。强化顶层设计,召开了10次学校综合改革推进会。在反复讨论、细致研究的基础上,顺利完成了《湘潭大学综合改革方案》和六个子方案的制定和上报工作,相关领域改革稳步推进。二是成功编制"十三五"发展规划。坚持目标引领,立足学校实际,谋划发展前景,完成了规划各个文本的编制工作,在提交暑期研讨会讨论后,对专题规划进行了修改,对总体规划进行了完善,现已提交省教育厅审核。三是全面落实依法治校。以规章制度"废改立"为抓手,努力打造全面完善的制度体系,为依法治校提供强有力的制度保证。规章制度"废改立"的方案和清单已经校党委审议通过,共废止481个规章制度,修订130个、新立53个,修订、新立规章制度的完成率已超过50%。特别是,修订完善了党委会、校长办公会议事制度和"三重一大"集体决策制度等涉根本、管全局的制度办法,为依法治校提供了有力保障。

2. 综合办学实力稳步提升。学校首次进入泰晤士世界大学排名,列全球801+等级、全国高校第39名;在USNEWS发布的2016—2017年世界大学排行榜中,位列内地高校第76名;进入2017年金砖国家和新兴经济体大学排行榜,位列内地高校第45名。

3. 人才培养工作成绩显著。一是在本科人才培养方面,调整优化专业结构,两个专业停招,部分专业减招。5个专业获湖南省"十三五"专业综合改革试点立项。"机械设计制造及其自动化"专业成功通过工程教育专业认证。9门课程入选首批"国家级精品资源共享课",居全国第50位;1门课程入选教育部第八批"精品视频公开课"、1门课程入选全国地方高校优课联盟"慕课之星"。新增省级虚拟仿真实验教学中心1个。获省级教学成果奖16项,其中一等奖4项。获省部级教改项目、教育科学规划项目64项。召开了本科教学工作会议,形成了建设一流本科教育的共识。启动了2017版本科人才培养方案的修订工作。学生获得省级以上学科竞赛奖励254项,其中国家级特等奖1项、一等奖13项。获"全国深化创新创业教育示范高校"称号,获批"湖南省大众创新、万众创业示范基地",获批国家大学生创新创业训练计划项目12项、湖南省大学生研究性学习与创新性实验计划项目31项。二是在研究生培养方面,研究生招生结构比例不断优化,培养质量稳步提升。新增省级创新基金项目42项、省级研究生培养创新基地4个;资助出版研究生精品教材5部。研究生获高级别科研成果618项,推荐湖南省优秀博士学位论文5篇、优秀硕士论文21篇。1名硕士生获第三届全国工程硕士实习实践优秀成果奖,1名博士生在国际权威杂志Nano Letters上发表论文(影响因子为13.779)。三是在招生就业工作方面,教授进中学活动持续开展,品牌效应凸显。教改实验班报考率均保持较高水平(数学类韶峰班报考率320%、物理学类韶峰班报考率200%、材料类师昌绪班报考率248%)。毕业生就业率保持在90%以上。

4. 学科建设与科研工作成效明显。一是在高水平学科建设方面,化学、材料科学、工程学ESI排名稳步提升(化学上升至前0.54%,工程学上升至前0.60%,材料科学上升至前0.58%)。3个学科被确定为国防特色重点学科。19个学科全部通过湖南省"十二五"重点学科验收,其中8个为"优秀"、8个为"良好",优良率为84%。二是在项目成果方面,新增各级各类科研项目411项,科研经费近亿元,其中国家级项目89项(国家社科基金重大项目1项、重点项目3项)、省部级项目128项(教育部重点研究基地重大招标项目1项,教育部人文社科研究项目立项数居全省首位)。签订各类技术合同190项,签约经费1794.9万元。10项成果荣获湖南省第十二届哲学社会科学优秀成果奖,获奖数量占全省获奖总量的1/10;申请各类专利471件、同比增长37%,授权各类知识产权265件。ESI篇均引用全国排名第44位,高水平论文数全国排名第71位,SSCI收录论文11篇,SCI收录论文477篇、全国排名第106位,EI收录论文477篇、全国排名第85位,SCIE论文被引29038次、全国排名第79位。三是在平台建设方面,学校再次获湖南省人民政府与国家国防科工局共建。5个智库入选中国首批智库索引名单(CTTI)。新增湖南省重点实验室1个、湖南省工程实验室1个、湖南省工程技术研究中心1个。四是在产学研合作方面,10余份研究成果获得省部级领导肯定性批示或被政府部门采用。与合作企业联合成功申报湖南省战略性新兴产业重大科技成果转化项目。产业化成果“废旧铅酸蓄电池清洁再生及资源高效循环技术装备”“莲子去芯机”等在2016年全国大众创业万众创新活动周会场展出,获广泛好评。1人获第十届中国产学研合作创新大会产学研合作促进(个人)奖、1人被评为首届湖南省优秀科技工作者、2人获第十届湖南省青年科技奖。

5. *师资队伍建设扎实推进*。一是高层次人才引进取得良好成效。新增“芙蓉学者”4人、省“青年百人计划”1人,面向海内外公开招聘学科带头人1人,引进博士48人,外聘教授35人。二是人才选拔工作成效突出。1人入选第二批国家“万人计划”教学名师,9人通过评审晋升为二级教授,22人晋升教授,8人被确定为2016年度湖南省普通高校青年骨干教师培养对象。三是人事制度综合改革稳步推进,目标管理与绩效考核进一步完善,考核评价体系进一步健全,收入分配制度改革进一步深化,人事管理进一步规范,管理、教辅队伍建设进一步加强。

6. *对外交流与合作蓬勃发展*。招收留学生108名,派出72名学生前往美国、法国、西班牙等国交流学习,接受交流学生25人。与美国密苏里大学等5个学校签订合作协议。承办2016年麦克雷雷大学孔子学院夏令营项目。完成“中非高校20+20合作计划”年度项目,在麦克雷雷大学成立“东南部非洲油气卓越中心”。不断拓宽筹资渠道,多方筹措教育资金。出台《湘潭大学捐赠管理办法》,完善基金管理。

7. *办学条件和校园面貌发生新变化*。一是办学条件得到新改善。新校区600亩土地征收完毕,学校版图再度扩容;金瀚林学生公寓回购工作完成;获批中央财政资助项目9个(经费2500万元);新建工程训练中心大楼和琴湖学生公寓17、18栋,完成了化机楼扩建项目、兴湘学生公寓1~5栋修缮、琴湖景观大塘清淤等工程;完成了画眉潭亮化工程、图书馆花园景观灯改造等。二是后勤服务水平有新提高。完成五个学生食堂的维修改造,就餐环境全面改善,就餐率达到70%,满意率突破95%;完成琴湖等4个餐厅远程监控系统的安装和使用,学生食堂饮食卫生安全得到有效保证。直饮水一期工程在8个区域完成并投入使用,有效满足了师生日常饮水需求。三是信息化建设取得新进展。学校中、英文版门户网站全新改版上线;完成了图书馆、琴湖食堂、兴湘食堂无线网络改造以及校门车禁系统建设;数据中心平台、统一身份认证平台、统一信息门户平台及OA系统投入使用。

8. *党建与思想政治工作成绩突出*。一是抓好政治理论学习,将学习贯彻习近平总书记系列讲话精神引向深入。以党委中心组学习为龙头,切实加强领导班子政治理论学习,全年组织开展了7次集中(扩大)学习。二是坚定理想信念,严守政治纪律和政治规矩。修订了《湘潭大学党委领导下的校长负责制实施办法》;围绕党章和“一准则三条例”,完成了4次“两学一做”专题集中学习,进行了7次党委中心组学习,增强领导干部知规守纪意识;组织全校党员认真学习党的基础知识,分批进行了党的基础知识测试。三是坚持学做相促,扎实开展“两学一做”学习教育。突出理论学习先导,查摆“不严不实”问题,狠抓整改落实成效,营造了风清气正的良好氛围。四是落实规定,坚决整治“四风”问题。修订了《湘潭大学公文处理办法》,从严控制各类文件;修订了《湘潭大学会议管理办法》,从严控制全校性会议的数量、会期和参会人员规模；全面清理已有的议事协调小组或机构；修订出台了《湘潭大学国内公务接待工作管理办法》；巡视期间，清理了违规科研经费、违规消费高档烟酒、违规发放津补贴、违规收取教材费和转学捐赠款、违规因公出国（境）费用等。五是切实加强干部工作。推举产生了2名省党代表。推荐1名处级干部到兄弟院校担任校级领导职务，提拔处级干部37名、交流35名、免职25名。举办湖南省高等学校第102期处级干部进修班暨湘潭大学处级干部培训班。完成干部档案清理、补充工作。六是新闻宣传水平有力提升，在中央和省级主流媒体刊发、播出新闻稿件1 000余篇（条/次），发稿数量居省属高校前列；广泛开展“纪念长征胜利80周年”、重走长征路等红色主题活动。七是实施精准扶贫，在一进二访工作上狠抓落实。通过专题研究、校领导带队实地指导，圆满完成2016年脱贫任务，得到了省扶贫办的高度评价，工作队先后多次做了典型发言和经验介绍。

新的一年里，我们将坚持不忘初心，继续深化综合改革，不懈奋斗、开拓进取，加快推进“双一流”建设，朝着“十三五”绘就的蓝图奋勇前进，努力建设有鲜明特色的高水平现代大学！

组织机构

湘潭大学党群系统机构设置表

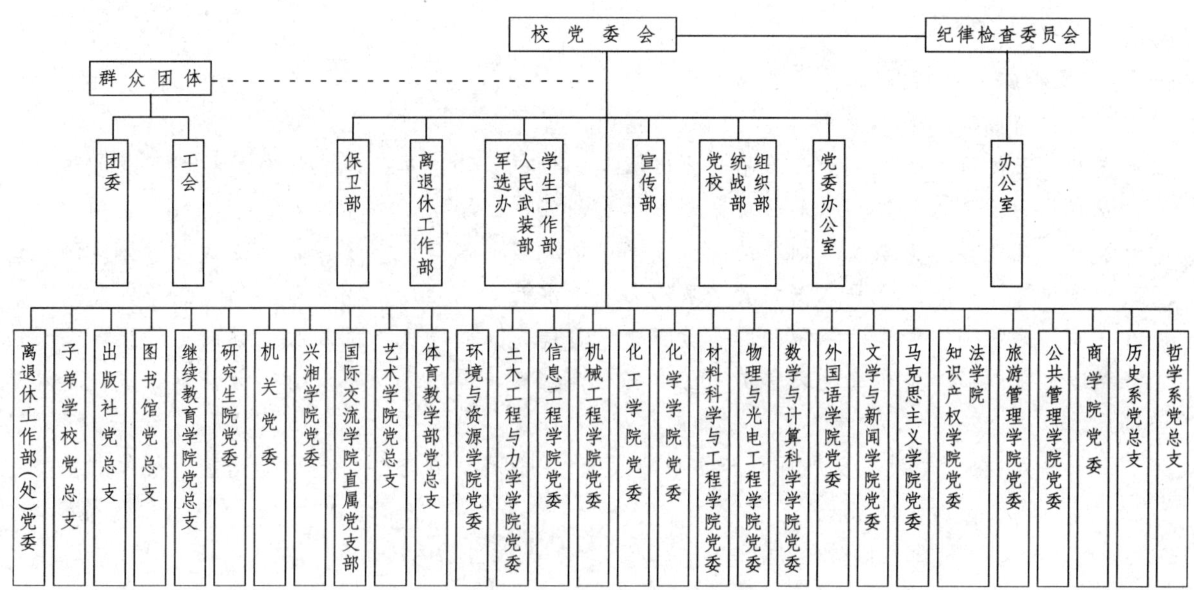

湘潭大学行政系统机构设置表

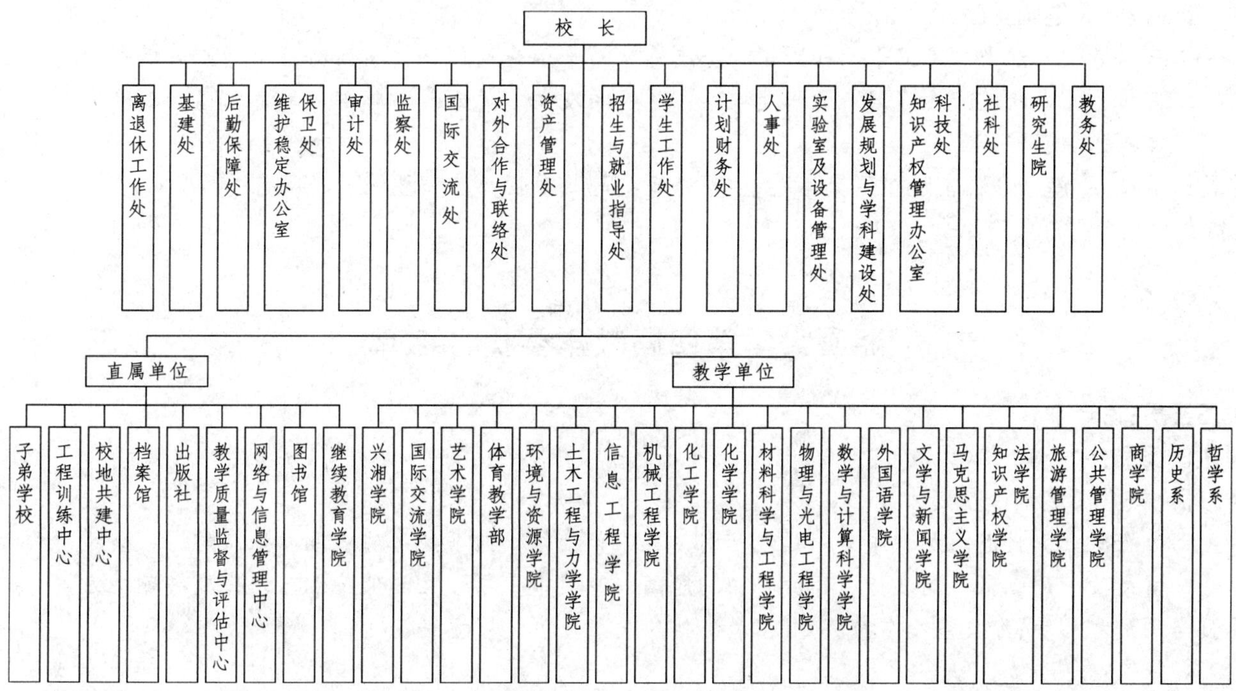

学术机构

湘潭大学第七届学术委员会名单

主任委员：黄云清

副主任委员：罗和安　文卫平

委　员（按姓氏笔画排序）：

王先友　王向清　王继平　文卫平　方世敏　尹付成　邓国军　龙志林　龙祖坤　龙朝阳
吉成名　向福元　刘飞兵　刘长庚　刘平乐　刘任任　李　正　李永春　李佑新　李剑波
李素琼　肖正再　肖跃龙　何　纯　张　平　张汉君　张全民　张俊丰　陈代湘　林建国
欧阳建权　欧阳晓平　罗文波　罗和安　季水河　周　琦　周友行　胡　强　钟建新
洪　波　陶能国　黄云清　黄明儒　黄显中　黄辉先　龚志民　阎友兵　梁丽芝　葛　飞
舒　适　曾以成　楚尔鸣　裴　勇　廖永安　谭松庭　熊茂湘　黎　青　颜佳华　戴友芝
鞠　方

委员会下设秘书处，秘书处设在发展规划与学科建设处，由发展规划与学科建设处处长兼任秘书长

（陈淑华）

湘潭大学第十三届学位评定委员会名单

主　席：黄云清

副主席：王继平

委　员（按姓氏笔画排序）：

王向清　王继平　文卫平　邓国军　龙志林　刘平乐　刘任任　李佑新　李剑波　杨向荣
肖正再　肖跃龙　林建国　欧阳建权　阎友兵　黄云清　曾以成　楚尔鸣　廖永安
谭援强　颜佳华

委员会下设办公室，办公室设在研究生院，由研究生院院长兼任办公室主任

（朱丹红）

湘潭大学第四届教学委员会名单

主任委员：高协平

副主任委员：方世敏　罗文波

委　员（按姓氏笔画排序）：

方世敏　尹付成　龙朝阳　向福元　刘飞兵　李素琼　何　纯　陈代湘　张汉君　张全民
罗文波　周　琦　周友行　高协平　陶能国　黄显中　葛　飞　熊茂湘　谭松庭　鞠　方

委员会下设办公室，办公室设在教务处，由教务处处长兼任办公室主任

（张红爱）

湘潭大学第七届学术评价与发展委员会名单

主任委员：罗和安

副主任委员：季水河　裴　勇

委　员（按姓氏笔画排序）：

王先友　龙祖坤　吉成名　刘长庚　李　正　李永春　张　平　欧阳晓平　罗和安　季水河　胡　强　钟建新　洪　波　黄明儒　黄辉先　龚志民　梁丽芝　葛　飞　舒　适　裴　勇

委员会下设办公室，办公室设在发展规划与学科建设处，由发展规划与学科建设处处长兼任办公室主任

（陈淑华）

湘潭大学第一届学术道德委员会名单

主任委员：文卫平

副主任委员：李　正

委　员（按姓氏笔画排序）：

王先友　文卫平　李　正　李佑新　钟建新　黄明儒　龚志民　葛　飞　舒　适

委员会下设办公室，办公室设在发展规划与学科建设处，由发展规划与学科建设处处长兼任办公室主任

（陈淑华）

干部名单

湘潭大学校级领导名单

（截至2016年12月31日）

姓　名	职　务
章　兢	党委书记(2013年5月—2016年12月)
黄云清	党委书记(2016年12月—) 校长(2013年12月—2016年12月)
周益春	校长(2016年12月—)
宁建民	副校长
刘长庚	副校长
高协平	纪委书记
郑赤建	副校长
黄竹青	副校长
刘建平	副校长
刘长青	副校长
廖永安	副校长
戴飞军	校工会主席

中共湘潭大学纪律检查委员会名单

书　记：高协平
副书记：刘圣陶
委　员：高协平　刘圣陶　楚尔鸣　朱向群　罗凤华　蔡一文　周　亮

中国教育工会湘潭大学第十届委员会名单

主　席：戴飞军
常务副主席：朱向群
副主席：叶正华　肖碧云　梁丽芝(兼)
委　员：宁国良　刘　林　齐绍平　肖志伟　肖芳林　陈　旭　周　广　赵　婵　段　斌　葛幸幸

2016 年党群系统处级领导干部名单

单位名称	正 职	副 职	备 注
哲学系党总支	陈代湘	张普	
历史系党总支	肖芳林	刘轩	
商学院党委	龙进良(－2016. 01. 06) 罗菊兰(2016. 01. 06 －)	许锋	
公共管理学院党委	成志刚(－2016. 04. 05) 颜佳华(2016. 04. 05 －)	刘纯(－2016. 04. 18) 田静波(2016. 04. 18 －)	
旅游管理学院党委	陈非文	陈庆之(－2016. 07. 18)	
法学院·知识产权学院党委	黄德华	田静波(－2016. 04. 18) 王锐(2016. 04. 18 －)	
马克思主义学院党委	张佑祥		
文学与新闻学院党委	王洁群	唐春(－2016. 04. 18) 陶永峰(2016. 09. 26 －)	
外国语学院党委 (2016. 01. 11 成立)	罗益花(2016. 01. 11 －)	陈娟(2016. 01. 11 －)	
原外国语学院党委 (2016. 01. 11 撤销)	胡强(－2016. 01. 11)	陈娟(－2016. 01. 11)	
数学与计算科学学院党委	刘建州(2016. 01. 06 －)	周润其(－2016. 01. 06) 欧阳巍(2016. 04. 18 －)	
物理与光电工程学院党委	周维平(－2016. 01. 06) 龙进良(2016. 01. 06 －)	易臣何	
材料科学与工程学院党委	林建国	杨建军 钟芳华(2016. 09. 26 －)	原党委副书记杨建军选派到县市区挂职
化学学院党委	刘稳丰	卢其斌(－2016. 04. 18) 肖妮(2016. 09. 26 －)	
化工学院党委	李胜群(－2016. 01. 06) 杨运泉(2016. 01. 06 －)	周春初	
机械工程学院党委	罗菊兰(－2016. 01. 06) 丁琰(2016. 01. 06 －)	谭晓朝(－2016. 04. 18) 王建平(2016. 04. 18 －)	
信息工程学院党委	金义华	彭江辉	
土木工程与力学学院党委	谢胜文	陈幸华(－2016. 04. 18) 陈宾(2016. 04. 18 －)	

单位名称	正　职	副　职	备　　注
大学英语教学部党总支 (2016.01.11 撤销)	罗益花(-2016.01.11)		
环境与资源学院党委 (2016.05.16 成立)	刘国华(2016.05.16 -)	吴峻(2016.05.16 -)	
中共湘潭大学能源工程学院职业技术学院委员会 (2016.05.16 撤销)	刘国华(-2016.05.16)	吴峻(-2016.05.16)	
体育教学部党总支	熊茂湘(-2016.04.18) 瞿鹤鸣(2016.04.18 -)	葛幸幸	
艺术学院党总支	丁琰(-2016.01.06) 周维平(2016.01.06 -)	马卿(2016.04.18 -)	
国际交流学院直属党支部	杨运泉(-2016.01.06) 舒奇志(2016.01.27 -)		
兴湘学院党委	陈旭	颜文革	
党委办公室(与校长办公室合署办公)	肖志伟	杨澜 易立峰 谷立平	副处级机要员 冯英
党委组织部	周琦	陈双喜(2016.04.18 -)	正处级组织员 陈双喜 副处级组织员陈斌 (-2016.04.18)
党委统战部		李琳	
党校	周益春	瞿鹤鸣(兼)(-2016.04.18) 周琦(兼) 吴红(兼)(2016.06.17 -)	
党委宣传部	易大东(-2016.04.18) 齐绍平(2016.04.18 -)	赵猛	
人民武装部	谢罗奇	陈幸华(2016.04.18 -)	
学生工作部		宁国良(兼) 王建平(-2016.04.18) 田良富 胡阳 陈幸华(兼)(2016.04.18 -)	中国人民解放军驻湘潭大学后备军官选拔培训工作办公室副主任 陈幸华 (2016.04.18 -)

单位名称	正　职	副　职	备　　注
机关党委	瞿鹤鸣(–2016.04.18) 吴红(2016.06.17 –)	周琦(兼)	
研究生院党委 (2016.04.18 撤销)	唐检云(–2016.04.18)		
离退休工作部	钟伟来	欧阳巍(–2016.04.18) 黄子建(2016.04.18 –)	
纪委办公室(副处)	蔡一文(副处长级)		正处级纪检员罗凤华 副处级纪检员周亮
保卫部	王国光	胡峪华 王明才(兼)	
校维护稳定工作领导小组办公室		王明才	
后勤保障处党委 (2016.01.19 成立)	李涛(2016.01.19 –)		
后勤与产业管理处党委 (2016.01.19 撤销)	李涛(–2016.01.19)		
校工会	戴飞军	朱向群(正处长级) 叶正华(正处长级) 马卿(–2016.05.12) 梁丽芝(兼) 肖碧云(2016.05.12 –)	
校团委	齐绍平(–2016.04.18) 魏晓林(2016.06.17 –)	吴彬彬	
继续教育学院党总支	刘琴		
图书馆党总支	朱志坚	肖碧云(兼)(–2016.04.18)	
出版社党总支	朱美香(–2016.04.05) 刘波(2016.04.05 –)		
子弟学校党总支	彭焕明	刘秋月(正科长级) (2016.12.27 –)	
离退休工作部(处)党委	钟伟来(2016.04.18 –)	罗训清(兼)(–2016.12.12) 陈斌(2016.04.18 –)	

注:时间截至 2016 年 12 月 31 日

(刘建军)

2016 年行政系统处级领导干部名单

单位名称	正 职	副 职	备 注
校长办公室(与党委办公室合署办公)	肖志伟	杨澜 谷立平 易立峰	
北京研究院 (2016.04.18 撤销)	李恒白(-2016.01.06)		
教务处	喻祖国	王协舟(-2016.04.18) 吴红(-2016.06.17) 胡义伟 谭晓朝(2016.04.18 -) 宋德发(2016.09.26 -)	
研究生院	朱卫国(-2016.04.05) 王先友(2016.04.18 -)	杨端光 胡自化(-2016.04.18) 周广 梁丽芝(2016.09.26 -)	
社科处	王协舟(2016.06.17 -)	盛明科(-2016.05.25) 虞文	
社科联(挂靠社科处)			
社科基地办公室(挂靠社科处) (2016.05.21 成立)		刘友华(2016.09.26 -)	
科技处	王先友(-2016.04.18) 费俊杰(2016.06.17 -)	魏晓林(-2016.06.17) 蒋科兵 李锋	
科协(挂靠科技处)			
知识产权管理办公室	王先友(兼)(-2016.04.18) 费俊杰(兼)(2016.06.17 -)	许斌(2016.04.18 -)	
发展规划与学科建设处	廖湘阳(-2016.05.16) 王金斌(2016.06.17 -)	丁建文(-2016.01.20) 黄华伟	
实验室及设备管理处	刘建州(-2016.01.06) 李胜群(2016.01.06 -)	刘玲玲(-2016.04.18) 贺志武(2016.04.18 -)	

单位名称	正　职	副　职	备　注
人事处	何振(-2016.04) 廖湘阳(2016.05.16 -)	王广林(-2016.04.18) 毛章勇 李友芝	
教师教学发展中心		王广林(2016.04.18 -)	
计划财务处	钟希余	樊维宁(-2016.04.18) 彭欣菲 简立君 刘朝晖(2016.04.18 -)	
学生工作处 创业指导中心(挂靠学生工作处)	谢罗奇	宁国良(兼) 王建平(-2016.04.18) 田良富 胡阳 陈幸华(2016.04.18 -)	
招生与就业指导处	宁国良	赵婵 周润其(2016.01.06 -)	
资产管理处	陈长明	贺志武(-2016.04.18) 许斌(-2016.04.18) 卢其斌(2016.04.18 -)	
对外联络处 (2016.04.18 撤销)	肖其森(-2016.04.18)	张月朗(-2016.04.18)	
对外合作与联络处 (2016.04.18 成立) 省部共建办公室	肖其森	易立峰(-2015.04.14 免) 张月朗(2015.05.25 任)	
	肖其森(兼)		
国际交流处	曾新民	向春名(兼)(-2016.04.18) 熊毅	
国际交流学院		向春名(-2016.04.18) 熊毅(-2016.04.18) 邹微(2016.09.26 -)	
审计处	楚尔鸣	刘朝晖(-2016.04.18) 李永亮(2016.09.26 -)	
保卫处	王国光	胡峪华 王明才(兼)	

单位名称	正 职	副 职	备 注
后勤保障处 (2016.01.08 成立)	冯银耕(2016.01.20 -)	段福长(-2016.03.07) 吴岳锌(2016.03.07 -) 资义平(2016.03.07 -)	饮食生活服务中心主任陈曙希(副处级) (-2016.03.07) 楼舍物业服务中心主任杨英顺(副处级) (-2016.03.07) 水电维修与校园环境服务中心主任吴岳锌(副处级) (-2016.03.07) 接待服务中心主任龙雯(副处级) (-2016.03.07)
后勤与产业管理处 (2016.01.08 撤销)	冯银耕(-2016.01.20)	段福长	饮食生活服务中心主任陈曙希(副处级) 楼舍物业服务中心主任杨英顺(副处级) 水电维修与校园环境服务中心主任吴岳锌(副处级) 接待服务中心主任龙雯(副处级)
基建处	龚曙光	谭向军 陈国宝(-2016.04.18)	
工程训练中心 (2016.04.18 成立)	张高峰(2016.06.17 -)	段福长(2016.04.18 -) 刘玲玲(2016.04.18 -)	
校地共建中心 (2016.04.18 成立)	易大东(2016.04.18 -)	陈国宝(2016.04.18 -)	
离退休工作处	钟伟来	欧阳巍(-2016.04.18) 黄子建(2016.04.18 -)	

单位名称	正 职	副 职	备 注
监察处	刘圣陶		正处级监察员 罗凤华 副处级监察员 周亮
教学质量监督与评估中心	罗伟青	陈兆彬	
继续教育学院	陈立新	刘期达 陈百华	
图书馆	周勇	肖碧云(–2016.04.18) 谢伟涛 刘纯(2016.04.18 –)	
网络与信息管理中心	裴廷睿	张凯旺(–2016.03.07) 胡洪波(2016.03.07 –)	
出版社	章育良	蒋海文 申永丰	出版社总编辑 唐检云 (2016.04.18 –)
档案馆	童庄慧		
子弟学校(副处)	付会理	汤湘军 曾石军	
马克思主义学院	李佑新	黄显中(兼) 吴华云	
毛泽东思想研究协同创新中心		黄显中(正处长级)	
哲学系	王向清	张今杰	
历史系	宋银桂	雷炳炎	
商学院	刘长庚(兼)(–2016.01.20) 杨汝岱(学术院长)	周密(–2016.01.20) 李勇辉(–2016.01.20) 欧定余 刘婷(2016.01.20 –) 韩雷(2016.01.20 –)	

单位名称	正　职	副　职	备　注
公共管理学院	颜佳华(-2016.05.25) 盛明科(2016.05.25 -)	邹凯(-2016.05.25) 陈建斌(-2016.05.25) 王凯伟 谭九生(2016.05.25 -)	
旅游管理学院	阎友兵	方世敏 林龙飞	
法学院	廖永安(-2016.03.07) 郑鹏程(外聘) (2016.09.26 -)	肖伟志(-2016.08.06) 肖冬梅(兼)(-2016.01.27) 欧爱民 吴勇 王锐(-2016.04.18)	
知识产权学院	廖永安(-2016.03.07) 郑鹏程(外聘) (2016.09.26 -) 肖冬梅(执行院长) (2016.01.27 -)	肖冬梅(-2016.01.27) 肖伟志(兼)(-2016.08.06) 欧爱民(兼) 吴勇(兼) 王锐(兼)(-2016.04.18)	
文学与新闻学院	李剑波	雷磊(-2016.04.18) 赵成林 刘中望 季多武(2016.04.18 -)	
外国语学院 (2016.01.11 成立)	文卫平(-2016.01.11) 胡强(2016.01.11 -)	蒋欣欣(2016.01.11 -) 曹霞(2016.06.17 -)	
原外国语学院 (2016.01.11 撤销)	文卫平(-2016.01.11)	舒奇志(-2016.01.11) 蒋欣欣(-2016.01.11)	原外国语学院与大学英语教学部合并组建新的外国语学院,因此原两个单位的领导职务自然免除。
数学与计算科学学院	舒适(-2016.09.05) 汤华中(外聘) (2016.09.05 -)	朱砾(-2016.12.12) 肖爱国(-2016.12.12) 刘韶跃 王文强(2016.12.12 -) 杨银(2016.12.12 -)	

单位名称	正 职	副 职	备 注
物理与光电工程学院	钟建新	曾以成(-2016.01.20) 唐翌(-2016.01.20) 曹觉先(2016.01.20 -) 唐超(2016.01.20 -)	
材料科学与工程学院	欧阳晓平(外聘) 尹付成(执行院长)	王金斌(-2016.06.17) 唐明华 杨丽(2016.09.26 -)	
化学学院	邓国军	王学业(-2016.06.17) 黎华明 费俊杰(-2016.06.17) 裴勇(2016.06.17 -) 彭圣明(2016.09.26 -)	
化工学院	刘平乐	周继承(-2016.06.17) 曾虹燕(正处级) 葛飞(-2016.05.16) 段正康 陶能国(2016.06.17 -)	
机械工程学院	郑学军	刘金刚(-2016.12.12) 肖逸锋 张高峰(-2016.06.17) 彭锐涛(2016.09.26 -)	
信息工程学院	刘任任(-2016.01.20) 段斌(2016.01.20 -)	王毅(-2016.01.20) 段斌(-2016.01.20) 石跃祥(-2016.01.20) 欧阳建权(2016.01.20 -) 姚志强(2016.01.20 -) 周彦(2016.01.20 -)	
土木工程与力学学院	罗文波	张俊彦(-2016.01.20) 刘忠(-2016.01.20) 龙志林 董辉(2016.01.20 -) 许福(2016.01.20 -)	

单位名称	正　职	副　职	备　　注
环境与资源学院	葛飞(2016.05.16－)	葛飞(2016.05.16－2016.06.17) 张俊丰(2016.06.17－)	
大学英语教学部 (2016.01.11 撤销)	刘飞兵(－2016.01.11)	胡慧(－2016.01.11) 唐洪波(－2016.01.11)	原外国语学院与大学英语教学部合并组建新的外国语学院,因此原两个单位的领导职务自然免除。
体育教学部	熊茂湘(－2016.06.17) 陈旸(2016.06.17－)	葛幸幸 罗智波	
艺术学院	周小愚(外聘) (－2016.01.06) 黎青(执行院长) (－2016.01.06) 黎青(2016.01.06－)	罗豪畅	
兴湘学院	刘巨钦	季多武(－2016.04.18) 罗建文 唐春(2016.04.18－)	
能源工程学院 (2016.05.16 撤销)	刘波(－2016.04.05)	陈宾(－2016.04.18	
职业技术学院 (2016.05.16 撤销)		黄子建(－2016.04.18) 陈宾(－2016.04.18)	

注:时间截至 2016 年 12 月 31 日

（刘建军）

湘潭大学各级人大代表、党代表、政协委员、文史馆员、参事名单

一、各级人大代表

罗和安　全国人大代表
葛　飞　湘潭市人大代表、常委
欧爱民　湘潭市人大代表
王国光　雨湖区人大代表
熊　颖　雨湖区人大代表
罗菊兰　雨湖区人大代表

二、各级党代表

章　兢　湖南省党代表、湘潭市党代表
杨雪娟　湖南省党代表、湘潭市党代表
周　琦　湘潭市党代表
李时华　湘潭市党代表

三、各级政协委员

刘长庚　全国政协委员,湘潭市政协副主席
曾虹燕　湖南省政协委员、常委,湘潭市政协副主席
胡肖华　湖南省政协委员、常委
舒　适　湖南省政协委员
肖冬梅　湖南省政协委员
钟建新　湖南省政协委员
刘巨钦　湖南省政协委员
高　勇　湘潭市政协委员
尹华容　湘潭市政协委员、常委
李海海　湘潭市政协委员
陈　旸　湘潭市政协委员
邓春梅　湘潭市政协委员、常委
谭　貌　湘潭市政协委员
肖爱国　湘潭市政协委员
宋德发　湘潭市政协委员
魏晓林　湘潭市政协委员
胡夏一　湘潭市政协委员、常委
张义清　湘潭市政协委员
黎　青　湘潭市政协委员
唐剑君　湘潭市政协委员
王协舟　湘潭市政协委员
吴学文　湘潭市政协委员

唐欢容　湘潭市政协委员
王　雷　湘潭市政协委员
李　琳　湘潭市政协委员
穆远征　湘潭市政协委员
姜军松　湘潭市政协委员、常委
李明扬　雨湖区政协委员
周　维　雨湖区政协委员
易灵芝　雨湖区政协委员
杨柳春　雨湖区政协委员
醋卫华　雨湖区政协委员
刘柏希　雨湖区政协委员
刘　欢　雨湖区政协委员

四、湖南省文史馆员

李永明　余明光　徐泰来

五、湖南省人民政府参事

彭熙海　李　正

（刘建军）

湘潭大学各民主党派基层组织负责人名单

一、民革湘潭大学支部

主　委:唐欢容

委　员:杨利文　曹春红

二、民盟湘潭大学基层委员会

主　委:尹华容

副主委:周方钦

委　员:熊　颖　汤美萍

三、民建湘潭大学支部

主　委:李海海

委　员:李明扬　醋卫华

四、民进湘潭大学支部

主　委:陈　旸

委　员:谭　军　王清泉　刘　欢

五、农工湘潭大学支部

主　委:吴学文

副主委:卢超富

委　员:张妙灵　李玉芹

六、致公湘潭大学支部

主　委:邓春梅

副主委:刘柏希

委　员:蒋　新　盘宏斌

七、九三学社湘潭大学基层委员会

主　委:葛　飞

副主委:肖爱国　唐赛兰　谭　貌

委　员:易灵芝　许　平　谢伟涛

（刘建军）

第二部分
校领导重要讲话

强化责任落实　抓住“关键少数”扎实推进学校党建工作落细落小

——在2016年学校党务工作会议上的讲话

章　兢

（2016年3月30日）

同志们：

根据校党委决定，今天我们在这里召开2016年学校党务工作会议。刚才，建民同志、协平同志、益春同志分别传达了上级有关会议和文件精神，对去年的宣传思想、党风廉政建设、组织统战和维稳综治安全工作进行了总结，对今年的工作进行了部署。这是学校党委的整体安排，我都赞成。从这些报告中，我们可以看到学校去年的各项工作，取得了很好的成绩。这是大家的功劳。会议还表彰了2015年度维稳综治安全工作先进集体和先进个人。在这里，我代表学校党委和行政，向受到表彰的先进集体和先进个人，表示热烈的祝贺！向为学校改革、建设、发展作出贡献的广大师生员工，特别是在座的广大干部，表示衷心的感谢！刚才，各学院、各单位又向我递交了维稳综治安全工作目标管理责任书，希望大家按照责任书的要求认真履行职责，抓好贯彻落实。

去年6月，学校出台了《二级党组织党建工作责任清单》，同时第一次实行二级党组织书记履行党建工作责任述职考核。今年，学校要制定《校党委党建工作责任清单》，目前已经有了一个初稿，今天把征求意见稿发给大家，请大家提出意见和建议。所以，利用今天的会议，我想结合这两个责任清单，谈一谈对“抓实抓细学校党建工作”的一些思考。主要讲三个方面的意见：

第一，抓好党建是最大政绩，党委主体责任必须落细落小

一是要准确把握内涵。党委主体责任是什么？怎么抓？好像每个人都可以说上几条，但似乎又很难说得既全面、又具体。推行《二级党组织党建工作责任清单》，制定《校党委党建工作责任清单》，都是要从根本上解决这个难题。从内容上看，《校党委党建工作责任清单》主要包括领导班子建设、组织制度建设、宣传和思想政治工作、群团统战工作、创新与特色工作等5大责任项目，涵盖了办学方向与党建责任意识、党风廉政建设、思想政治教育、人才队伍建设等16个责任子项目，共计46条责任清单，每一条都有具体的内容及要求。对于有的责任事项，还用数字规定了具体指标。这样一来，我们就把“抓党建”这个大课题，通过分类划块，建立“条目式”的责任体系和任务详单，在逻辑上做到了从宏观到中观再到微观的层层递进，从结构上实现了面－线－点的有机结合，比较清晰地回答了“党建工作抓什么？怎么抓?”的问题。当然，这个清单还远称不上特别完善，还需要在工作实践中接受检验，但只要我们继续沿着这个基本思路和总体框架去不断努力，就一定能够把党委主体责任落细落小、落到实处。目前，《二级党组织党建工作责任清单》在高校中并不多见，所以现在有一些高校想到我们学校来学习“取经”。《校党委党建工作责任清单》在高校也不多见,是我们的一种先行先试,所以也请大家多提意见和建议。

二是要责任落实到人。党委主体责任是一个责任体系。从责任划分上来看:领导班子必须履行全面领导的集体责任,党委书记必须履行第一责任人职责,校长同样负有抓党建的重要职责,班子其他成员则要切实抓好分管领域的党建工作。这四个方面相辅相成、缺一不可,不能相互替代、互相混淆。在制定《校党委党建工作责任清单》的过程中,为了避免责任不明、责任落空,我们将46条责任事项进行了逐一分解落实,这就是"责任人",其中既有"党委集体",也有"具体分管的个人"。在这个清单定稿以后,还要结合今年学校的工作要点,列出每位校党委委员2016年的具体工作详单。而且,今后每年都要有这样的一个工作详单。这样一来,就把党委集体、党委书记、校长、班子其他成员四个主体之间的责任落实清楚了,集体和个人对于"党建工作谁来抓?出了问题谁负责?"都做到心中有数,确保工作有人抓、问题有人管、责任有人担。在《二级党组织党建工作责任清单》中,学校下文时明确规定了:"各二级党组织要根据有关规定和班子成员分工情况,将班子集体责任清单进一步落实到班子成员个人。"现在已经过去10个月了,不知道这项工作是不是真正落实到位了。希望大家会后对此项工作认真组织一次"回头看",没有落实的要尽快"补好课"。请组织部抓好督办落实。今年6月,学校将进行第二次二级党组织党建工作述职考评。省委组织部、省委教育工委也会在6月进行高校党建工作述职考评。

三是要聚焦问题导向。党的十八大以来,习近平总书记发表了系列重要讲话,深刻回答了新的历史条件下党和国家发展面临的一系列重大理论和现实问题,贯穿着强烈的问题意识和鲜明的问题导向,体现了共产党人求真务实的科学态度。探索制定党建工作责任清单,正是我们深入学习贯彻习近平总书记系列重要讲话精神,不断强化问题导向,聚精会神抓党建的主动实践。去年以来,针对基层党组织建设中存在的党支部战斗堡垒作用发挥不够、大学生思想政治教育工作抓得不牢等突出问题,学校推行了《二级党组织党建工作责任清单》,开展了二级党组织书记履行党建工作责任述职考核,取得了很好的整改成效。具体到校党委领导班子这一级,我们落实党委主体责任同样面临一些问题、存在一些不足,比如:推动干部能上能下的进度还偏慢,综合改革攻坚克难的勇气还不足,"钉钉子"精神发扬还不够。并且这些问题,还是我们在党的群众路线教育实践活动、"三严三实"专题教育中,对照认领、承诺整改的任务。下一步怎么改?制定出台《校党委党建工作责任清单》,就是我们迈出的重要一步。要通过这个责任清单,把校党委聚焦问题导向的态度,兑现整改承诺的决心,旗帜鲜明地亮出来,以实实在在的作为和成效,取信于全校广大师生员工。

第二,抓好党建是主责主业,领导干部必须当好"关键少数"

一是要强化责任担当。习近平总书记强调指出:干部就要有担当,有多大担当才能干多大事业,尽多大责任才会有多大成就,不能只想当官不想干事,只想揽权不想担责,只想出彩不想出力。这里有一组公开报道的数据:去年8月,国务院大督查第一批问题处置结果公布,7个省份对59名不作为干部,给予党纪政纪处分;9月,第二批督查问责结果公布,24个省(区、市)依法依规对249人进行问责;在今年1月的大督查第三批问责中,又有1148名干部因庸政懒政怠政和不作为被严肃处理。这个数字是越来越大。与此同时,由于落实党委主体责任和纪委监督责任不到位,领导干部被诫勉谈话甚至是被撤职免职的通报处理,也是越来越多。这些案例,都充分表明了党中央、国务院和各级地方党委、政府重拳整治为官不为、为官乱为问题的坚定决心和鲜明态度。过去我们有的领导干部往往认为:抓党建是书记的责任,是"一把手"才需要操心的事情,普通领导干部只要执行落实好就可以了。久而久之,使得党委班子研究布置党建工作的时间和精力打了折扣,班子其他成员思考党建工作的主动性、积极性也很不够。现在,我们有了《校党委党建工作责任清单》和《二级党组织党建工作责任清单》,对于抓党建工作各自该负什么责、该抓哪些事,都规定得清清楚楚、明明白白。希望大家切实转变观念，对照清单，理清职责，不折不扣地把抓党建工作的责任担当记在心上、扛在肩上、抓在手上。

二是要突出“一岗双责”。平时我们讲“一岗双责”，在不同的场合有不同的含义。比如在党风廉政建设和反腐败工作领域，“一岗双责”就是要求领导干部既要对所在岗位应当承担的具体业务工作负责，又要对所在岗位应当承担的党风廉政建设责任制负责。刚才益春同志也讲了，现在维稳综治安全工作也是“一岗双责”。随着近年来党中央、国务院和地方各级党委、政府对党建工作越来越重视，落实力度越来越大，党建工作全面推行“一岗双责”已经成为一种新常态。过去有的领导干部可能会认为：既然强调“发展是第一要务”，那么抓党建工作就可以相对少花些时间精力，而且党建工作比较虚，不容易出成绩，所以不重视、不上心。现在看来，这种观念已经明显落伍了。特别是从近几年的领导干部评议工作来看，呈现出一个明显的变化：各级组织部门纷纷将“履行党建工作责任情况”予以单列，作为重要内容进行考核。前不久，学校启动了处级领导干部2015年度考核工作，同样参考借鉴了这一做法。与此同时，在党风廉政建设和反腐败工作中，签字背书、一案双查、倒查追责等制度执行得越来越坚决，“一岗双责”的刚性越来越强化。这就要求我们的各级领导干部一定要牢固树立“抓好党建是本职、不抓党建是失职、抓不好党建是渎职”的理念，把抓党建与谋发展放到同等重要的位置，坚决改正重业务工作、轻党建工作的错误观念，做到党建工作与业务工作两手抓、两手硬，两不误、两促进。

三是要做好带头示范。领导干部是标杆、是表率，一言一行、一举一动都代表着党的形象，引领着党的风气。今年1月29日，中共中央政治局会议首次公开提出了“增强政治意识、大局意识、核心意识、看齐意识”，自觉地在思想上、政治上、行动上同以习近平同志为总书记的党中央保持高度一致。这“四种意识”，是我们落实党委主体责任、做好带头示范的首要标准。所以我们把这“四种意识”，也写进了《校党委党建工作责任清单》。只有首先做到了这一点，我们的带头示范作用才会有号召力、公信力、引领力。在抓党建工作的过程中，我们的各级领导干部，不管是正职还是副手，都必须对照责任分工，做到重点工作亲自部署、重大问题亲自过问、重点环节亲自协调、重要事项亲自监督，一级做给一级看、一级带着一级干。要坚决避免任务简单下移、只当“甩手掌柜”的不正常现象，确保工作布置和全过程督促落实紧密结合。在这里，我还要特别强调一点，在遵守党的各项纪律、落实党风廉政建设责任制等方面，我们的各级领导干部必须时刻把纪律和规矩挺在前面，既要“独善其身”，守住底线管好自己，也要“视线下移”，把牢关口管好下属，坚决做到守土有责、守土负责、守土尽责。

第三，抓好党建是系统工程，必须找准关键环节持续发力

一是要狠抓作风转改。习近平总书记强调指出：抓作风是推进党的建设新的伟大工程的重要切入点和着力点。2014年以来，我们通过深入开展党的群众路线教育实践活动和“三严三实”专题教育，取得了干部作风进一步转变、干群关系进一步密切、为民务实清廉形象进一步树立的良好成效。今年2月，中共中央办公厅印发了《关于在全体党员中开展“学党章党规、学系列讲话，做合格党员”学习教育方案》。3月8日，教育部党组下发了专门的通知文件。今年1月以来，省委书记徐守盛同志多次在各种会议和培训班上，对开展“两学一做”学习教育作了重要讲话。根据中央和省委的工作部署，学校已经实质启动了“两学一做”学习教育。这是今年学校党建工作的龙头任务，是全体党员同志的一门“必修课”。3月7日，校党委专题学习了《党委会的工作方法》，布置了相关工作。3月16日，我在化学学院的主页上看到了院党委组织的专题学习情况。制定出台《校党委党建工作责任清单》，也是学校开展“两学一做”学习教育的自选动作和特色项目。请组织部根据中共中央办公厅的《“两学一做”方案》，对照教育部的有关文件精神，加快制定学校“两学一做”学习教育的初步方案。校党委理论学习中心组的理论学习，也要加大力度，今年4月要请益春同志和协平同志分别为我们做专题辅导报告。在接下来的工作中，我们要坚持以作风建设为抓手，在巩固拓展教育实践活动成效、狠抓“不严不实”问题整改的同时，扎实开展好“两学一做”学习教育，践行好“作风建设永远在路上”。

二是要加快建章立制。落实全面从严治党，既靠教育，也靠制度，二者要同向发力、同时发力。坚持用制度管权管事管人，也是推进党的建设制度化的根本之策。近年来，学校对《湘潭大学章程》进行了修订完善，经过了省教育厅的审核；出台了“三重一大”决策、重大决策风险评估等一系列管理办法；推行校－处两级领导干部双重组织生活制度、“三进”制度、外出请假报告制度、带队检查安全工作制度；实行二级党组织书记履行党建工作责任述职考核，取得了很好的成效。在今后的工作中，必须继续落实好、执行好，使制度成为硬约束、硬规定。当然，推进党的建设制度化，并不等于制度越多越好。正如习近平总书记强调指出的：制度不在多，而在于精，在于务实管用，突出针对性和指导性；要搞好配套衔接，做到彼此呼应，增强整体功能。为此，学校当前正在加快推进规章制度“废改立”工作，其中与党建工作相关的制度有几十个，今年必须全部完成。随着这些工作的稳步推进和陆续完成，相信我们抓党建工作的制度化、体系化、科学化，推进学校治理体系与治理能力现代化建设，都会更加有据可依、有章可循。

三是要敢于探索创新。党建工作要落地生根、落细落小，关键靠制度；党建工作要抓出特色、激发活力，则必须靠创新。在全面从严治党新常态下，我们必须用新的视角、新的理念、新的方法，去分析、谋划和推动学校党建工作，特别是要将抓党建与高校“立德树人”的根本使命紧密结合起来，要将探索党建创新与推动发展规划、综合改革、“双一流”战略等重点工作紧密结合起来，通过抓党建来转作风、谋改革、促发展。当然，党建工作又是一项非常严肃的工作，因此我们既要大胆创新，也要谨慎论证。这也是我们在《二级党组织党建工作责任清单》推行快一年，才就《校党委党建工作责任清单》公开征求意见的原因。毕竟这两个清单，都没有比较成熟的模板可供参考借鉴，都是在“摸着石头过河”。但是，从《二级党组织党建工作责任清单》推行以来取得的成效看，充分说明创新党建工作很有必要，也大有可为。更重要的是，为学校制定《校党委党建工作责任清单》探索出了有益的经验，也进一步坚定了我们不断创新的决心和信心。所以在今后的工作中，希望我们的各级党组织、广大党员同志和领导干部，都能够继续发挥聪明才智，踊跃建言献策，敢于创新，善于创新，齐心协力把学校党建工作抓出色、抓出彩。

同志们，抓好党建工作，事关学校改革、发展和稳定大局，必须持续用力、锲而不舍、久久为功。“十三五”期间，是我们加快建设有鲜明特色的高水平现代大学的关键时期，党建工作责任重大，使命光荣。让我们以责任清单为抓手，落细落小责任，当好“关键少数”，推动工作创新，为不断开创党建工作新局面、实现学校“十三五”良好开局，作出新的更大贡献！

谢谢大家！

落实全面从严治党 锻造坚强领导核心 为加快推进学校事业发展提供坚实保障

——在湘潭大学庆祝中国共产党成立95周年暨“七一”表彰大会上的讲话

章 兢

（2016年7月1日）

同志们：

今天，我们在这里隆重集会，举行庆祝中国共产党成立95周年暨“七一”表彰大会，重温党的光荣历史，讴歌党的丰功伟绩，表彰先进基层党组织和先进个人。首先，我代表学校党委，向在座的同志们，并通过你们向学校全体共产党员和党务工作者，致以节日的问候！向受表彰的先进集体和个人，表示热烈的祝贺并致以崇高的敬意！向为学校各项事业持续健康发展辛勤工作的同志们，表示衷心的感谢！

1921年7月，中国共产党正式宣告成立，这是马克思主义与中国工人运动相结合的产物，更是决定中华民族走向和命运的重大历史事件。自成立之日起，我们党就始终坚持以实现中华民族伟大复兴为己任：从此，党的旗帜在神州大地迎风飘扬，中国革命的面貌焕然一新；从此，中国革命有了坚强的领导核心，中国人民有了值得依赖的组织者和领导者；从此，中国共产党领导全国各族人民踏上了争取民族独立、人民解放的光明道路，开启了实现国家富强、民族振兴、人民幸福的壮丽征程，在革命、建设、改革的伟大实践中书写了波澜壮阔的历史篇章。

今年是中国共产党成立95周年，红军长征胜利80周年。中国共产党走过的这段光辉历程，是一部经风雨、求大道、开新篇的革命史、奋斗史、创业史。95年来，我们党团结带领全国各族人民，经过艰苦卓绝的斗争，取得了革命、建设、改革的伟大成就，使中华民族的命运发生了历史性变化，使中华民族伟大复兴展现出前所未有的光明前景。特别是党的十八大以来，以习近平同志为总书记的党中央接过历史的接力棒，高举中国特色社会主义伟大旗帜，以对党、对人民、对民族高度负责的精神，总揽全局、运筹帷幄，励精图治、奋发有为，描绘确立“两个一百年”奋斗目标，科学谋划“五位一体”总体布局，协调推进“四个全面”战略布局，贯彻落实“五大发展”理念，着力加强和改进党的建设，汇聚起实现中华民族伟大复兴的强大力量，带领全党全军全国各族人民开创了党和国家事业发展的崭新局面。95年的历史和实践已经证明：中国共产党是一个坚持科学理论武装、先进性特征鲜明的党，是一个一切为了人民、全心全意为人民服务的党，是一个经受得住各种风险考验、不断成熟自信的党，始终是领导全国各族人民坚持和发展中国特色社会主义的核心力量。

高校党建是党的建设新的伟大工程的重要组成部分，在党的建设中具有特殊而重要的地位。加强党对高校工作的领导，加强和改进高校党的建设，是办好中国特色社会主义大学、办好人民满意的大学的根本保障。近年来，在上级主管部门党委的正确领导下，校党委和全校各级党组织团结带领广大党员干部和师生员工，深入学习习近平总书记系列重要讲话精神，始终践行“立德树人”根本使命，积极服务“创新驱动发展”战略，落实推进“一流大学、一流学科”建设，抓党建、谋规划、抓改革、求发展，推动学校各项事业取得了新的成绩。重温中国共产党95年的光辉历程，回顾学校58年的办学历史，我们更加深刻地认识到：党的建设坚强有力，学校的改革才会有方向、发展才会有力量、和谐才会有保障。所以利用今天这个机会，我就“落实全面从严治党，加强和改进学校党的建设”这个主题，谈三点意见和要求，并与全体党员同志共勉：

一、落实全面从严治党，必须深刻领会其实质内涵

习近平总书记强调指出：党要管党，才能管好党；从严治党，才能治好党。在协调推进“四个全面”战略布局中，全面从严治党既是一个重要的战略举措，也是其他三个“全面”的根本保证。这一党建战略思想，体现了治标与治本的统筹兼顾、自律与他律的双管齐下，体现了伟大事业与伟大工程的统一、党的建设与治国理政的统一。深刻领会全面从严治党的实质内涵，一是要突出“加强党的领导”这个核心。重点解决党的领导弱化、党的建设缺失、从严治党不力的突出问题，确保党始终成为中国特色社会主义事业的坚强领导核心。具体到学校层面来讲，就是要坚持和完善党委领导下的校长负责制，坚持党委的领导核心地位，保证校长依法行使职权，建立健全党委统一领导、党政分工合作、协调运行的工作机制，切实强化校党委谋大局、把方向、带队伍的政治核心作用。二是要立足“全面”这个基础。在内容上实现思想建设、组织建设、作风建设、反腐倡廉建设、制度建设的全覆盖，在主体上做到各级党组织、各级党员干部、全体党员同志全覆盖，在体系上实现思想建党与制度治党的紧密结合、建章立制与执行落实的有机统一、自上而下与自下而上的双向互动。三是要紧扣“严”这个关键。对照“严在何处？靠什么严？如何做到严？”，坚持将纪律挺在前面，时刻将规矩立在身边，在思想上划出红线，在行为上明确界限；加快推进建章立制，坚持用制度的刚性和约束力管人管事管权；加强对权力运行的制约和监督，形成不敢腐的惩戒机制、不能腐的防范机制、不易腐的保障机制，将“真管真严、敢管敢严、长管长严”贯穿到学校各项工作的全过程。四是要找准“治”这个要害。将落实全面从严治党与推进学校治理体系与治理能力现代化紧密结合起来，校党委、各二级党组织以及全体党支部，要自觉肩负起主体责任；各级党组织书记，要认真履行好“第一责任人”的职责；纪检监察部门要切实担负起监督责任，敢于执纪问责，不断汇聚形成抓党建、谋党建、促党建的强大工作合力。

二、落实全面从严治党，必须科学把握实践要求

近年来，习近平总书记多次告诫全党：当前党仍然面临着“四大考验”“四大危险”，党面临的“赶考”远未结束。学校党委作为一级基层党组织，是把握办学方向、凝聚师生人心、引导学校发展的主心骨，组织赋予责任，师生寄予厚望。落实全面从严治党，要求我们坚持将党建工作作为一项管根本、利长远的大事来抓，将抓党建与牢牢把握高校意识形态工作领导权，与培育和践行社会主义核心价值观紧密结合起来。具体来讲，一是要强化“四种意识”。高校人群思想活跃，各种观念、文化、思潮交会碰撞，是意识形态的前沿阵地。这就要求我们在瞬息万变、错综复杂的形势下，始终保持清醒的政治头脑，具有正确的政治思想、坚定的政治立场、敏锐的政治观察力和鉴别力；要进一步增强政治意识、大局意识、核心意识、看齐意识，以习近平总书记系列重要讲话精神为根本遵循，确保党的建设、教书育人、科学研究等各项工作始终沿着正确的方向和道路稳步前进。二是要践行“立德树人”。“培养什么人，怎样培养人”，是教育的根本问题和永恒主题。高校肩负着学习研究宣传马克思主义、培养中国特色社会主义事业建设者和接班人的重大任务。从我们对大学生关于社会主义核心价值观的调查看，认识模糊的有之，认识错误的有之；从近期党的基本理论知识测评情况看，有的同志对“三严三实”“两学一做”等基本常识掌握得还不牢靠。作为一名高校的教师和学生，出现这样的问题，于情于理都说不过去。必须花大力气强化学习教育，花大力气培育和践行社会主义核心价值观，引导和带动广大师生崇德修身、见贤思齐。三是要突出“问题导向”。坚持党要管党、从严治党，是要从根本上解决管党治党失之于宽、失之于松、失之于软的问题。这段时间，省委第八巡视组正在对学校开展专项巡视。这是省委对学校党委和各二级党组织全面从严治党的“整体把脉”，是对学校党风廉政建设工作的“综合会诊”，是对全校各级党员领导干部的“政治体检”。从巡视组初步反馈的情况看，特别是结合“十二项基层党建工作”大排查结果，对照全面从严治党要求，我们排查发现的问题还可能比较多，涉及党建工作的多个方面，说明我们在落细落小党建工作责任，推进党的建设“实功实做”等方面，做得还不够细、不够硬、不够实、不够新。在接下来的工作中，必须以更严的标准、更实的举措，发现不足，找出差距，整改问题，补齐短板。

三、落实全面从严治党，必须始终紧扣重要抓手

在今年1月的十八届中央纪委六次全会上，习近平总书记强调指出：“打铁还需自身硬”，是我们党的庄严承诺；全面从严治党，是我们立下的军令状。对于加强和改进学校党的建设来讲，要实现管党治党真正从宽、松、软走向严、紧、硬，我们就必须回答好“靠什么治？怎样来治？重点治谁？”的问题。具体来讲，一是要尊崇党章党规。党章是党的根本大法，是全党必须遵循的总规矩。正如习近平总书记强调指出的：全面从严治党，首先要尊崇党章。当前，全校上下正在深入开展“两学一做”学习教育，其基础在学，就是要学党章党规、学系列讲话。全校党员同志必须进一步牢固树立党章意识，对照原著原文，原原本本学、反反复复学，做到知其然；联系实际学、深入思考学，做到知其所以然，真正把党章作为加强党性修养的根本标准，作为指导谋事创业做人的行为准则。今年6月28日，中共中央政治局召开会议，审议通过了《中国共产党问责条例》。《条例》贯彻党章，坚持问题导向，紧紧围绕坚持党的领导、加强党的建设、全面从严治党、维护党的纪律、推进党风廉政建设和反腐败工作开展问责，释放出有责必问、问责必严的强烈信号。问责条例是全面从严治党的利器，接下来，我们要迅速组织学习领会，推进贯彻落实。二是要加强纪律建设。党的纪律是刚性约束，加强纪律建设是全面从严治党的治本之策。习近平总书记指出：“全面从严治党，重在加强纪律建设。……要扎紧党规党纪的笼子，把党的纪律刻印在全体党员特别是党员领导干部的心上。”这就要求我们在教育管理层面，深入开展廉政文化教育，时刻把党的纪律和规矩挺在前面，确保入脑入心；在案件查处方面，始终保持高压态势，坚持对腐败现象和违纪违规问题“零容忍”，抓早抓小，防微杜渐，使纪律真正成为带电的高压线；在完善机制方面，紧扣政治纪律、组织纪律、廉洁纪律、群众纪律、工作纪律、生活纪律，落实党风廉政建设责任制，建立监督执纪长效机制，增强党的自我净化、自我完善、自我革新和自我提高的能力。三是要夯实“基层基础”。常言道：基础不牢，地动山摇。要实现全面从严治党向纵深推进、向基层延伸，我们就必须压紧压实责任，层层传导压力；要进一步强化基层党支部的战斗堡垒作用和党员同志的先锋模范作用，将基层组织生活制度规范起来、严格起来，把党员同志的身份亮起来、形象树起来，筑牢夯实党在基层一线的执政根基。具体来讲，我们的党员领导干部要对照信念坚定、为民服务、勤政务实、敢于担当、清正廉洁的“五好干部”标准，为官有为，为学校发展和师生员工用好权、履好职、尽好责；教职工党员要按照有理想信念、有道德情操、有扎实学识、有仁爱之心的“四有教师”标准，落实以学生为本，立德树人，传道授业；学生党员要坚定理想信念，增强道路自信、理论自信和制度自信，练就过硬本领，努力提升社会责任感、创新精神和实践能力；离退休党员要对照“工作可以退休、党员身份永不退休”的要求，强化党员意识，继续发挥余热。全体党员同志要对照“讲政治、有信念，讲规矩、有纪律，讲道德、有品行，讲奉献、有作为”的要求，以实际行动严肃党内政治生活，净化党内政治生态，为助推学校改革、发展和稳定，贡献更多智慧和更大力量。

同志们，落实全面从严治党，是加强和改进学校党的建设的必然要求，是科学谋划“十三五”改革发展的重要保障。在这项光荣、伟大的事业中，每一名"湘大人"都责无旁贷、重任在肩。希望全校各级党组织切实担负管党治党责任，各级领导干部率先垂范，广大党员同志"四讲四有"，不断开创学校党建工作新局面，在推动学校新一轮又好又快发展、加快"有鲜明特色的高水平现代大学"建设进程中，再创佳绩、再立新功！

谢谢大家！

历史、机遇与精神

——校党委书记章兢在2016年暑期研讨会上的讲话

章 兢

(2016年7月15日)

同志们:

2016年暑期研讨会经过大会报告、小组讨论、交流发言几个阶段,进入总结阶段。我们专门请了贵州大学郑强校长作报告,给我们带来了一场"头脑风暴"和很多的启示。昨天下午,黄云清校长作了重要的主题报告。这次会议是学校从2014年以来连续召开的第三次暑期研讨会。2014年,我们听取了新任校长黄云清教授的治校报告;2015年,我们专门讨论了学校"十三五"发展规划和综合改革方案;今年是"十三五"开局之年,我们把本次研讨会的主题确定为瞄准"双一流"建设,落实"十三五"改革发展规划,加快推进高水平大学建设。通过暑期研讨会的形式,把大家集中在一起进行讨论、交流,很有必要,很有意义。这几次研讨会的主题都是面向未来发展的,以后也可以穿插安排研讨会专门总结我们的工作、剖析我们的问题。我们不要怕讨论,不要怕剖析问题,真理越辩越明,思路越争越清。

如何抓住"双一流"建设的契机,如何落实"十三五"发展规划和综合改革,云清校长昨天已经做了一个很好的报告。大家也进行了比较充分的讨论。我这里想从三个方面再谈一谈自己的一些看法,因为是务虚会,所以我不过多地谈具体的问题,而是想从办学理念与精神面貌方面谈些看法。因为有些观念、意识不转变过来,再好的规划和对策也难以达到预期的效果。我的发言从历史、机遇和精神三个关键词展开。

一、研究湘大,尊重历史

这是深入学习习近平总书记在庆祝中国共产党成立95周年大会上重要讲话中的"不忘初心"得出的一个体会。2013年我到湘潭大学任职后的第一次大会讲话,就讲到了湘大的办学优势——复校之初就创造了中国高等教育史上绝无仅有的高起点办学,当时总结为"一、四、七",即复校第一年(1974年)即被国务院确定为文理工综合性大学;第四年(1978年)成为综合性全国重点大学;第七年(1981年)成为首批硕士学位授权单位。

今天我在这里再讲一遍,就是希望大家尊重学校办学历史,看重湘大办学地位。历史与文化的厚重感是一个民族的无价之宝,没有历史厚重感的文化是虚幻的文化,没有历史厚重感的民族是浅薄的民族。昨天,郑强校长也讲到了这个问题。同样,没有历史与文化的大学就不会是令人向往的大学。历史底蕴是大学最深层的内涵,办大学,就是办大学的历史与文化。当然,一所大学的历史有长有短,文化积累有厚有薄,但对于这种历史与文化的自觉性则是一所优秀大学的内在品质。我们应当通过各种形式,积累、传承湘大的历史与文化。这里讲传承,并不是要复古,而是要在现代社会和技术发展的大潮中筑起我们的精神家园。为什么要反复讲?因为涉及当前的一些思想认识,有那么一些湘大人并不尊重学校历史,表现为否定我们过去的发展历史,尤其是过去艰苦创业的精神,丢掉了这些优良的、宝贵的精神传统。不只是学生,不少教师也并不了解湘大是在什么背景下建立和发展起来的，甚至肆意批评学校过去的一切。常言道"读史使人明智"，每个湘大人进入湘大后都应当通过多种方式了解湘大的历史，了解湘大建校、复校的历史，了解湘大恢复办学以来40年的奋斗历程。具体来说：

一是要感悟学校发展中历史事件的意义和时代精神。当代解释学大师伽达默尔说："历史理解的真正对象不是事件，而是事件的'意义'。"尊重和研究湘大历史对于我们来说，既要展示历史事件的真实面貌，也要总结历史事件的经验教训，更重要的是理解这些事件的"意义"。我们要从张张旧照片中和各种轶事回忆中，从"劳动建校""住农舍、点油灯"中体验湘大初创者的艰辛，感悟那种艰苦创业的精神。现在，我们当然不须要住农舍，不再点油灯，而是在有空调的房间里工作、学习和生活，但这种艰苦创业的精神永不褪色，要永远传承下去。就在2000年前后，针对没有进入"211工程"的现实，我们喊出了"自带干粮去长征"的口号。今天，我们应当继续保持这种宝贵的精神和高昂的气势。

二是要历史地看待湘大的发展与问题。我们看向未来，却总是忘记过去，而忘记过去就预示着我们很有可能重复过去的错误。我们是要面向未来，也要从历史出发。我们今天讨论湘大的改革、湘大的发展、湘大的未来，不能摆脱历史。湘潭大学当前的发展现状与办学历史息息相关，与40年实际办学中理念的形成和变化息息相关。到湘大后，我进行了一些调研，也多次到院系检查，特别是去年的发展规划调研，看到了大家的工作状态，听到了大家的想法要求，这些想法、建议、要求，后来也集中提交校党委会进行了通报和讨论。对学校，可以批评，可以发牢骚，但不能鄙视；可以希望，可以提要求，但不应调侃。在这里我要多讲几句，我们讨论学校的改革发展和各种具体事务时，不能离开具体的历史时空，不能离开学校的特定背景，不要总是开口闭口某某大学怎么样的，我们也应该怎么样。我自己也时常如此，但是越深入接触学校，就越感觉到这种看问题的角度、思维的方式需要转变。我们办学的视野要广阔，就要学，而且要向先进高校学，而不能局限于自己习惯的那所学校。办学的路子要创新，也要学，而且要边学边改，边实践边创新，而不能生搬硬套。办学的特色要彰显，更要学，而且要在学习中弥补短板，但不能放弃长处，要把长处加长，特色更特，优势更强。

讲到办学特色，这是一个非常有意义的理论问题和实践问题。每次与师生讨论学校发展时，总是绕不开办学特色，而且我们湘大人也特别关注学校特色，尤其是当我们的全国重点大学的牌子不再那么响亮，我们的学科综合优势不再那么独树一帜后，湘大人对于办学特色似乎愈加迷恋。我也思考过湘大的特色，也曾试图用一些术语来表述湘大的特色，但随着对学校了解的深入，随着对办学实践活动特性理解的深化，我越来越感受到对于我们这个建校快60周年、复校已经超过40年的大学来说，要另起炉灶搞一个湘大特色，是对历史的不尊重；脱离学校办学实践来提一个办学特色的口号，也没有实际意义。因此，我认为大家不必纠结于什么是特色，更不要期望特色确定后再谋发展。特色的本质是发展，没有发展就没有特色；特色不是静止的，而是动态的，特色是发展中的特色，有了发展，并且有了大的发展，有了突破性的发展，就有了特色；停止不前，就不可能形成特色。在当前竞争如此激烈的情形下，人云亦云，拾人牙慧，是不可能取胜的，又怎么谈得上特色？因此，我们不必纠结于现有的特色，不必纠结于未来要去做的特色。只要我们想方设法地去做、去竞争、去发展，这些想的"方"、设的"法"就是特色。特色不在我们口头上、文本上，而是在我们的行动中、实践中，在人才培养、科学研究、社会服务中；特色不在学校，而在院系，不靠别人，就靠你们、靠我们。

三是要辩证地看待湘大的发展历史。无论大学是否需要一种"理念"，事实上它都会被赋予一种或一种以上的理念。对于大学来说，又必须找到一种理念，一种要为之奋斗的理想。这种理念一旦形成，就成为大学的基因，决定一所大学随后的发展。但是这种基因码，并不容易识别出来。通过这几年的观察，我有一个粗浅的看法，那就是湘大在恢复办学之初赢得的那种强有力的政治优势，并没有真正地、及时地转化为学术底蕴，至少转化不到位、不彻底，真正的学术理念和学术氛围还没有全面地建立起来，其中一个表现就是缺乏一种清晰的学术传承。我们常说消费经济学、流变学创立于湘潭大学、走向全国，但是我们现在很难说在这些湘大首创的学科领域仍然处于国内、世界领先地位，还在不断地推出新的成果。学术方向的调整无可厚非，但是，在这些传统的优势学科和特色学科领域，调整学术方向应当同时考虑到学术传承。今年学校出版社出版了一套《湘潭大学学者文库》，要我写序，我从三个方面写了出版文库的目的和意义：一是为纪念湘潭大学复校40周年；二是为感恩湘潭大学办学历程中无数作出贡献的湘大学人；三是为昌兴湘潭大学的学术发展。希望通过文库的形式，促进学术传承和彰扬传统优势。老子说过，“有无相生，难易相成，长短相形，高下相倾。”湘潭大学政治优势的文化基因与追求学术的文化基因应当相得益彰。

二、相信湘大，抓住机遇

这也是深入学习习近平总书记在庆祝中国共产党成立95周年大会上重要讲话中的“继续前进”后得出的一个感悟。社会发展的多元化，高等教育格局的调整，为湘潭大学的改革发展提供了机遇。我们从2014年起就一直在讲要抓住国家推进世界一流大学和一流学科建设的机遇，也做了一些工作。问题是我们的工作是否取得了成效？我们是否已经抓住机遇？我们是否在抓机遇的过程中错过真正的机遇？

我们一直在讲抓机遇，到底如何抓机遇？我想至少应当做到这样几个方面：一是要有前瞻性，也就是要有预研，要有政策研究和政策分析，要有工作的提前量。这一点对于我们这样的学校来说更加重要，因为笨鸟先飞才能早入林。二是要有重点，面对各种机遇，我们要结合学校的实际确定重点和突破口。湘潭大学短时间内不可能建成一批一流学科，但只要选准发展的重点，实现一个、两个突破完全是有可能的，这也是大家已经取得的一个共识。三是要有一个好的抓手，没有抓手，没有行动方案，“胡子眉毛一把抓”是干不成大事的，最后可能是“起个大早赶个晚集”。四是要有胆略，狭路相逢勇者胜，没有胆略是抓不住稍纵即逝的机遇的。五是要有新办法，新机遇总是与新思路、新理念、新机制、新办法联系在一起的，没有新的思路和新的办法就谈不上抓住机遇。“新瓶装旧酒”“换汤不换药”，即便取得一时的成功，也最多是昙花一现，无益于学校的长远发展。我到湘大任职已经三年多了，有一个强烈的意识——湘大必须改革，必须进行彻底的、实质的变革。我们说不要折腾，并不是说就不能进行大的改革，有些方面不改已经不行了，不大改就见不到成效。当然，这只是个人的感觉。一次机遇就是一次挑战，抓住一次机遇就是完成一场变革。要抓住“双一流”建设这一机遇，我们必须先进行内部的变革。学校没有进行一系列的变革，包括学术组织变革，就很难抓住这一机遇。不说水平达不达得到，不改革的话，发展方向、发展模式就根本不是“双一流”建设所倡导的，又怎么可能进入“双一流”呢？所以说：

*一是要有规划。*学校“十三五”总体发展规划已经基本成型，院系的发展规划要加快进一步修改完善。院系的发展规划要解决好几个问题：定位更加清晰、重点更加突出、任务更加明确。院系要服从学校大局，但不能盲目地套着学校的框架，这有一个战略选择的问题，学校出台的总体规划、规章制度要尽可能兼顾到方方面面，但院系可以结合自身实际制定更加切实可行的细则。学校发展要有所取舍，院系更应有所取舍。但是从我们目前的实际来看，我们可能没有取舍，或者是“捡了芝麻丢了西瓜”。许多院系领导到我这里，到其他校领导那里，到相关职能部门反映问题、提出要求，如果把这些要求进行分类，最常见的并非要把我们的学科专业特色优势做大做强，更多的可能是开辟新的战场，是要求补齐短板。我们是要补齐短板，短板决定整体水平，问题是这里的短板本身存在的价值。如果是一个大学、院系或者学科专业必不可少的构成部分，就必须补齐，补齐了，整体水平就提升了。但是，我们有的短板与我们的特色优势学科专业发展可能根本没有什么真正的、密切的、必要的联系，就是一块天外飞石，不能添彩，倒是可能添堵添乱。资源配置要兼顾公平

与效益，这个公平是从基本层面来讲的，并不鼓励铺摊子。

二是要有抓手。抓住机遇，一定要有一个抓手，一定要付诸行动。云清校长在昨天的报告中已经讲到，“双一流”建设，学科是基础，一流大学首先要有一流的学科。我们一直讲学科建设是龙头，问题是在具体实践中我们是否抓住了龙头，是否拧住了龙头。在这里，我想请大家再思考一下：到底什么是学科？我想并不是每个人都理解了。我这里讲的学科，是一个双形态的学科：从形而上的意义上来讲，它是一个科学研究、教育教学的分类的概念，比如理学、文学、工学；从形而下的意义上来讲，它是一种组织形态。对于我们的学科是不是在组织形态层面成型了？我们往往很少去深入思考。这里我想举一个例子，大家最近都看过欧洲杯，想不到葡萄牙最后能夺冠，虽然有C罗这样的超级球星，但在小组赛阶段三战皆平只得三分，以排名成绩最好的小组第三名之一出线；进入淘汰赛阶段以后，一直到半决赛之前都没有在90分钟内解决战斗，在半决赛的时候2:0战胜了威尔士，最后在决赛中第108分钟攻入制胜一球，又战胜了法国队。这就是足球的魅力。虽然有超级巨星，但赢得比赛的胜利最终还是要靠团队，欧洲杯决赛C罗因伤下场之后，最后进球的就是他的队友埃德。所以，从形而上的角度来讲，足球、篮球都是一种运动的分类，但是不是只要玩足球、打篮球，就称得上是一支球队呢？每一支足球队，最终是要去比赛的，是要去进球的，前锋、中场、后卫队员各自都有明确的分工，守门员就应该站在球门前。篮球队也是如此，光后卫球员都还有控球后卫、进攻后卫的角色分工。所以从形而下的角度来讲，在学科这个组织形式上面，我们一直没有搞清楚，实践中很少关注学科的组织形态化。有学者曾经提出了成熟学科的八个标准：第一，不可替代的研究领域和方向；第二，标志性的研究成果；第三，可持续的知识产出；第四，稳定的资源获取；第五，明晰的组织结构和分工；第六，规范的学科制度；第七，良好的学科文化；第八，较高的国际化程度。对照这八条标准，我们现有的学科哪些基本上符合了呢？从我们省级重点学科验收的最终结果来看，从教育部一级学科评估的前期情况来看，我们的学科建设还存在很多问题，其中最突出的就是“见物不见人”，学科建设的重点，理工科落在仪器设备上，人文社会科学落在图书资料上，而较少真正关注“人”的投入，很少用学科建设经费去引进人才、培育人才，把学科建设经费搞成了科研设备费、图书资料费。从表面上看，这导致学科建设经费用不掉，闲置在账上；从深层次看，这种建设模式已经直接影响到学科要素的结构，影响到学科要素的品质和效益，没有高水平的人才，再好的学科平台也产生不了大的价值。所以，院系负责人和学科负责人在学科建设中一定要有“人”的意识，要重视人才的引进和培育，要敢于把学科建设经费用在人的身上，用在有潜力的年轻教师身上。这就是投资，学科负责人和院系负责人要做“投资家”，而不要守着一点点学科建设经费过日子。只要选准了人，就一定能够获得更大的回报，形成一个良性循环。学科建设的另一个突出问题是“无组织化”和“临时拼凑”。绝大部分教师对于专业有直观的感受，专业是有具体载体的，是高等学校的基本单位；但对于学科，似乎只知道自己从事那个学科，感觉不到相应的学科组织、学科载体，好像处于一种无组织状态。所以与之相关的问题就是我们的学科建设有着非常明显的“临时拼凑”现象，这在过去那种集中力量办大事的思维模式下和粗放管理中，常常屡建奇功。但是，许多一线老师对学科建设经费用不到、申报验收时又成为梯队成员贡献成果的做法，非常有意见，这种做法有悖共享发展的理念。从未来发展的角度来看，国家对于各种研究平台和研究基地的管理模式也正在发生变化，强调要围绕国家战略，突出问题导向，实行签约资助，建立以协议制为基础的动态调控机制，明确研究平台和研究基地建设的重大任务和主攻方向，强化目标管理。管理方式的一个改进就是研究基地要编制总体规划，总体规划以产出具有重大社会影响和学术价值的标志性成果为目标，确定一个主攻方向，并围绕此方向总体设计3～5个基地重大项目。总体规划评审通过后，经费资助和验收评审都与总体规划挂钩。这样一来，以后就不可能再搞临时拼凑了。学科建设的重点必须从实际建设做起，从具体规划抓起。关于学科建设，学科的竞争力是基础，科研的竞争力是关键，师资的竞争力是保障，这三者是三位一体的。三者要匹配，教师的学术发展、科学研究的主攻方向与学科发展的重点要相互支持、保持一致；要聚焦，聚焦到学校的特色、优势上，进而转化、提升为学校的实力；要回归，回归到人才培养上，培养出一批又一批的优秀本科生、研究生。

三是要敢创新。也就是大家讲的“出奇招”。创新是发展的核心本质，创新是发展的关键特征。要通过创新来驱动学校发展，解决瓶颈问题，常规的方法已经难以解决这些瓶颈问题，必须创新，大创新靠魄力，小创新靠巧力。在座的同志们是学校的教学科研骨干、管理骨干，是“关键少数”，在学术中、工作中既要勇于创新，又要善于创新，发挥巧劲。中国武术中一直有“四两拨千斤”的说法，我们要朝着这个境界发展。这里的“拨”“巧劲”是致力于解决问题，而不是推脱、推诿。当然，要创新，要大胆，但不能冒进。当新的机会、新的事物出现时，我们有些人似乎总是踌躇满志，志得意满，而不去分析这些变革的冲击力，以至于陷入新的混乱，将学校的办学传统和底蕴破坏殆尽。

四是要做分析。这是一个大数据的时代。高校到处都有数据，而且有可利用的分析工具和报告软件，但很遗憾，我们利用这些数据来研究我们自己的学校还远远不够，没有系统地将这些数据转化为学校改革发展的决策支撑信息。数据，不只是技术问题，还是管理问题，用企业术语来讲是运营问题。从未来高等学校发展来看，其决策模型正在发生变化，这就对收集、分析和利用学校的各种数据，提出了新的要求。我们的智慧校园正在加紧建设之中，要注意一点，那就是要能够方便地利用智慧校园采集和传递可以有效地支撑学校决策的相关数据。这次提交大家讨论的综合改革方案中，提出了许多改革设想，我觉得有一个工作必须抓起来，那就是要建立起学校改革发展的决策数据系统。当然，在这个方面我们也有做得很不错的地方，比如对 ESI 前 1% 学科的分析。又比如，要建立起学生学习行为的大数据系统，包括学生的课堂表现、学生的课堂收益，科学地评价人才培养改革的成败好坏，保证改革沿着正确的方向前进。现在的许多决策是基于模糊的认识，基于主观的看法，根本原因可能就是缺乏大数据的支撑。

三、提升湘大，振奋精神

关于这一点，我要讲的核心意思是“加强党的思想领导”。习近平总书记在庆祝中国共产党成立 95 周年大会讲话中，10 次提到“不忘初心、继续前进”。在历史性的“赶考”当中不忘初心，就是不要忘记立党之本，不要离开我们的方向；在历史性的“赶考”当中继续前进，就是不要陶醉在我们已有的功劳簿上面，而是要创造新的成绩，向人民、向历史交出更合格、更好的令人满意的答卷。具体到湘大发展，不忘初心，就是不能忘记毛主席“一定要把湘潭大学办好”的嘱托，就是要担当起“三种责任”：“一定要把湘潭大学办好”的政治责任；为学生提供优质教育的本职责任；与全体教职员工共同发展的当然责任。具体来说：

一是结合省委巡视工作，整装出发。6 月 20 日，我在省委巡视第八组专项巡视湘潭大学工作动员会上表态发言时，讲了三层意思：高度重视，提高认识，深刻领会巡视重要意义；严肃对待，全力配合，自觉诚恳接受巡视监督；把握契机，统筹兼顾，以巡视推进学校改革发展。省委巡视组对湘大的巡视工作还在进行之中，在这段时间，我们深切地感受到了省委巡视组对学校党委和各级党组织全面从严治党的“整体把脉”，对党风廉政建设工作的“综合会诊”，对全校各级党员领导干部党章意识、纪律意识、规矩意识和组织意识的“政治体检”。我们要借省委巡视的契机，对学校各项工作进行把脉、会诊和体验；要立改立行，把巡视发现问题的过程办成我们解决问题、促进工作的过程。

二是加强“两学一做”学习教育，增强教职员工战斗力。开展“两学一做”学习教育，是今年学校党的建设工作的龙头任务，也是加强党对学校各项工作领导的有力抓手。学校制定了详细的实施方案和时间安排表，7 月 11 日至 13 日集中学习了三天，并进行了考试。后面的学习阶段和几个环节要继续抓好，抓出成效。学党章党规、学系列

讲话，做合格党员，基础在学，关键是做。学要真学、真信，做要真做、实做。要做到“真信、实做”，就要“真实”，不能“表面”；就要“如实”，不能“假空”；就要“诚实”，不能“虚伪”。“两学一做”学习教育要结合学校的工作，特别是要把“两学一做”与人才队伍建设结合起来，要通过全面开展“两学一做”学习教育推动人才队伍建设，激发人才队伍的战斗力，使全体湘大人的精神面貌焕然一新。

三是推进综合改革，创造学校发展新气象。学校综合改革工作自2014年启动以来，综合改革方案要点讨论稿提交了2015年暑期改革与发展研讨会讨论，综合改革方案框架提交了2015年学校第五次党代会讨论，综合改革总体方案和6个专题方案分别以审议稿和讨论稿的形式提交今年1月份召开的第七届教职工代表大会第三次会议讨论，综合改革总体方案已获审议通过。今年，又将综合改革方案的起草及其实施作为学校党政工作督查的内容之一，综合改革领导小组、工作小组每两周召开一次专门会议，集中对6个专题方案逐个进行讨论。关于综合改革，我们一直在强调要综合，这里的综合包括改革内容的综合性，改革理念的系统性，还应当包括看待这些改革举措时也要综合地看，全面地看，发展地看。有一个观念一定要树立，那就是对于综合改革，必须综合地看，要将各个改革子方案综合起来看，不能只看到对眼前利益或者个人利益的损失，而看不到对长远利益或者集体利益的增加；更不能因为利好就去支持某些改革，因为不利自己就去反对某些改革。如果大家都这样做的话，改革就不可能进行下去。而从学校层面来说，每个具体的改革举措不可能让所有的人都满意，但我们必须做到，每个人都能从综合改革中获利，成为综合改革的受益者。当然，不再可能是见者有份，不再是坐享其成，而是要为之付出更大的努力。

最后，我想再次提一下我反复讲过的“三个自信”，我们一定要坚持湘大自信、湘大人自信、湘大精神自信。要自信，相信我们的潜力、实力和能力；要互信，相信我们各个岗位的教职员工能够齐心协力，共同推进有鲜明特色的高水平现代大学建设。

谢谢大家！

在2016届毕业生毕业典礼上的讲话

黄云清

（2016年6月16日）

2016届毕业生同学们、各位家长、各位来宾、老师们、朋友们：

大家上午好！

今天是个好日子，2016年的6月16日！你们要毕业了！特别是前两天还暴雨连绵，今天就云开日出了，连老天爷都为你们的毕业这么给力，可见你们是多么的得天之眷！好运的你们，让我羡慕！

要毕业了，这些天来，你们是不是有挑灯夜战到天明，修改论文忙答辩的紧迫？有一草一木都是景，任性萌宠拍不够的不舍？有爱她在心口难开，近水楼台未得月的遗憾？有对酒当歌话离别，相约未来盼重逢的憧憬？青春的你们，让我回味！

要毕业了，我知道，这些天来，你们为了给自己留下难忘的回忆，在“我的文字里”，记录青春；在“我的歌声里”，不说再见；在“我的故事里”，点燃激情；在“我的祝福里”，感恩彼此；最后，在今天的典礼上，挥别母校。这样的你们，让我不舍！

毕业季的味道，就是这么酸爽！你们懂的，我也懂。就像你们感叹的那样：“今天天气不错，明天没有课…而且以后都没有了！”一转眼，通知书就变成了毕业证。毕业，真的很快！

前不久，我在学校主页上看到一条三年前的留言：“今天错过了毕业典礼，三年后一定会参加学校的研究生毕业典礼。”不知道这位同学今天来了没有？不管有没有来，都要祝你毕业快乐！同时，也要祝福2016届全体毕业生同学！谢谢你们，把美好的青春时光留在了湘大！

临别之际，我还想和大家说几句心里话：

你们是风华正茂的栋梁，有梦想、更青春！从明天开始，同学们将要踏上全新的征程，放飞各自的梦想。这些梦想，既可以很大，大到成为别人的梦想，透着真真的高大上；也可以很小，小至柴米油盐酱醋茶，带着浓浓的烟火味。无论你们的梦想是什么，梦想有多大，母校，都会为你们点赞！当然，梦想的实现，不是一件容易的事情。她不是伸手就能碰到，更不会主动来“敲门”。要实现梦想，让美梦成真，就必须不忘初心、不畏将来，不放弃、不懈怠，朝着梦想的方向“全员加速”，创造属于自己的美好未来！

社会是一所无形的大学，想出彩、还得学！农耕时代，读几本书，可以受用一辈子；工业时代，读几年书，可能够用一阵子；但在“互联网+”时代，活到老、学到老才是王道。此前，同学们更多的是在象牙塔里学习前人之书、课堂之授，今天的毕业典礼，意味着你们在有形的大学里完成了学业。但是，在社会这所无形的大学中，同学们只是“新生”。如果说每个人的世界都是一个圆，学习就是半径，半径越大，拥有的世界就会越广阔。希望同学们今后继续“博学之”，既要多读有字之书，也要多读无字之书；继续“笃行之”，既要学以致用，践履所学，也要知行合一，锲而不舍，做一名出彩的湘大人。

自信是实现梦想的翅膀，心若在、梦就在。自信不是通过比较获得的优越感，而是一种植根于心的坚持。在通往梦想彼岸的过程中，在社会这所无形大学的历练里，挫折一定不会少，困难肯定不会小。但我始终坚信，湘大人的骨子里，最不缺的就是自信，湘大人无论走到哪里，就如同“洞庭湖的杨柳，倒插着也能长！”

在这里，我也要给同学们提个醒，自信也要审时度势、量力而行，要学会知进退、懂取舍，做到有所为、有所不为。希望同学们在临别之际，把我们的湘大自信、湘大人自信、湘大精神自信，一并打包带走，在广阔的天地里谱写绚丽的人生新篇章！

同学们，陪伴是最长情的告白，青春是最刻骨的回忆。几年前，当你们迈进三道拱门，就拥有了一个共同的身份——湘大学子；今天，当你们跨出三道拱门，又贴上了一个新的标签——湘大校友；从今以后，对你们的称呼，也要由“同学们”改为“女士们、先生们”了！但不管是学子还是校友，不管是女士们还是先生们，我们都是湘大人；对我们来说，那青春的故乡——叫做湘大！

驱动创新　激发活力　实干兴校
加快推进有鲜明特色的高水平现代大学建设

——校长黄云清在2016年暑期研讨会上的讲话

黄云清

（2016年7月14日）

今天，我们召开2016年暑期研讨会，会议的主题是，深入贯彻落实党的十八大、十八届三中、四中、五中全会精神和习近平总书记系列重要讲话精神，瞄准“双一流”建设，全面落实“十三五”发展规划和综合改革，加快推进有鲜明特色的高水平现代大学建设。

去年我们召开了第五次党代会，确立了建设有鲜明特色的高水平现代大学“三步走”发展战略，第一步即2020年前，是学校改革发展蓄势聚能的阶段，要围绕实施“十三五”发展规划，全面深化综合改革，抓好最基本、最短板的方面，做好打基础、利长远的事情。今年是“十三五”的开局之年，起好步、开好头，意义重大，非常关键。要有效、有序、积极地推进各项工作，关键是要抓好“十三五”改革发展规划的落实，一张蓝图干到底，一件接着一件地干，在务实中出成效，在实干中增实力。

上个月底，教育部宣布一批规范性文件失效，其中就包括关于“985工程”“211工程”，这标志着高等教育实施多年的“985工程”“211工程”退出历史舞台。建设世界一流大学和一流学科，成为党中央、国务院新的重大战略，成为我国高等学校新的时代使命。去年10月24日，国务院印发《统筹推进世界一流大学和一流学科建设总体方案》，提出2020年、2030年和本世纪中叶3个时间节点世界一流大学和一流学科建设的目标。十八届五中全会和国家“十三五”规划纲要明确提出“提高高校教学水平和创新能力，使若干高校和一批学科达到或者接近世界一流水平”。

随着国家“双一流”建设计划的出台，部分省市相继启动了高水平大学建设计划，很多高校特别是地方高校获得了大笔投入，发展势头很猛。北京启动高校高精尖创新中心建设，计划总体投入100亿，其中北京工业大学、首都师范大学、北京建筑大学等市属高校进入其中。上海启动高峰高原重点学科建设计划，其中上海大学、上海师范大学等地方高校有多个学科入围。广东2015年开始投入50亿建高水平大学和一流学科，华南师范大学、广东工业大学、广州大学、深圳大学入选其中，南方科技大学、东莞理工大学和佛山科技学院也由地方政府斥资80亿建高水平理工大学。河南2015年遴选了17所高校的35个学科入围优势特色学科建设计划，总体投入31亿，其中郑州大学入围9个学科，河南大学入围6个学科。此外，福建、安徽、内蒙古、陕西、海南、江苏等地都已公布了高水平大学建设计划，支持当地高校建设“双一流”。这些省份的高水平大学建设，基本重点都放在了高端人才引进和学科建设上，有的还明确要求建设经费50%以上用于人才引进。

作为中部省份，湖南省国民经济和社会发展“十三五”规划纲要提出，要推进高等教育振兴工程，实施一流大学和一流学科建设计划。到2020年，建设8所一流大学、40个一流学科、40个优势学科群、280个重点学科和70个"2011"协同创新中心。

"双一流"建设,是一次重大的格局调整,是一次重新洗牌的机会,既带来跨越式发展的机遇,又形成严峻的现实挑战。我们需要全面分析"双一流"建设对湘大意味着什么?我们能否抓住"双一流"建设的契机,实现学校的跨越式发展?我们能不能应难而上,破除学校改革发展的瓶颈?

"双一流"建设对于湘大来说,建成一流大学和一流学科,是我们矢志不移的奋斗目标;按照一流大学和一流学科建设的规律,转变理念,创新体制,优化机制,是我们实现目标的必经之路。我们要集全校之力,尽快建成一个、两个、三个乃至更多的一流学科,为建成一流大学夯实基础;更要锐意改革,脚踏实地,使我们的人才培养、科学研究、社会服务,使我们的内部管理、资源保障和支撑体系逐渐接近一流水平。

"双一流"建设对于湘大来说,建成一流大学和一流学科是久久之功,是对我们全体师生员工精神斗志的长期考验,在这场"赶考"中,我们必将面临重重困难,但我们决不能因一时之得失而气馁。建设一流大学和一流学科是必然要求,不进则退。取乎其上,得乎其中;取乎其中,得乎其下;取乎其下,则无所得矣。缺乏追求一流、追求卓越的雄心壮志,就建不成一流大学和一流学科,也难以保住湘大当前的办学实力和社会地位。

面对"双一流"建设,湘大要以一流为目标,以学科为基础,以改革为动力,以创新为途径,全面提升办学实力;要坚持"三步走"的发展战略,按照"十三五"发展规划既定的发展目标和战略任务,扎实推进各项工作;要按照综合改革的战略部署,全面深化综合改革,激发全体师生员工的活力。

下面我就湘潭大学如何瞄准"双一流"建设,如何落实"十三五"改革发展规划,如何加快建设有鲜明特色的高水平现代大学,从"驱动创新""激发活力""实干兴校"三个方面,谈谈我的一些思考和看法。

一、敏于创新,善于创新,在创新中发展

创新是引领发展的第一动力。抓创新就是抓发展,谋创新就是谋未来。十八届五中全会提出了五大发展理念,提出坚持创新发展,必须把创新摆在国家发展全局的核心位置,必须把发展基点放在创新上,让创新贯穿国家一切工作,让创新在全社会蔚然成风。

高等学校是供给创新的主要阵地。驱动创新,培养具有创新性的人才,取得创新性科学研究成果,为经济社会发展提供源源不断的创新要素,是世界高等教育的共同趋势,是我国高等学校的历史重任,是我们学校提升办学实力的必然选择。

1. 在创新中提高人才培养质量

去年11月,习近平总书记在中央财经领导小组第十一次会议上强调"在适度扩大总需求的同时,着力加强供给侧结构性改革,着力提高供给体系质量和效率"。目前,我国高等教育在学总规模达到3647万人,毛入学率达到了40%,已经跨入大众化教育的中后期。高等教育机会供给已经基本满足社会需求,高质量的高等教育供给成为教育供求的主要矛盾。创新高等教育发展模式,提升高等教育供给质量,提高人才资源的创新价值,是供给侧结构性改革下高校新的担当。

人才培养是高等学校的根本任务,人才培养水平是衡量高校办学水平的根本标准。一所大学办得好不好,主要看这个学校培养的学生优秀不优秀。湘潭大学已经建立了从本科、硕士到博士的完备人才培养体系,研究生已经成为学校人才培养的重要部分,成为我们科学研究的生力军。复校以来从湘大拱门走出了近30万毕业生,成为国家各条战线和各个行业的有用之才。我们的人才培养质量尤其是本科生质量,赢得了社会各界的广泛认可。我们知道学校俱乐部里有一副对联:有高枝可依有甘泉可饮看百凤来仪今朝共唱齐天乐,学屠龙之技学绣虎之能喜群贤毕集他日都成架海梁。现在每年学校都为新生举行了热烈的开学典礼,为毕业生举办了隆重的毕业典礼。面对满怀憧憬的新生,我总是在想我们准备好了吗?面对即将走向社会的毕业生,我总是在想他们准备好了吗?这里我想就如何深化人才培养改革尤其是本科教育谈一些看法。

本科教育在人才培养工作中占据基础性地位。一流本科是一流大学的重要基础和基本特征，没有一流本科、一流的专业就称不上一流大学。我们要结合推进世界一流大学和一流学科建设，建设一流本科，培养一流人才。“十三五”期间，我们的本科教育能否建设成为一流，短期内达不到世界一流的话，能否达到中国一流或者说是湖南省最好的本科教育。建设一流本科教育，具体到工作上，一是建设一流专业，包括建立一流的课程体系，深化教学内容改革，完善质量保障体系；二是一流教师要为本科生上课，积极引导院士、长江学者、杰青、千人计划等高端人才上讲台，不但要开讲座，还要为本科生讲授基础课和专业课；三是一流资源要配置给本科教学，确保本科教育所需经费，努力把更多优质资源聚集到人才培养上来，把学校一流学科、一流科研、一流成果转化为一流的本科教学。

关于本科教育，还有几个问题需引起我们的关注。

第一，人才培养定位问题。大众化教育背景下，作为老牌的全国重点大学，我们既要培养大量的应用型、复合型、技能型人才，还要培养一定规模的拔尖创新人才。当前，培养精英人才与过去不一样，因此要推行精英人才培养模式改革。湘潭大学有资源和能力进行精英人才培养，比如近年来陆续启动的数学韶峰班、物理韶峰班、材料类师昌绪班等本科教改实验班项目有较大的起色，还带动了学院相关专业的发展。还有卓越法律人才、卓越新闻传播人才、卓越工程师等应用学科卓越人才培养试验计划深入推进，培养了一大批高端应用型人才。对人才培养改革，要拓展思路，不能只局限于一个学院，要综合性考虑，还要有大的设想。前不久，在部分院系调研时，有院系提出要办国学班，那么得考虑清楚，是一个学院举办，还是联合相关学院一起办？办了国学班后，原来的相关本科专业又如何调整？

第二，转型发展问题。去年10月，教育部、国家发改委、财政部印发《关于引导部分地方普通本科高校向应用型转变的指导意见》，《意见》指出，要推动部分高校把办学思路真正转到服务地方经济社会发展上来，转到产教融合校企合作上来，转到培养应用型技术技能型人才上来，转到增强学生就业创业能力上来。一流的本科教育，并不意味着所有院系和专业都要选择研究型发展的道路，都要培养拔尖创新人才，“双一流”建设与专业的应用型人才培养理念并不冲突，国内外一流大学的人才培养有很大部分就是培养高端应用型人才。有的学院想试点成立应用型的系，加强与地方行业产业群的对接，我个人认为是应该鼓励和支持的。湘大整体上不会向应用型转变，但是不反对、不排斥部分专业办成应用型，其关键是要办成自己的特色和品牌，办出质量和水平。相关职能部门和院系要加强研究，找准定位，要在转型发展上探索出新的路子，要健全协同育人机制，培养更多行业产业企业急需的创业型、应用型人才。当然，转型发展并不是简单的类型转变，更要转的是发展理念、发展模式和发展思路。

第三，教育国际化问题。教育国际化的背景和“一带一路”的国家战略，对学校人才培养提出了新挑战。当前，发达国家高水平高校与我国地方高校的合作意愿不强，学校赴境外交流学生总体规模偏小，参加较高层次海外研修项目人数比例偏低，国际化课程建设需要进一步加强，院系设计和拓展海外交流合作项目的积极性和主动性不够。学校“十三五”发展规划提出，国际留学生规模达到600人，在校生出国（境）学习和实践的比例增长两倍。这一目标对我们学校来说是一个非常艰巨的任务，为什么要提这个要求？是因为国际化已经成为世界高等教育的一个共同趋势，已经成为中国新的国家战略下高等学校改革发展的内在要求。我们的毕业生要想走出国门，要想参与国际竞争，就必须具有国际视野，就必须具有跨文化交流与合作的经历。我们一方面要在学校层面，推进国际交流与合作，另一方面，要发挥学院的主体作用，引导院系设计和拓展海外交流合作项目。要努力提升国际合作项目教师队伍、培养方案、课程设计、教学方式、培养过程的国际化程度，要多渠道筹资支持学生出国（境）访学研究、短期交流、参加国际学术会议。我们要通过与海外高校签订合作培养协议，把我们的学生送出去，到对方学校留学，但是这毕竟规模很有限，我们要邀请更多的海外教师、国外留学生到湘大讲座、学习，营造一个具有国际氛围的校园。

2. 在创新中提升科学研究水平

科学研究要创新，就要有新理念、新设计、新战略。对湘大来说，科学研究要创新，要形成处于国际前沿的创新领域，要取得突破性成果，就要有准确的定位、清晰的目标、聚焦的领域。我们作为综合性大学，学科覆盖面很广，研究领域很多，这是我们的优势。面对新的发展需要，我们要对这些优势进行凝练，使这些潜在的优势焕发出新的活力。各个院系、各个学科、各个研究团队要结合现有基础、发展目标来选择科学研究的定位。

定位可以是面向科学前沿。我们有些学科是有实力的，要敢于集中力量在科学前沿取得突破。当前国家正部署若干重大基础和前沿科学任务，实施科技重大专项，我们要进行全面的分析，从中选择着力点和突破口。加强学科交叉，开展原始创新研究。重点是争取国家科技重大专项、国家重点研发专项、国家自科基金重大项目和国家社科基金重大招标项目，取得基础研究、科学前沿问题的重大创新。

定位可以是面向国家重大战略任务。我们那些有基础的学科要结合国家“一带一路”“互联网+”“中国制造2025”，以及湖南“一带一部”“两型社会建设”等战略，坚持战略导向，坚持任务驱动。要聚焦经济社会发展、行业产业发展中的核心技术瓶颈问题和重大工艺难题，全链条组织与实施应用开发研究，为行业企业解决难题、创造经济效益，实现重大技术创新。

定位可以是面向国防科技工业需求。我们学校已经具备了相关资质，有的学科在这些方面已经做了大量工作。当前，要用好国家国防科工局和湖南省人民政府共建平台，加强军工科研能力建设，结合国防特色重点学科建设，组建国防科技创新团队、国防重点学科实验室和国防科技重点实验室。要整合校内国防科研的力量，从分散走向集成，从参与走向主导，承担重大军工任务，取得国防科技领域的重大创新成果。

定位可以是面向国家区域经济社会发展。我们与区域经济社会发展关联度大的学科，要围绕国家和湖南经济社会发展的理论创新、实践创新、政策创新等现实需求，以研究解决重大现实问题为导向，创造性地提出地方经济社会发展的新思路、新模式、新路径。这里重点提一下高水平特色新型智库建设，与湘大办学实力、学科优势相比，我们在政策建议、咨询报告方面还做得远远不够，在政府政策咨询与制定方面发声不够，影响力不大。要围绕优势特色学科，比如毛泽东思想研究，整合相关学科，撰写成系列的政策建议、战略研究报告、咨询报告，服务于制度创新和理论创新。

定位可以是面向社会主义文化大发展大繁荣。我们有些学科是有底蕴的，要脱颖而出，成为社会主义文化大发展大繁荣的重要阵地。要推动中国特色社会主义理论体系进教材、进课题、进头脑，传承弘扬中华优秀先进文化和推动社会主义先进文化，力争在建设具有湘大特色、中国气派的哲学社会科学方面发挥更大作用，产生经得起实践和历史检验的优秀成果，助推文化创新。

提升科研水平，实现科学创新，首先必须选准定位。不同学科按照不同的定位，在各自的定位中创一流，学校的整个科学研究才能上一流，才有核心竞争力。一旦定好位，选好目标，就应按照这种定位、朝着这个目标，集中力量在选准的方面实现突破。面向国家和地方重大战略任务的学科，衡量其水平的标准就是是否解决了核心技术瓶颈问题和重大工艺难题。面向科学前沿的学科，衡量其水平的标准就是是否取得了重大的原始性的理论创新。因此，各个学科要按照既定目标定位，保持定力、精准发力、持续用力，开展一流的研究，产出一流的成果，做出一流的贡献。

二、挖掘潜力，激发活力，在改革中前进

应对当前发展面临的一系列矛盾和挑战，关键在于全面深化改革，不失时机地深化重要领域的改革，攻克体制机制上的障碍，突破利益固化的藩篱，进一步激发活力。激发办学活力，要以学科专业调整为抓手，以队伍建设为核心，以优化资源配置为基础，以综合改革为保障。

1. 激发学科专业的活力

建设世界一流大学，基础和关键是要建设好一批世界一流学科。国家“双一流”建设总体方案提出三个层次的一流大学，也是以一流学科或者说高水平学科的多少来划分的，即第一层次是“多个领先”，第二层次是“若干个前列”，第三层次是“一个高水平”。

结合湘潭大学实际，对接“双一流”建设，学校应该争取进入第二层次，“十三五”发展规划设定了到2020年力争有学科（学科群）进入世界一流学科的国家发展平台，到2028年有若干个学科进入世界一流。要瞄准这一目标，以学科群为抓手，做强学科优势，打造更多的学科高原和高峰。要朝着形成良好的学科生态，加强学科专业结构调整，激发学科专业的活力。

这里我再结合本科专业建设、学位点调整、学科评估谈些看法。

关于本科专业建设。湘潭大学是综合性大学，专业覆盖面广，目前有85个本科专业。与我校的办学资源以及同类型大学所拥有的专业比较（如湖南大学本科招生专业66个、长沙理工大学本科专业61个），学校的本科专业是偏多的，部分专业学科支撑不够，与专业认证、学科评估等硬性要求有较大的距离。从院系调研了解的情况看，不少院系还有增加新专业的强烈意愿和动力，对于调整和优化原有专业重视不够。这种只做加法，不做减法是不行的。学校并不是不允许增加新的专业，而是强调一定要坚持总量控制，一定要坚持结构调整。另外，热门专业、新兴专业层出不穷，我们是不是都要办？我们是不是都能办得起？我们是不是都能办得好？今年学校采取了一些改革措施，包括停止原能源工程学院的电子信息科学与技术专业和机械工程学院的焊接技术与工程专业等2个专业招生。部分专业停止招生，不是专业本身不好，而是因为学校没有足够的资源和能力去建设好这些专业。“十三五”期间，学校总体控制本科招生专业在70个左右，那么，院系要新增哪个专业，停招淘汰哪些专业？重点建设哪个为一流专业？怎样通过专业国际认证来推进专业建设？这些都需要统筹安排和稳步推进。

关于学位点调整。当前，高校办学思路正在从“以量谋大”向“以质图强”转变，办学实力主要是拼质量、拼内涵。我们学校有8个一级学科博士点，另外有7个二级学科博士点；30个一级学科硕士点，另外有3个二级学科硕士点。这些学位点是支持我们人才培养、科学研究的重要平台，是我们办学实力和办学水平的重要标志，是我们办学的重要资源。我们要充分利用好这些平台和资源，来激发这些学科的活力。在这个方面，我们要重视利用各种机会发展急需的学位点，也要及时根据发展形势调整学位点。今年4月，学校下发了《湘潭大学学位授权点动态调整工作实施方案》，鼓励院系主动撤销办学实力不能支撑办学目标定位的学位点，增设一批优势突出、特色鲜明、生源充足、社会亟需的一级学科学位点。但到目前为止，没有院系主动提出撤销某个学位点。这是我们有足够的资源和能力建设好这些学位点，所以不需要撤销；还是因为我们视野、观念的狭隘，抱残守缺，不愿意撤销。我看是后者的可能性比较大。这次学科评估是“绑定参评”，我们发现有些学科连最起码的25个人都难以凑齐。我们再看看别的学校是怎么做的，有多大的力度。上海交通大学前几年进行学科调整时提出，从办学资源和办学目标出发，学校一级学科总量应该控制在50个以内，超过50个就多了。7月11日，吉林大学一次性撤并了光学工程等9个一级学科硕士点。中南大学、湖南大学学科调整也有较大的动作。“不破不立”，如果不能结合学位点的调整，全面整合和重组学术资源、学术力量，而是平均用力，分散发力，就不可能形成真正具有竞争力的学科和学科群。我感觉到，我们目前是小马拉大车，不仅车子走不快，马还可能累死。有的老师可能已经注意到，今年教育部已经撤销了一批学位点，就包括一些“985工程”大学的博士点、硕士点。与其因评估不合格被撤销，还不如结合学科布局结构调整，主动撤销那些缺乏竞争力的学位点。希望各个院系要抓住学位点调整的机会，重组学术力量，调整学术资源布局，做到有所为、有所不为。

关于学科评估。去年底湖南省“十二五”重点学科验收，学校拥有的19个省重点学科中，有16个验收为优秀或者良好。今年教育部启动了第四次学科评估，6月份已经完成有关材料的填报工作。从这次评估指标体系看，学科评估把人才培养质量放在首位，注重师资队伍的水平、结构、国际化程度、可持续发展能力等综合评价，强调学科的产出与绩效，增设社会服务贡献指标，鼓励学科交叉合作。这一轮学科评估与前三轮学科评估的一个重要区别是，这次评估结果的好坏将直接影响学科的未来发展机会。据了解，国家“双一流”建设将考虑根据第四轮学科评估结果进行认定，支持建设100个左右学科，一个学科可以建设多个学科点。因此，要高度重视学科评估。下一步，我们要以评促建、以评促改、以评促调，对照学科评估指标体系，全面了解本学科的优势和不足，补齐短板，发挥优势特色。要做好学科的前瞻性布局问题，哪些学科申报省一流学科，哪些学科申报特色学科和特色培育学科，哪些学科申报省重点学科？相关学院都要提前谋划，认真准备。“十二五”期间没有省重点学科的学院，要充分利用这次调整契机，实现历史突破。

对于专业、学位点、学科，总的发展思路是控制规模总量，扶优扶强扶特，不扶弱不扶贫。这三者的调整，将带动学校相关资源配置的变化。我们一直说湘大有综合性优势，客观地说，我们的优势是简单的数量的优势，不是交叉融合的质量的优势。学科交叉的深度和广度远远不够，新兴交叉性的学科增长点不多，发展较慢。在办学资源不足的前提下，学科、专业太多又会进一步摊薄对具体学科和专业的支持力度，为我们实现重点突破和整体发展造成困难。关于本科专业、学位点、重点学科的建设，我们能否达成一个基本共识，不再进一步扩张规模，更不能继续成规模地扩张，而是控制规模、动态调整，走内涵发展道路，把优质资源汇聚到优势学科和特色学科上，集中力量进行重点建设，切实提高学科建设的质量和水平。

2. 激发教师的活力

师资队伍是“双一流”建设的核心，是推动学校和学科发展的决定性力量。南京工业大学校长黄维院士最近有一篇文章，题目是《青年人才引进正在改变高等教育格局》，内容是关于国家“千人计划青年项目”遴选的分析与思考。黄维院士所在的南京工业大学，作为地方高校，仅2015年就新增“千人计划”3人、长江学者1人、国家杰青2人、“青年千人”4人。这场人才抢夺战，将决定着高等学校在未来的发展前景。我们感到忧心忡忡、压力巨大。湘潭大学青年千人目前没有突破，国家杰青也有好几年没有拿到了，长江学者2012年后一直没有新的突破。高校之间的竞争，归根结底是人才的竞争。没有人才，学校就没有未来。湘潭大学建设“双一流”，关键靠人才、靠人心、靠人气。在当前人才流动极为频繁的背景下，要想“引得进、用得好、留得住”，汇聚一流师资队伍，构建一流人才高地，就必须采取一些超常规的措施。

比如是否可以实施韶峰学者特岗计划。学校正在研究这个计划，基本思路是，设置韶峰学者特岗，遴选学科带头人、学术带头人和学术骨干，其中优秀青年拔尖人才约占50%。特岗计划面向校内外公开选拔，并设置一定的校内外遴选比例，对于校内外聘用到特岗计划的高层次人才，每年给予一定的岗位特殊津贴。大家要以好的心态对待将来要实施的特岗计划，由于岗位的限制，能入选的毕竟是少数，不可能让所有的人满意。第一批没有进入的优秀人才，下一批也还是有机会进入。学校将在预算1个亿的专题规划中，安排专门的经费用于特岗计划，大力引进和培育优秀师资。这笔经费由学校单独拿出，不挤占院系的经费，目的是集中力量办大事。

比如如何创造条件促推教师发展。学校将采取多种方式，拓展专任教师的专业发展通道。从2015年开始，学校不再允许专任教师在职到外校从事博士后研究工作，目前正在制定在校内做博士后的具体办法。为了给新进校的博士创造集中精力从事科学研究的条件，一个考虑是，鼓励新进校的博士一到校就在校内相关博士后科研流动站从事研究工作，而不是当了副教授后再从事博士后研究；还可以考虑，新进校的博士是否可以不安排具体教学任务，而是从事两年到三年的学生辅导员或实验员工作，并且只需要完成全职学生辅导员和实验员的三分之一工作量。这些博士在评副高时不考核教学工作量。实施专任教师国际研修计划，以培育青年骨干教师为重点，实现师资队伍教育意识国际化、教师交流国际化、教学管理国际化。

3. 激发资源活力

目前正在进行的资源配置改革,总体思路是,改革现行财务预算管理体制和财力配置方法,建立校院两级自主与约束相结合的资源管理体制,在资源配置上落实学院自主权,提升学院创新与发展能力。机关职能部门不再对相关业务经费进行二次分配,其经费管理职责主要转变为政策引导、预算审查、检查监督和绩效评估。还有许多问题需要进一步考虑,也请大家广泛讨论,提出更好的意见建议。比如如何处理好公平与效率的问题,公平与效率哪个放在前面?是效率优先兼顾公平,还是更加注重公平?比如学院公用经费的计算,是以学生当量为基本要素,还是以教学任务量为基本因素?如何考虑学科差异、生师比和绩效考核等调节因素?总的来说,资源配置改革,要有助于激发学院、学科的积极性,有助于激发教职员工的积极性,有助于挖掘学校的潜力,实现资源效益的最大化。

三、甘于实干,巧于实干,在实干中出彩

真抓才能攻坚克难,实干才能梦想成真。实干是推动学校科学发展、实现建设目标的唯一途径。实干,简单的说,就是要去做,就是要去落实。实干方能兴校,才能提高人才培养质量,才能提高科学研究水平,实干才能实现我们个人的发展,才能提高我们的学术水平。实干一个重要的品质就是执行力强。工作抓得好不好,关键在于执行力的强弱,再好的蓝图,没有强有力的执行,都是纸上谈兵。执行力强,就能抓住机遇,干出成效;执行力弱,势必贻误时机,影响发展。

1. 提升院系治理能力和水平

学校向院系下放办学自主权少,很多事情院系没有自主权或者说是自主权不够。要转变办学理念,从当前的大学办学院逐步转变为学院办大学,学院真正成为大学的主体,大学的角色转向宏观谋划和资源统筹。未来校部机关主要职能是学校发展战略谋划、资源统筹、目标管理、绩效考核等;学院全面负责本单位的人才培养、学科建设、科学研究、队伍建设、社会服务以及其他各种公共事务。这就对院系的治理能力和水平提出了更高的要求。有几个问题要引起重视:一是责任的问题。院系要增强责任感,要敢于担当,要防止院系因驾驭整体发展的能力和水平有限,该由院系决策的不敢决策,该由院系推动的无法推动,影响了院系的办学活力。二是关系的问题。要明确界定院系内部学术、行政、监督之间的权力和责任边界,处理好党政联席会、学术委员会和教职工代表大会三者的关系。三是方式的问题。院系内部治理要避免行政化,要坚持教授治学,发挥教授在学科建设、人才培养、内部管理上的作用。四是人员的问题。要考虑院系负责人专兼职的问题,目前大多数院系的领导岗位除副书记是全职外,其他干部大都由专任教师担任,大量的非职业化干部,在时间和精力上都难以保障院系的高效运转。另外还要考虑院系各个管理岗位的一般工作人员数量和能力问题。

2. 强化职能部门服务和参与决策意识

管理就是服务,与政府、企业不一样,大学的逻辑起点是学术,行政管理是为学术服务的。当前,学校管理服务意识不强,对于“管理就是服务”认识不够,在管理上还是习惯于一个“管”字,把管理理解为管人,将教师、学生置于被管制的地位。职能部门和工作人员要牢固树立和不断强化以服务师生为宗旨的意识。这里就涉及职能部门的权力问题。学校实行的是校院两级管理体制,职能部门并不是一个独立的权力主体。从体制上说,职能部门本身是没有决策权的,只是学校权力中的执行者。职能部门应当在自身权限范围内活动,而不能够把所拥有的执行权变成决策权。职能部门没有决策权,但并不意味着就没有参与决策的机会、义务与责任。职能部门要为学校决策提供强有力的支持。学校职能部门负责人工作要有主动性,要有前瞻性,要体现出专业水平,要善于从本部门专业角度去分析相关问题和提出解决方案,而不是事事请示校领导该怎么办。职能部门工作水平,一是取决于能否及时提出议题,将出现的新情况、新问题及时向学校提出,以便学校决策层及时了解和掌握相关情况;二是取决于能否提出各种备选方案,从多个角度对需要进行决策的问题进行全面的、详细的分析,以供学校决策层进行决策。因此从体制上看,职能部门没有决策权，但是职能部门在决策中话语权很大，执行的也是自己提供的解决方案。所以，职能部门负责人责任重大，希望处长们应该“多汇报，少请示”，多出“选择题”，少出“填空题”；多主动出主意，少擅自拿主意，要积极谋事，努力成事。

3. 增强遵守规章制度的自觉性

这几年，我们花了很大力气修订了《湘潭大学章程》，并且以章程为纲，着手对学校所有的规章制度进行废改立。但是，每个人是否都真正尊重、真正执行章程和规章制度，包括党委会、校长办公会的决议，我认为还是存在一定的问题。讲规矩是要按照规章、依靠程序来保障公平，当我们发现一个规章制度不合理，那我们就启动程序来修改这个规章制度，而不是破坏规则违反制度做了再说。我们讨论问题和进行决策的时候，常常是针对具体的事、具体的人，而不是规则，这总是会影响到决策的客观性和公正性。现在我们常说，要把纪律挺在前面，我想学校管理决策中要把规矩挺在前面，决策的主要任务是建章立制，而执行的基本原则是依章办事。敬畏章程、遵守制度，一切按规定办事、按程序办事，这才是一所高水平的现代大学！学校要全面系统地梳理党政、教辅和后勤单位职责，落实部门权力清单和责任清单，理顺关系，重组职能，调整结构，强化协同。按照职责、制度、流程三个维度和规范化、科学化、智能化三个要求，完善岗位工作责任制，增强执行力。建立健全功能明确、运行高效、监管有力的管理体制和运行机制，实现岗位、职责、权力的有机结合，进一步提高管理效能。强化制度刚性和绩效考核，以制度管权管人管事。我多次讲过，管理人员要立足本职，做好自己的本职工作，要多做自己该做的事情。要有责任和担当，勇于直面矛盾，善于解决问题，多做在职责内别人不愿意做的难事，少做一些在职责外你想做的事。要各司其责，有作为，但不乱作为。实干兴邦，空谈误国。我们要杜绝空谈，空谈解决不了学校改革发展的任何问题；我们要真抓实干，实干才能出成绩，实干才能创一流。

各位老师，同志们，习近平总书记在“七一”讲话中指出：“历史总是要前进的，历史从不等待一切犹豫者、观望者、懈怠者、软弱者。”建设“双一流”的奋斗目标已经确定，号角已经吹响，我们不能犹豫和观望、更不能懈怠和软弱，要勇于追梦、勤于圆梦。湘潭大学的发展，靠全体湘大人；湘潭大学的辉煌，更要靠全体湘大人。我们要紧密团结、坚定自信，开拓进取、奋发有为，为建成有鲜明特色的高水平现代大学做出新的更大的贡献！

坚守湘大经典品牌　创建一流本科教育

——在2016年本科教学工作会议上的讲话

黄云清

（2016年12月28日）

老师们，同志们：

今天我的报告题目是：《坚守湘大经典品牌 创建一流本科教育》。主要谈三个问题：一、什么是一流本科教育？二、为什么要创建一流本科教育？三、如何创建一流本科教育？

一、什么是一流本科教育？

欧洲中世纪思想家奥古斯丁在《忏悔录》中说："什么是时间？没有人问我，我很清楚；一旦想向人解释，我就茫然。""一流本科教育"的内涵，就如同"时间"的概念一样，没有人问我的时候，我可以"意会"；当有人问我的时候，我却难以"言传"了。虽然难以言传，但又必须要言传。

在我看来，"一流本科教育"至少应该包含以下三个层面的含义。

第一个层面，有一流的培养目标：希望培养出一流的人才

人才培养目标，解答的是"培养什么样的人"的问题。人才培养目标，是学校在充分了解外部环境和自身情况的基础上，通过理性分析和深入思考，结合自己的使命和愿景，为学生成长所设计出来的现实和理想兼顾的未来图景。人才培养目标的主要作用，更多是指引人才发展的方向，体现教育活动的理念和表达学校人才培养的使命与理想。

人才培养目标同其他目标一样，具有指引性。但由于人的发展是一个复杂的综合过程，受多种因素的影响，又具有很大的不确定性。因此，人才培养目标无法像军事目标一样，可以具体准确地描述出对象的特征；也不能像生产目标一样，具有可以量化的标准和规范化的评估指标。

根据学者们的精心研究，可以发现，一流本科教育的人才培养目标看重的人才特质包括：家国情怀、理想信念、身心健康、基础扎实、能力突出、适用面广、创新精神、视野宽阔以及素质养成九大特质；一流本科教育的人才培养目标着力培养的人才类型包括："引领者""复合者""国际者""创新人""应用人""学术人"六大类型；一流本科教育的人才培养目标拥有的共同特质包括：突出国家性和社会性；重视创新性和视野性；强调综合素质的养成。

第二个层面，有一流的培养过程：能够培养出一流的人才

教学过程，解答的是"如何培养人"的问题。一流的本科教育为实现一流的培养目标，要能够创造出各种一流的教育条件和教育平台，至少包括以下8点：

1. 一流的培养方案。一流本科教育，培养方案既具有统一性，又具有灵活性；既具有科学性、又具有艺术性；既具有先进性，又具有可行性。

2. 一流的课程体系。一流本科教育，课程体系科学和完备，能紧密围绕培养目标，严格执行培养方案，在课程开发和建设上不遗余力，能够提供各种类型的、满足学生需要的高质量课程。

3. 一流的培养模式。一流本科教育，培养模式合理，尊重学生的主体性和主动性，将理论教学与实践教学相统一，课内教学与课外教学相统一，

校园教学与校外教学相统一，线下教学与线上教学相统一。

4. 一流的教学能力。一流本科教育，教师不仅科研能力强，教学能力也尤为突出，即他们既善于讲课，又善于根据课程的具体需要，选择最恰当有效的教学方法，且对教学事业满怀忠诚、敬畏和激情，将培养学生视为自己学术生命的延续和继承。

5. 一流的质量监控。一流本科教育，质量监控到位，可以做到对教学要素、教学过程的全方位监测和监督：从师资招聘、课程设置、教师教学、硬件配备、教学氛围营造到教学效果等，它都可以给出及时、有效的评估和建议，进而督促大学在自我反思和自我批判中实现教学质量的持续改进。

6. 一流的管理水平。一流本科教育，能够根据大学自身的规律，制定出“管”与“不管”、“约束性”与“激励性”、“规范性”与“自由性”、“科学性”与“艺术性”兼顾的管理制度，进而营造出一个“上级为下级服务、少数为多数服务、机关为院系服务、一切为学生服务”的良好氛围。

7. 一流的教学设施。一流本科教育，教学设施齐备，尤其是教室、实验室和图书馆建设水平高，能够有效地满足全部教学活动的需要。且优质的教学设施共享程度高，利用率高，对本科教学质量的支撑作用十分明显。

8. 一流的教学文化。一流本科教育，教学文化深厚，它有一种无形的气质和品味，这些气质和品味是由它的历史、底蕴、文化、信念、理想、风气等共同铸就的。在这样的教学文化中，学生耳濡目染，不仅获取了知识，增长了能力，而且磨砺了精神、陶冶了品行、塑造了人格。

第三个层面，有一流的培养效果：已经培养出一流的人才

教学效果，解答的是“已经培养出怎样的人才”的问题。有人将毕业生视作大学“生产”的“产品”，但是大学培养一个人和工厂生产一件产品根本不可同日而语，衡量毕业生的质量和衡量“产品”的质量更不可等量齐观。判断物这件“产品”的标准是“硬性的”“无情的”和“科学的”，判断人这件“产品”的标准是“弹性的”“有情的”和“艺术的”。

人才是否一流，其实有不同的解释和判断。

一种是“结果”的角度，认为一流人才就是在各自领域杰出的、卓尔不群的、取得非凡成就的人。一种是“过程”的尺度，认为那些无论做什么事情，都以持之以恒的态度和信念去追求一流的人，也是一流人才。

一种是“阶段性”的衡量，主要有三个角度：学生求学期间取得了比较突出的成绩，可称之为优秀在校生；学生毕业之际获得了社会广泛的认可，可称之为优秀毕业生；学生毕业多年之后获得了较大的发展，可称之为优秀校友。一种是“终极性”的衡量，是指学生的整个职业生涯乃至整个人生，最终获得单位、社会乃至国家的高度评价和认可，这个标准，不仅强调学生的能力，更强调学生的品德。

在衡量人才是否一流时，应该用辩证的、动态的、发展的眼光去看，也就是说，要“结果”和“过程”兼顾，“阶段性”和“终极性”兼顾。同时，应该明确，一流本科教育固然以培养一流人才为目标，并且也确实培养出了各行各业的一流人才，但这个目标并不是在本科教育的四年周期内完成的。

“十年树木，百年树人”，教育效果的显现具有明显的迟滞性，而且，人才是否一流，是多种因素合力的结果，并不完全取决于大学教育。所以，一流本科教育并不奢望通过短短四年就培养出一流人才，而是希望为一流人才的成长打下扎实的基础，这些基础中，知识、能力占据了重要的位置，但终身教育的意识和素质，尤其是价值观的完善、人格的养成更是重中之重。

上述是教育界关于一流人才培养的共通理念，但作为中国特色社会主义的高等教育，我们的一流人才培养还需强调一个“个性”，这个“个性”就是有明确而坚定的培养方向，即我们的一流人才培养要回答“为谁培养人”的问题。习近平总书记在全国高校思想政治工作会议上指出，我国高等教育发展方向要同我国发展的现实目标和未来方向紧密联系在一起，为人民服务，为中国共产党治国理政服务，为巩固和发展中国特色社会主义制度服务，为改革开放和社会主义现代化建设服

务。“四个服务”,是对我国高等教育使命的最新概括,既是对“为谁培养人”的最好回答,也为我们的教育确立了根本遵循,我们要坚持把立德树人作为中心环节,把思想政治工作贯穿教育教学全过程,实现全过程育人、全方位育人,紧紧围绕“四个服务”培养德智体美全面发展的社会主义事业建设者和接班人。

二、为什么要创建一流本科教育?

有两个原因,一是应该这样做;二是可以这样做。

应该这样做,有三点理由。

第一个理由:国家决策

党的十八届五中全会在全面总结“十二五”的基础上,针对我国高等教育发展水平与总体状态,提出了“十三五”期间的目标,确立了“提高高校教学水平和创新能力,使若干高校和一批学科达到或接近世界一流水平”等总体努力方向。2015 年 11 月 5 日,国务院在此基础上颁行《统筹推进世界一流大学与一流学科建设总体方案》,明确了冲击“双一流”的高等教育发展的总目标和路线图。

2016 年 3 月 29 日,教育部召开直属高校“十三五”规划编制和中央部门所属高校教育教学改革专项工作视频会议。林蕙青副部长在会上重申世界一流大学和一流学科建设,指出一流本科是一流大学的重要基础和基本特征,各高校要大力发展建设一流本科教育,将建设一流本科教育纳入“双一流”建设方案。这是我国在官方会议上第一次正式提出“一流本科教育”的概念,并且把它作为冲击“双一流”的建设路径和有效方法。

第二个理由:学界共识

本科阶段,既是学生职业能力养成的关键阶段,也是学生人生观、价值观和世界观形成的关键阶段,在这个阶段,他们接受什么样的教育,碰上什么样的老师,至关重要,即是说,在各个层次的人才培养中,本科教育具有关键性作用。

遗憾的是,自从科学研究和研究生教育进入大学以来,本科教育受到不同程度的挤压,出现了“失落”现象。就像哈佛学院前院长哈瑞·刘易斯在《失去灵魂的卓越——哈佛是如何忘记教育宗旨的》中所言的那样,有些大学越来越“卓越”,但是由于轻视本科教育,所以成了“失去灵魂的卓越”。实际上,这种深刻的反思恰恰也证明,哈佛大学其实是多么在乎本科教育,因为在乎,才会为本科教育的失落而痛心疾首。

幸运的是,有识之士已经在不断呼吁“重视本科教育”“回归本科教育”。美国杜肯大学伯隆教授曾在中国国内某大学作了一场报告。报告的开场白是这样的:“请各位看我的 PPT 第一页,上面是美国著名的十所大学,如哈佛、耶鲁、哥伦比亚等,这些大学有一个最主要的、共同的优点,请大家猜一猜是什么?”台下的老师们七嘴八舌地回答起来:“都是世界著名大学”“科研水平都比较高”“都很国际化”“历史都很悠”“拥有最好的学生”“都是私立的”“都很有钱”,伯隆教授给出的“标准答案”是:“都拥有最好的本科教育,都非常重视教学。”他由此推断:“一个大学对待教学和本科教育的态度,标志了其成熟水平。”

学界现在已基本达成共识:从整个高等教育系统看,本科教育是大学教育的基础;从现代高等教育的功能看,本科教育发挥了基础性作用。因此,今天仅仅强调一流大学或一流学科还远远不够,或者说,只是从一流学科的角度解读和建设一流大学,只能表明一流大学的建设还“在路上”,依然保留着明显的“急功近利”的痕迹。这就是说,一所大学在“双一流”建设的路途中,如果遗忘了一流本科教育,就很难说是一流大学,更难说是成熟的一流大学。

尊重常识,尊重教育规律,尊重大学自身的特性,是每一个教育工作者的职责所在。

第三个理由:湘大品牌

自创办以来,湘潭大学在发展中逐渐创建了一些属于自己的品牌。众多的品牌中,最经典的莫过于我们的本科教育。我们的硕士和博士教育也越来越好,但是,毫无疑问,本科教育是湘潭大学获得知名度和美誉度的根本原因所在。举一个很突出的例子,我们的毕业生中,已经有三位成长为院士:欧进萍、袁亚湘和周向宇,他们都是我们的本科毕业生。今天,我们也在响应国家号召,力图创建世界一流大学和一流学科,但我们依然坚信,创建“双一流”的前提是建设一流的本科教育,创建“双一流”最终的归宿应该也是建设一流的本科教育。离开了一流的本科教育，对我们而言，创建“双一流”失去了基础，也失去了意义。

刚才我谈的是我们“应该”创建一流本科教育，现在我想说说我们“可以”创建一流本科，理由也是三点。

第一个理由：教学质量≠办学水平

“教学”是指教师引起、维持或促进学生学习的所有行为，包括唤醒学生潜在的学习动机，简言之，教学就是学校给学生带来的水平的变化。变化越大，教学质量越高，变化越小，教学质量越低。要判断教学质量的高低，不仅要考虑学生毕业时的水平，还要考虑到学生入学时的水平。毕业水平与入学水平之差，才代表一所学校的教学质量。

通俗地说，一所办学水平高的学校，其学生入学时水平是90，毕业时达到了100，另一所办学水平稍差的学校，其学生入学时水平是70，毕业时达到了90，那么，后者的教学质量比前者就更高。

当年的西南联大，在实验设备严重紧缺、图书资料严重不足，外部环境极端恶劣，科学研究基本无法展开的情况下，依然创造了世界本科教育的奇迹。湘潭大学和当年的西南联大其实有很多相通之处：教学硬件一般、地理位置一般，但师资力量一流、教学文化一流，本科生的教育质量也是一流。这说明，办学水平虽然对教学质量有影响，但这影响有时不是决定性的。也就是说，湘潭大学完全可以凭借“准一流”的办学水平获得“一流”的教学质量。或者说，“一流大学”是我们可能实现的终极目标，而“一流本科教育”是我们现在就可以实现的目标，甚至说是我们已经实现的目标，而现在要做的不过是坚守这个目标，一直坚定地走下去而已。

第二个理由：一流本科教育≠一流大学本科教育

一流大学往往拥有雄厚的研究实力，所以更容易将科研与教学结合起来，使学生在本科教育中获得在其他大学难以获得的体验。因此说，一流大学在本科教育方面具有得天独厚的优势，也更有可能办出一流本科教育。但是，如果一流大学不重视本科教育，或者说虽然重视但方法不当，也可能办出二流甚至三流的本科教育。而非一流大学，也可能凭虔诚的态度和得当的方法，办出一流本科教育。

从国际高等教育的发展现状不难发现，一流大学本科教育具有五个基本特征：精英高等教育理念、高质量的生源、课程体系博雅化、教学模式研究化、师资队伍精英化。非一流大学由于各种条件所限，很难同时具备这五个特征，但却可以根据自身的办学类型和办学定位，办出有自己风格的一流本科教育。

社会发展对人才的需求、人的发展对教育的需求具有多样化特点，具有分层、分类的属性，一个和谐发展的十几亿人口大国，既需要学术型的杰出人才，又需要应用型的杰出人才，因而，对全国700余所本科院校而言，一流本科教育不是一个，而是多个，每一所本科院校都可以根据自身的定位和类型，在不同层次、不同领域办出特色，争创一流，体现出三百六十行，行行出状元的特点。

第三个理由：历史经验和现实状态

近60年的本科教育历程，让我们已经积累了大量的经验和信心。目前我们虽然算不上一流大学，也缺乏更多的一流学科，但是我们的办学水平至少也达到了“准一流”：综合排名一直位居全国80强左右。最近英国《泰晤士报高等教育》公布了2017年金砖国家和新兴经济体大学排行榜，在300所高校名单中，共有77所中国高校上榜，其中大陆高校52所，台湾高校25所，湘潭大学在大陆高校中位居第45位，超过了不少985和211高校。我们的部分学科、专业也在国内外有一定影响，例如有3个学科ESI排名进入全球前1%，有部分学科在国务院学科评估中排名前列，有3个国家重点学科，11个国家特色专业，11个一级学科博士后流动站，75个二级学科博士点。

重要的是，我们还走在通往“一流”的路上。这些现实的条件，如果利用得当，不仅不会拖我们本科教育的后腿，而且会为我们的本科教育提供必要的物质和学术支撑。再加上我们有创建一流本科教育的传统和决心，我们完全有可能办出一流本科教育，那时，我们可以很自豪地说，我们确确实实是一所“好大学”。

三、如何创建一流本科教育?

在通往“一流大学”的道路上,我们需要坚持做的两件事就是:创建“一流学科”和创建“一流本科教育”。创建“一流本科教育”和创建“一流学科”一样,都是我们稳步快速发展的内在逻辑,是我们不断提升品质、追求卓越的基础工程。为此我们不仅要张扬“一流本科教育”的理念,而且要付出更多坚定的行动。我们目前能为创建“一流本科教育”做些什么,廖永安同志会在他的报告中,有针对性地提出具体的举措。在这里,我主要想讲一点:我们的办学定位,因为这个问题涉及到我们培养目标的设立问题。

《国家中长期教育改革和发展规划纲要(2010—2020)》要求:“建立高校分类体系,实行分类管理。发挥政策指导和资源配置的作用,引导高校合理定位,克服同质化倾向,形成各自的办学理念和风格,在不同层次、不同领域办出特色,争创一流。”

现在的问题是:我们到底属于哪一类、哪一个层次的大学?在办学定位上,我们不可盲目“高攀”;但也不能轻言“低就”。就办学水平而言,我们还算不得国内一流大学,离国际一流大学更有不小的距离。但这是否等于我们的培养目标中就要特意强调“应用”和“求职”,并因此把湘潭大学变成了“知识超市”和“手工作坊”?

湘潭大学的综合排名一直位居全国80强左右;湘潭大学的本科生生源虽然算不上“千里挑一”,至少也是“百里挑一”——湖南省考生,文科前4 100名,理工科前22 000名才可以报考;湘潭大学的校友在各行各业最杰出人才中都有广泛的代表。这些都足以说明,湘潭大学是一所“好大学”,而且完全有可能成为一所“更好的大学”。也就是说,我们将“有鲜明特色的高水平现代大学”作为我们追寻的目标,既是“仰望星空”,又是“脚踏实地”。

既然湘潭大学是一所“好大学”,并且希望成为“更好的大学”,那么,它的培养目标就不能过于保守,而应该向所有“好大学”或者“更好的大学”看齐,毕竟,培养目标体现了一所大学的理想,而理想的意义就在于为平淡的生活提供美好的希望,为不完美的现实提供完满的参照,从而促使人们努力追求完美。也许,最后很少有人,甚至没有人抵达完美,但在追寻完美的过程中完成了对自我的超越。

既然我们的定位是成为一所“好大学”,那么,我们的培养目标首先要体现“好大学”的共通性:不是培养目光短浅、唯利是图的功利主义者和有技术没文化的新野蛮人,而是培养完整的人、立体的人、幸福的人、有品格的人、有担当的人、有文化修养的人、有无限可能的人。用习近平总书记今年4月在安徽调研时的话说,我们要培养“有理想、有追求、有担当、有作为、有品质、有修养”的“六有”大学生。用爱因斯坦的话说,我们要培养的人才,在离开学校时,是一个和谐的人,而不仅仅是一个专家。用台湾清华大学校长刘炯朗先生的话说,我们为社会提供的“不是很小很小的一块钻石,而是很大的一块已准备好但没有完全雕琢的美玉”。

当然,湘潭大学也不会放弃自己的个性追求,但我们的个性更多是体现在学科建设、教学模式、教学方法等方面,我们培养出的有个性的学生,更多体现的是职业志趣、职业技能、职业选择、生活方式上的差异,而在培养“完全的人”的目标上,我们和所有“好大学”都是一致的。就是说,我们要培养的一流人才,固然要体现专业差异和个体差异,比如基础学科人才可以“顶天”,应用型学科人才能够“立地”,但他们的共通之处在于:技能与素养并重;能力与品德并重;智力与智慧并重;智商与情商并重。

老师们,由于历史背景、文化因素和地域环境等因素的影响,不同的大学可能具有不同的文化性格。我们湘潭大学的文化性格就是:它是一所有坚守的大学,一所尊重历史的大学。尤其在大学发展的过程中,随着大学职能的不断增加,本科教育作为大学之根出现了动摇的时候,我们始终坚守自己的品牌,以创建一流本科教育为矢志不渝的目标,更说明我们的胆识和气魄。而一所大学,如果能够在悠久的办学历程中,坚持自己特有的气质和办学理念,就有可能成为一所“更好的大学”。

落实从严治党要求　担当立德树人使命
在建设有鲜明特色高水平现代大学的征程中再立新功

——在湘潭大学第七届教职工暨第十届工会会员代表大会第四次会议闭幕式上的讲话

黄云清

（2017 年 1 月 6 日）

各位代表，同志们：

经过全体代表和工作人员的共同努力，本次会议圆满完成了各项既定议程，即将胜利闭幕。在这里，我代表学校党委、行政，向会议的圆满举行表示热烈的祝贺！向各位代表，并通过大家向辛勤工作在教学、科研、管理和服务第一线的全体教职员工，向情系学校发展的离退休老同志致以崇高的敬意和诚挚的问候！

刚刚过去的 2016 年，在党和国家的历史上，在高等教育的发展史上，在湘潭大学的前进征途上，都是具有重要意义的一年：这一年，党的十八届六中全会召开，开启了全面从严治党的新时代；这一年，全国高校思想政治工作会议召开，为办好中国特色社会主义大学指明了方向、提供了根本遵循；这一年，学校政治上接受了“全面体检”，发展上迈入“十三五”，改革上全面深化。

在 2017 年到来之初，我们召开教代会、工代会，回顾总结过去一年的工作，商讨部署新一年的工作，全体代表以饱满的热情、认真的态度、务实的作风，建良言、献良策，体现出了高度的责任感和强烈的主人翁意识，我很感谢，也很感动。特别是这些天来，许多同志在很多正式或非正式场合中，都向我表达了对新任领导班子的信心和期待，让我在感动的同时，更感重任在肩，我们唯有全心工作、全力工作，和全体教职工一起共同创造湘大更加美好的明天！

上午，益春校长在校长工作报告中已经就今年的主要工作进行了布置。下面，我结合去年全国高校思想政治工作会议的精神，谈几点意见：

一、传承伟人创办的红色基因，办中国特色社会主义大学

作为由毛泽东主席亲自倡办、亲笔题写校名、亲切嘱托一定要办好的大学，湘潭大学自诞生之日起，就浸透着浓浓的红色基因，这是我们的历史，也是我们的现在，更是我们的未来。在这个“对高等教育的需要比以往任何时候都要迫切，对科学知识和卓越人才的渴求比以往任何时候都更要强烈”的时代，传承我们的红色基因，办中国特色社会主义大学，是我们义不容辞的责任。那要从哪些方面入手呢？

1. 坚持党的领导不动摇。扎根中国大地办中国特色社会主义大学，就是要把坚持党对高校的领导作为本质属性，就是要坚持好党委领导下的校长负责制这个根本制度。怎样坚持好呢？关键是要处理好三个层面的关系。在校级层面，处理好“党委领导”与“校长负责”的关系。这方面，从中央到省委、再到学校，都已经出台了相关的制度，对此作出了明确的规定。我们新一届班子，有信心靠制度将个人智商汇聚成班子的集体智商，有智慧靠团结将个人情商汇聚成班子的集体情商。在院系层面，执行好党政联席会议制度。学校已出台《关于院（系、教学部）党政联席会议的若干规定》,对院系党政联席会议的主要职权与议事范围、组织实施等作出了明确规定,基本理顺、厘清了院系党政的职责和权限,希望大家认真学习,坚决贯彻。此外,也希望院长、主任们争做能人中的好人,希望书记们争当好人中的能人,“好”“能”并举,党政齐心,共同把院系发展好。在基层层面,解决党务和业务“两张皮”问题。党建工作主要是做人的工作,周期较长,短时间内难以见到明显成效;业务工作主要是做事或物的工作,周期较短,用力抓一抓就有效果。但我们千万不能因此就认为党建是“虚”的工作,是“软任务”,业务才是实事,是“硬指标”。我们应该认识到:业务离不开党务支持,党务促进业务发展。希望全校上下牢固树立党务、业务一体的理念,努力实现“党务重业务、业务有党务”。

2. 坚持全面从严治党不放松。办中国特色社会主义大学,必须加强党的领导。加强党的领导,关键在全面从严治党。去年,学校接受了省委的专项巡视,在政治上接受了一次“全面体检”。巡视期间,给予2名处级干部处分、7人诫勉谈话、14人批评教育、10个单位通报批评、2人打招呼教育、1人调整岗位。这是学校办学史上从来没有过的,给全体干部敲了警钟,起到了较好的警示作用。今后,全面从严治党将会是党的建设的新常态,全校各级党组织和全体干部、广大党员对此要高度重视。一是抓好学习。今年是学习年,即将召开的党的十九大是全党全国人民的政治大事,我们要重点围绕党的十九大精神和习近平总书记治国理政新理念新思想新战略加强理论学习,全面增强“四个意识”,把牢思想认识这个总开关。二是守好规矩。要坚持把纪律和规矩挺在前面,清醒认识到什么能干、什么不能干、什么必须干。学校已经出台了一系列规章制度,同志们务必要学习好、领会好、执行好,不让纪律成为“稻草人”。三是紧扣关键。聚焦重点人、重点岗位、重点问题,抓住“关键少数”,引领“最大多数”,全面改进我们的党风、政风、校风。四是严肃党内政治生活,围绕坚持党的政治路线、思想路线、组织路线、群众路线,坚持和完善民主集中制、严格党的组织生活等重点内容,集中解决好突出问题。

3. 坚持固本强基不懈怠。基础不牢,地动山摇。我们要将加强基层党组织建设作为加强党的领导的基础性工程来抓好抓牢。根据巡视情况来看,我们在基层党组织建设方面还存在不少问题,虽然进行了整改,但有些需要长期坚持。当然,存在的问题中有的是我们的个性问题,有的是共性问题。但不管是个性问题还是共性问题,如果不解决好,我们的基层党建工作就是虚的,是空的,学校党的领导就会大打折扣。因此,基层党建一定得实功实做,从各二级党组织到各党支部再到党员个人,要层层压实责任。要加强党员日常学习教育培训,把社会主义核心价值体系融入党员教育的全过程,积极推进学习型党支部建设;要严格党的组织生活,执行好党支部“三会一课”制度、民主评议党员制度、民主生活会制度、党内谈心制度和党员思想汇报制度,切实增强党员党性观念;要严格落实好党建工作责任清单制度,量化到岗,细化到人,完善各二级党组织负责人党建工作述职评议考核制度,健全考核标准和程序,把考核结果作为选拔任用干部的重要依据。总之,就是要让我们的基层党组织真正发挥出战斗堡垒作用。

二、传承立德树人的优良传统,培养“四个服务”优秀人才

立德树人是教育的根本任务,也是湘潭大学的优良传统,是与我们的红色基因一脉相承的。这种传统,我们过去和现在一直在坚守,因而在复校40多年来为国家培养输送了各类人才20余万名,其中不乏各条战线上的佼佼者;这种传统,我们将来还要继续发扬,在新的历史和时代条件下,继续抓好人才培养这个中心工作,努力培养“四个服务”的优秀人才。

1. 定准目标,回答好“培养什么样的人”的问题。在人才培养目标上,既有放之高等教育领域而皆准的共性目标,又有符合各自实际、体现自身特色和追求的个性目标。就共性目标而言,就是要培养如习近平总书记所指出的“有理想、有追求、有担当、有作为、有品质、有修养”的“六有”大学生,造就社会主义事业的合格建设者和可靠接班人。就个性目标而言,《湘潭大学章程·序言》中提出,要“培养具有社会责任感、创新精神、实践能力和国际视野的高素质专门人才”。我在去年年底召开的本科教学工作会议上提出，要培养“技能与素养并重，能力与品德并重，智力与智慧并重，智商与情商并重”的学生。从本质上看，二者是一致的，都是立足学校历史实际、特有气质和办学理念提出的人才培养目标，都是湘大学生的“标签”，而后者是对前者的深度思考和具体阐释。

2. 抓住关键，回答好“怎样培养人”的问题。怎样培养人，根本上涉及到我们的教育教学路径、模式和方法问题。对于这项工作，学校高度重视，一直在持续用力、改革提升：2013 年，学校召开了本科教学工作会议；2014 年，学校将人才培养改革作为综合改革的三个重点突破领域之一，先后启动实施了一系列改革举措；去年年底，我们又再次召开了本科教学工作会议，就继续深化人才培养改革相关工作进行了研讨，审议通过了《湘潭大学关于修订 2017 版本科人才培养方案的原则意见》；益春校长在今天上午所作的工作报告中，也就“怎么培养人”这个问题作了专门的论述和部署，对此，我十分赞同。在这里我要着重强调的是，一定要把思想政治工作贯穿教育教学全过程，实现全过程育人、全方位育人，这也是去年习总书记在全国高校思想政治工作会议上重要讲话的核心要求。一是抓好师资队伍。要抓好教师这个“关键群体”，做到学术上可以有探讨、课堂上必须讲纪律，着力提升教师的政治理论水平和思想政治素质，努力建设一支能塑造学生品格、品行、品味的教师队伍。二是打造干净课堂。用好课堂教学这个主渠道，在课堂教学中旗帜鲜明地传播和宣扬马克思主义科学理论和社会主义核心价值观。抓牢思政课这个主阵地，把思政课作为“铸魂工程”来建设。要结合当代青年学生的特点，创新思政教育的方式和方法，严把教材内容审核关，以“四个自信”为重点，进一步丰富思政教材内容。三是建设干净校园。充分利用我们的历史优势、红色文化和平台资源等，广泛开展形式多样、健康向上、格调高雅的校园文化活动，培育优良校风和学风，抓好以文化人和文化育人，以文化滋养心灵、涵育德行、引领风尚。

3. 守牢方向，回答好“为谁培养人”的问题。“为谁培养人”，这是教育的原则性问题，是一个大是大非的问题。在去年召开的全国高校思想政治工作会议上，习近平总书记指出，我国高等教育发展方向要同我国发展的现实目标和未来方向紧密联系在一起，为人民服务，为中国共产党治国理政服务，为巩固和发展中国特色社会主义制度服务，为改革开放和社会主义现代化建设服务。“四个服务”，是对我国高等教育使命的最新概括，也从根本上对“为谁培养人”的问题作了最好的回答。我们是谁、依靠谁，就要为了谁。湘潭大学是毛泽东主席亲自倡导创办的大学，是中国特色社会主义的大学，我们要办的是人民满意的高等教育，因此，我们必须毫不动摇地坚持“四个服务”的人才培养方向。现在，在意识形态领域有一些噪音和杂音，试图扰乱青年学生的思想，干扰我们的工作。对此，我们必须要敢于发声和亮剑，积极教育引导学生正确认识世界和中国发展大势，正确认识中国特色和中国国情，正确认识时代责任和历史使命，正确认识个人梦想和共同理想，牢牢守住教育的根本方向和主阵地。

三、传承追求卓越的湘大精神，加快推进“双一流”建设

为提高我国高等教育发展水平，增强国家核心竞争力，党中央作出了加快建设世界一流大学和一流学科的战略决策。对于摆在眼前的这一历史机遇，我们必须要牢牢抓住，传承不断追求卓越的湘大精神，加快推进好学校“双一流”建设。

1. 坚守经典，创建一流本科教育。本科教育是一流大学的灵魂。只有培养出一流人才的高校，才能够成为世界一流大学。本科教学方面，我们是有一定的优势和传统的。应该说，湘大之所以有现在的地位和影响，我们的本科教育贡献是很大的，但我们不能沾沾自喜、止步不前。特别是我们现在要冲击“双一流”，抓好本科教学、创建一流本科教育是根本途径。首先要提高认识。只有在认识上统一了、提高了，落实在行动上才能协调一致、步伐有力。去年年底，学校作出决定，提高教师教学业绩津贴的标准，其目的是发挥导向作用，鼓励教师自觉走上讲堂、做好教学、潜心教学，上好课、教好学、培养好人才。其次是举措要实。

我们要在师资队伍建设、专业结构调整、课堂教学改革以及教学质量监控等方面同时发力。有一流的教师,才可能有一流的本科教育教学。我们要一手抓教师数量、一手抓教师质量,进一步优化我们的师资结构。专业建设方面,要将国家的需要、市场的需求、学校的实际和学生的兴趣统筹考虑,以质量和内涵为导向,一手抓总量控制,一手抓结构调整,建立科学合理的进－退机制,逐步优化专业结构,特别是要把我们的优势特色专业保持住、建设好。要紧密结合创新驱动、创新创业教育、工程教育认证等,更新完善人才培养方案,积极推进人才培养模式以及教学理念、模式和方法方面的创新改革和与时俱进。还有很关键的一点,就是要抓好教育教学的质量监控,将“质量”理念融入本科教学全过程,引导教师“人在课堂、心在课堂”。

2. *追求卓越,建设一流学科*。关于“一流学科”建设,学校“十三五”发展规划明确了“到2020年力争有学科(学科群)进入世界一流学科的国家发展平台,到2028年有若干个学科进入世界一流”的发展目标。益春校长在工作报告中,也提出了争取“十三五”省重点学科增至22个左右,争取化学、材料科学、工程学3个学科进入ESI排名前0.5%以及积极支持有冲击ESI潜力的学科建设。应该说,我们的目标很明确。但要想实现这个目标,我们的任务还很重。一是要优先发展。学校将根据国家战略需要和我们的学科发展的实际,对于优势学科、特色学科实现政策、资源、保障等向其适度倾斜与集中,注重依托我们现有的高水平科研平台和基地,优先建立一个或几个优势学科群,争取在某些领域、某些方面实现“弯道超车”,冲击国家乃至世界“一流学科”。二是要协同发展。注重加强统筹规划和协同建设,大力支持各院系、各学科、各科研团队实行内外结合的协同创新,对内逐渐打破学科建设方面院系和专业限制,积极推进人才、平台、信息、设施等资源共享共用,优化认定机制,突出对实质性协同和实施效果的后评价,充分激发协同创新的内生动力。三是要激励发展。进一步改革创新人员聘用、考核评价、收入分配制度等,进一步解放和增强科研队伍的活力,积极推动高水平、多元化、结构合理的创新团队建设。当然,我们支持优先发展、建设一流学科,并不是说我们只关注和重视发展一个或几个,而是目前先集中力量实现优势学科的优先发展,然后充分发挥一流学科的辐射带动示范效应,以先发展带动后发展,最终实现学校学科水平的整体提升。

各位代表、同志们,上下同欲者胜。学校宏伟的发展蓝图等待着我们奋力去实现,让我们更加紧密地团结起来,撸起袖子加油干,不断在建设有鲜明特色的高水平现代大学进程中作出新贡献!

祝愿我们的湘潭大学越来越好!

祝愿同志们身体健康、工作进步!

谢谢大家!

不忘初心　深化改革
努力开创有鲜明特色的高水平现代大学建设新局面

——在湘潭大学第七届教职工代表大会第四次会议上的报告

周益春

（2017 年 1 月 6 日）

各位代表，同志们：

受学校委托，我向大会作工作报告，请予审议，并请列席代表和特邀代表提出建议。

本次大会的主题是：不忘初心，深化改革，努力开创有鲜明特色的高水平现代大学建设新局面。

下面，我从三个方面报告工作。

一、2016 年工作回顾

一年来，学校深入贯彻落实习近平总书记系列重要讲话精神，牢牢把握立德树人根本任务，紧紧围绕有鲜明特色的高水平现代大学目标，团结依靠全校广大教职员工，全面深化改革，锐意进取，各项事业稳步健康快速发展。

2016 年，是学校学巡结合从严治党的一年。我们深入开展了“两学一做”学习教育，进行主题学习和专题讨论，组织党的知识测试，召开民主生活会、组织生活会，开展民主评议党员工作，有效解决了党员队伍在思想、组织、作风、纪律等方面存在的问题。我们以高度的政治自觉积极配合省委巡视组对学校的专项巡视，认真组织开展专项排查，精心制定整改方案，切实明确整改责任，未巡先改、边巡边改、立行立改，巡视整改工作取得了明显成效。

2016 年，是学校办学实力稳步提升的一年。我们首次进入泰晤士世界大学排名，列全球 801 + 等级、内地高校第 39 名；在 USNEWS 发布的 2016—2017 年世界大学排行榜中，位列内地高校第 76 名；进入 2017 年金砖国家和新兴经济体大学排行榜，位列内地高校第 45 名。

2016 年，是学校综合改革扎实迈进的一年。我们坚持不忘初心，以改革者的勇气，强化顶层设计，召开了一系列综合改革推进会，在反复讨论、细致研究的基础上，顺利完成了《湘潭大学综合改革方案》和六个子方案的制定工作，相关领域改革稳步推进。

2016 年，是学校发展蓝图成功绘就的一年。我们坚持目标引领，以干事者的魄力，立足学校实际，谋划发展前景，完成了《湘潭大学“十三五”发展规划》以及院系部规划、专项规划、专题规划的编制工作，绘就了未来五年的学校发展蓝图。

2016 年，是学校依法治校卓有成效的一年。我们以规章制度“废改立”为抓手，努力打造全面完善的制度体系，为依法治校提供强有力的制度保证。废止规章制度 481 个，修订 130 个、新立 53 个，修订、新立规章制度的完成率已超过 50%。

一年来，学校各项中心工作也有序推进：

1. 人才培养工作成绩显著

一是在本科人才培养方面，调整优化专业结构，两个专业停招，部分专业减招。5 个专业获湖南省“十三五”专业综合改革试点立项。“机械设计制造及其自动化”专业成功通过工程教育专业认证，是我校首个通过专业认证的工科专业；5个专业提交工程教育专业认证申请，其中3个已接受认证。9门课程入选首批“国家级精品资源共享课”，居全国第50位；1门课程入选教育部第八批“精品视频公开课”、1门课程入选全国地方高校优课联盟“慕课之星”。新增省级虚拟仿真实验教学中心1个。获省级教学成果奖16项，其中一等奖4项。获省部级教改项目、教育科学规划项目64项。召开了本科教学工作会议，形成了建设一流本科教育的共识。启动了2017版本科人才培养方案的修订工作。学生获得省级以上学科竞赛奖励254项，其中国家级特等奖1项、一等奖13项。获“全国深化创新创业教育示范高校”称号，获批“湖南省大众创新、万众创业示范基地”，获批国家大学生创新创业训练计划项目12项、湖南省大学生研究性学习与创新性实验计划项目31项。二是在研究生培养方面，研究生招生结构比例不断优化，培养质量稳步提升。新增省级创新基金项目42项、省级研究生培养创新基地4个；资助出版研究生精品教材5部。研究生获高级别科研成果618项，推荐湖南省优秀博士学位论文5篇、优秀硕士论文21篇。1名硕士生获第三届全国工程硕士实习实践优秀成果奖，1名博士生在国际权威杂志Nano Letters上发表论文（影响因子为13.779）。三是在招生就业工作方面，教授进中学活动持续开展，品牌效应凸显。教改实验班报考率均保持较高水平（数学类韶峰班报考率320%、物理学类韶峰班报考率200%、材料类师昌绪班报考率248%）。毕业生就业率保持在90%以上。

2. 学科建设与科研工作成效明显

一是在高水平学科建设方面，化学、材料科学、工程学ESI排名稳步提升（化学上升至前0.54%，工程学上升至前0.60%，材料科学上升至前0.58%）。3个学科被确定为国防特色重点学科。19个学科全部通过湖南省“十二五”重点学科验收，其中8个为“优秀”、8个为“良好”，优良率为84%。二是在项目成果方面，新增各级各类科研项目411项，科研经费近亿元，其中国家级项目89项（国家社科基金重大项目1项、重点项目3项）、省部级项目128项（教育部重点研究基地重大招标项目1项，教育部人文社科研究项目立项数居全省首位）。签订各类技术合同190项，签约经费1 794.9万元，到账经费1 237.4万元。10项成果荣获湖南省第十二届哲学社会科学优秀成果奖，获奖数量占全省获奖总量的1/10；申请各类专利471件、同比增长37%，授权各类知识产权265件。ESI篇均引用全国排名第44位；高水平论文数全国排名第71位；SSCI收录论文12篇；SCI收录论文477篇、全国排名第106位；EI收录论文477篇、全国排名第85位；SCIE论文被引29 038次、全国排名第79位。三是在平台建设方面，学校再次获湖南省人民政府与国家国防科工局共建。5个智库入选中国首批智库索引名单（CTTI）。新增湖南省重点实验室1个、湖南省工程实验室1个、湖南省工程技术研究中心1个。四是在产学研合作方面，10余份研究成果获得省部级领导肯定性批示或被政府部门采用。与合作企业联合成功申报湖南省战略性新兴产业重大科技成果转化项目。产业化成果“废旧铅酸蓄电池清洁再生及资源高效循环技术装备”“莲子去芯机”等在2016年全国大众创业万众创新活动周会场展出，获广泛好评。1人获第十届中国产学研合作创新大会产学研合作促进（个人）奖、1人被评为首届湖南省优秀科技工作者、2人获第十届湖南省青年科技奖。五是图书出版方面，2个项目获2016年度国家出版基金资助，4个项目入选“十三五”国家重点出版规划，1个项目入选国家“十三五”时期重大出版工程规划。

3. 师资队伍建设扎实推进

一是高层次人才引进取得良好成效。新增“芙蓉学者”4人、省“青年百人计划”1人，面向海内外公开招聘学科带头人1人，引进博士48人，外聘教授35人。二是人才选拔工作成效突出。1人入选第二批国家“万人计划”教学名师，9人通过评审晋升为二级教授，22人晋升教授，8人被确定为2016年度湖南省普通高校青年骨干教师培养对象。三是人事制度综合改革稳步推进，目标管理与绩效考核进一步完善，考核评价体系进一步健全，收入分配制度改革进一步深化，人事管理进一步规范，管理、教辅队伍建设进一步加强。

4. 对外交流与合作蓬勃发展

招收留学生108名，派出72名学生前往美国、法国、西班牙等国交流学习，接受交流学生25人。与美国密苏里大学等5个学校签订合作协议。承办2016年麦克雷雷大学孔子学院夏令营项目。完成“中非高校20+20合作计划”年度项目，在麦克雷雷大学成立“东南部非洲油气卓越中心”。不断拓宽筹资渠道，多方筹措教育资金。出台《湘潭大学捐赠管理办法》，完善基金管理。

5. 办学条件和校园面貌发生新变化

一是办学条件得到新改善。新校区600亩土地征收完毕，学校版图再度扩容；金瀚林学生公寓回购工作完成；获批中央财政资助项目9个（经费2 500万元）；新建工程训练中心大楼和琴湖学生公寓17、18栋，完成了化机楼扩建项目、兴湘学生公寓1~5栋修缮、琴湖景观大塘清淤等工程；完成了画眉潭亮化工程、图书馆花园景观灯改造等。二是后勤服务水平有新提高。完成五个学生食堂的维修改造，就餐环境全面改善，就餐率达到70%，满意率突破95%；完成琴湖等4个餐厅远程监控系统的安装和使用，学生食堂饮食卫生安全得到有效保证。直饮水一期工程在8个区域完成并投入使用，有效满足了师生日常饮水需求。三是信息化建设取得新进展。学校中、英文版门户网站全新改版上线；完成了图书馆、琴湖食堂、兴湘食堂无线网络改造以及校门车禁系统建设；数据中心平台、统一身份认证平台、统一信息门户平台及OA系统投入使用。

6. 党建与思想政治工作成绩突出

一是按巡视要求，对党的建设、党的领导、全面从严治党方面存在的问题进行了彻底整改。认真组织开展党费清理补缴工作。二是进一步完善《湘潭大学二级党组织党建工作责任清单》，组织开展了全校二级党组织书记党建述职评议。出台了《中共湘潭大学委员会党建工作责任清单》《湘潭大学关于院（系、教学部）党政联席会议的若干规定》，修订了《湘潭大学党委领导下的校长负责制实施办法》。三是扎实推进干部选拔和培训工作。推举产生了2名省党代表。推荐1名校长担任校党委书记，1名副校级领导担任校长，推荐1名处级干部到兄弟院校担任校级领导职务，提拔处级干部41名、交流40名、免职30名。举办湖南省高等学校第102期处级干部进修班暨湘潭大学处级干部培训班。完成干部档案清理、补充工作。四是出台《关于落实党风廉政建设党委主体责任和纪委监督责任的实施办法》等制度，落实全面从严治党要求，党风廉政建设各项工作有序有力开展。五是新闻宣传水平有力提升，在中央和省级主流媒体刊发、播出新闻稿件1 000余篇（条/次），发稿数量居省属高校前列。六是积极开展青年马克思主义者培养，通过社会实践、主题教育等活动，大力培育和践行社会主义核心价值观，深化青年学生思想道德建设。七是二级教代会制度基本得到落实。启用教代会提案电子信息系统，提案落实工作进一步加强。大力推行校务公开。加强后勤服务监督力度，民主管理工作更加深入扎实。切实维护教职工利益，解决了中天教师公寓地下供水管网改造问题。八是着力做好综治维稳工作，学校获2016年度“全国法治宣传教育先进单位”，获2016年度“全省综治工作先进单位”，我校已连续两年获评“全省综治工作先进单位”。在全市“社会治安综合治理创新大会”上作典型发言。

与此同时，学校离退休、关工委、资产、审计、工会、继续教育、图书馆、出版、档案、校地共建、工程训练、子校等其他各方面工作都取得了较好的成绩。

各位代表、同志们，过去的一年里，广大教职员工众志成城，团结奉献，努力工作，在推动学校各项事业发展的进程中做出了突出贡献。在此，我代表学校党委、行政，向大家表示衷心的感谢并致以崇高的敬意！

二、面临的形势

各位代表，同志们！在取得成绩的同时，我们也清醒地认识到，下一步我们的工作任务还很繁重，更加需要我们紧密团结起来，坚持目标导向，保持清醒头脑，科学分析形势，准确把握机遇，勇于直面挑战，继续推动学校各项事业向前发展。

1. 我们的目标

目标是指引前进的方向。有目标才有奔头，才能起到引领和激励作用。党的十八大提出了中华民族伟大复兴的“中国梦”和“两个百年”的宏伟目标，而我们学校，经过这两年的讨论，目标已经非常清晰了。

就长期目标而言，我们在2015年召开的第五次党代会上，确立了“建设有鲜明特色的高水平现代大学”的长期奋斗目标，并对其内涵进行了解读：“鲜明特色”，即进行科学定位，实施特色办学，坚持原有特色、培育新兴特色、挖掘潜在特色；“高水平”，包括高水平的人才培养、高水平的成果创造、高水平的社会服务、高水平的师资队伍、高水平的学科专业、高水平的内部管理，等等；“现代化”，包括办学理念的现代化、大学治理的现代化、大学人的现代化、大学校园和文化的现代化。

就五年目标而言，2016年编制完成的学校“十三五”发展规划提出，要全面深化综合改革，做好打基础、利长远的事情，抓好最基本、最短板的方面，争取获得国家2011协同创新中心、世界一流学科建设等新的国家级发展平台；

就近期工作而言，迫在眉前的就是推进“双一流”建设工作。

2. 面临的问题

明确了目标，还要弄清楚目标与现实之间的差距，也就是问题。

实现长期目标，仍任重道远。“有鲜明特色的高水平现代大学”的建设目标，包含三个核心指标，鲜明特色、现代化、高水平。鲜明特色方面，我们有自己的特色，但不够突出，还需要继续凝练和逐步形成。在全国范围内，提到某一个领域、某一学科或某一专业，能让别人第一时间想到湘潭大学的，我们有，但还很少。现代化方面，无论我们的教学条件、生活条件、基础设施等硬件条件还是现代大学制度构建等软件条件方面，离一所真正的现代化大学应有的水准还有相当大的差距。高水平方面的差距就更大。高等学校的高水平就是高水平“供给”，包括为国家或者社会解决一批高难的科学、工程、社会问题提供方法、提供技术、提供人才。扪心自问，我们现在所拥有的实际水平离这三个指标的应有之义和应有标准还有较大的差距，尤其是我们每位师生员工是否有这样的意识？科学研究的目的到底是为了评职称还是为了解决国家或者社会的需求问题。科学研究是三个层次：兴趣驱动、使命驱动、问题驱动！我们各个学科专业、各位老师、各个团队是否知道自己是哪个层次？其10年或者20年的目标是否明确？

实现五年规划，需加倍努力。要实现“十三五”规划的目标，任务很重、时间很紧。“2011协同创新中心”发展制高点的获得、世界一流学科的突破，等等，这些是事关全局和战略的重点工作，也是学校面临的艰巨任务和重大挑战。可以说，“十三五”的五年，是打基础、补短板的五年，更是深化综合改革、攻坚克难的五年。多年来，学校在建设发展的过程中，持续不断地推进了各项改革，这些改革都在学校不同发展阶段取得了显著的成绩，推进了学校事业的进步。但是，随着内外形势的不断变化、各种资源配置的重组优化，学校改革和发展进入了攻坚期和深水区。现在，要想实现我们的五年目标，推动学校继续发展，必须进一步深化改革，通过深化改革，争取更多的资源，挖掘更大的潜力，汇聚更强的合力，真正让改革落地、生根、开花、结果，让我们的进步再快一些，更快一些，让广大师生有更多的获得感。谈到争取资源，毫无疑问书记校长的第一要务是争取资源，但我们每位师生员工都是可以争取资源的：优秀生源是资源；利用各种机会宣传湘大是资源；解决国家和社会的重大需求是资源；尽量多地推荐干部职工到各级人大政协、这些人大代表政协委员发出湘大的声音是资源；等等。我们需要形成人人争取资源的氛围！

实现近期目标，要迎难而进。“双一流”建设，对于学校既是机遇，更是挑战。《湖南省国民经济和社会发展“十三五”规划纲要》提出，到2020年，建设8所一流大学、40个一流学科、40个优势学科群、280个重点学科和70个“2011协同创新中心”。我们必须抓住机遇，积极争取进入湖南省“双一流”行列，并且还不能就此满足，要争取拥有更大的舞台、更高的平台，否则，就与我们所承载的伟人嘱托和肩负的光荣使命、师生向往、社会期待不相符。但要进入国家层面的“双一流”，困难重重。部分省市特别是一些经济发达省份启动了高水平大学建设计划，其对高等教育的投入和支持,力度之大是空前的。很多与我们同层次、同类型的学校,进入了所在省份的高水平大学建设行列,获得了大笔投入,发展势头迅猛,给我们带来了巨大的竞争压力。

3. 我们怎么办

目标已经明确,蓝图已经绘就,思路已经清晰,现在需要的是我们说了就算,定了就干。

一是坚持以目标为导向。从学校层面来说,要坚持长期奋斗目标不动摇,落实五年规划不走样,抓紧“双一流”建设不放松。对学院来说,要坚持以学校目标为指引,从学校要求转向学院谋划,从具体指标转向最大追求,从独立达标转向协同创新,从业绩提高转向能力提升,切实加强内涵建设。对学科来说,要从学校整体的战略层面上思考、规划和发展自身的特色,在提升优势中形成个性,在凝练特色中走向卓越。对个人和团队来说,是目标的最终个体,要根据所在学院的谋划、所属学科的特色,在发挥个人兴趣、爱好的基础上,根据“兴趣驱动、使命驱动、问题驱动”定好位,贡献一系列促成学科、学院目标实现的成系统的论文、成系统的专利、成系统的项目、成系统的学术交流、成系统的人才培养,进而解决“科学、工程、社会”问题。通过学院目标、学科目标、个人目标的实现,汇聚成推动学校整体目标实现的强大合力,不断推进有鲜明特色的高水平现代大学的建设进程。

二是坚持以特色求生存。“有你不多、无你不少”,用来说一个人的话,就是指这个人无关紧要、可有可无。那要靠什么体现“非我莫属”“舍我其谁”呢?这就是特色。所谓特色就是他人没有我有,或者他人虽有但不如我。对于我们这样的综合性大学来说,特色就是我们的生命线,是我们参与竞争的核心竞争力。我们的特色是什么?我们有浸透着浓浓“红色基因”的毛泽东思想研究中心和中国共产党革命精神与文化资源研究中心,有3个国家重点学科、3个ESI排名前1%的学科、3个湖南省“2011协同创新中心”,等等。在上周召开的本科教学工作会议上,我们还提出了要建设“一流本科教育”,将其作为学校“双一流”的突破口之一,明确了建设目标和措施,这是立足学校实际的明智决策。作为“双一流”另一个突破口的“一流学科”建设方案,也必须尽快出台。从学科或者学科方向的角度来说,我们还是有不少学科或者学科方向是有特色的,只是我们宣传不够,尤其是“强化”不够!总之,我们要坚持原有特色、培育新兴特色、挖掘潜在特色,切实将特色化发展贯穿于学校各项工作之中,形成比较优势和竞争优势,并在局部领域实现战略性突破,确立领先地位。

三是坚持在贡献中发展。在这个市场对资源配置起决定性作用的时代,贡献的大小,直接关系到我们获得的资源,直接影响着我们发展的快慢。一个学科、一个专业如果不能解决“科学、工程、社会”问题,不能在解决问题中培养优秀人才,那么这个学科、这个专业要获得资源是很困难的;同样,一个大学如果没有解决“科学、工程、社会”问题和在解决问题中培养优秀人才的能力,那么这个大学也是不可能获得资源的,即对国家和社会没有贡献的学科、专业和大学是不可能获得资源的,而没有资源的学科、专业或者大学是很难发展的!要建设世界一流大学,就必须有“顶天”的成果;作为很难具备探索知识的人力和物力的地方高校,我们绝大部分学科和专业应该是运用知识解决“科学、工程、社会”问题,即需要更多“立地”的成果,要在各个层面上凸显我们的“贡献”,在贡献中发展!这就需要我们一是通过建设,将一批学科平台和团队打造成富有竞争力的品牌、产生一批“国字号”“省字号”;二是要在知识转移、自主知识产权、科研项目、成果获奖、优秀人才培养等方面提升质量,将追求高质量层次作为第一要求;三是建设一批高水平的新型研发机构、工程中心和学科平台,提升创新能力和引领能力;四是加强人才队伍建设,改变人才引进没有目标的零散性,以目标为导向,有计划、有目的地引进人才,打造有明确方向和长远目标的研究团队。

各位代表,同志们,在高等教育竞争日趋激烈的今天,不快速前进就意味着退步,不加速发展就意味着落后。我们必须要不忘初心,牢记伟人嘱托,牢记“一定要把湘潭大学办好”的使命,深化改革,进一步增强危机意识、竞争意识、责任意识,以时不我待的紧迫感、勇于担当的责任感、锐意进取的使命感,扎扎实实推进各项工作。

三、2017 年工作思路

关于今年的工作,学校将以工作要点的形式公布。在这里,我着重强调以下九个方面的工作。

一是提升人才培养质量。解决“为谁培养人”的问题,要把立德树人作为中心环节,认真学习习近平总书记系列重要讲话精神,贯彻落实全国高校思想政治工作会议精神,把“为国家做贡献”的理念贯穿教育教学全过程,增强学生的“四个服务”意识。针对“怎样培养人”的问题,牢牢抓住全面提高人才培养能力这个核心点,优化专业结构,淘汰部分专业;组织工程教育专业认证;全面开展本科人才培养方案修订工作;实现所有课程的基本信息网络化;落实创新创业教育学分,成立创新创业学院。健全“学校主导、院系主管、学位点主体、导师主责”的“四位四主协同”的研究生教育管理模式;做好学位点动态调整工作,淘汰部分专业;完善招生宣传长效机制,稳步提高生源质量;改革导师遴选与考核制度;改革研究生招生指标分配办法,以生源质量、培养质量、贡献力等指标调整学位点、调配招生指标。

二是提高科学研究水平。围绕“研究什么方向”的问题,主动适应经济发展新常态,面向国家、社会的战略需求和学科前沿,凝炼出稳定、有特色、能做贡献、有长远目标的研究方向。围绕“怎样开展研究”的问题,基于目标导向组织项目的申报、团队建设、条件建设、平台建设,力争新增国家级科研平台 1 个、省部级科研平台 1 个。自科全年新增国家自科基金重大或重点项目 2 ~3 项、杰青或优青 2 ~3 项、面上和青年项目 80 项。社科全年新增各类国家级项目 25 ~30 项(其中重大重点项目 1 ~2 项)。全年实现科研经费达到 1.2 亿元。围绕“怎样提高服务”的问题,推进科技创新、科研成果资本化和产业化,提升对行业、企业关键共性技术的有效供给能力。争取 2017 年签订产学研合作项目 200 项,获批成果转化平台 1 ~2 个,组织科研人员及转化成果参加政府主办的各类产学研活动 2 ~4 次。加强国家级、省级社科基地建设,整合资源,积极申报各级各类新型智库。

三是优化学科建设布局。重点建设优势学科,推进“双一流”建设。争取“十三五”省重点学科增至 22 个左右。组织开展湖南省教育体制改革试点工作。组织开展对校内各种重点实验室或者中心的评估,优化调整资源。做好“2011 协同创新中心”的申报、建设、专项资金绩效评价工作。争取化学、材料科学、工程学 3 个学科进入 ESI 排名前 0.5%;支持数学、物理学两个 ESI 潜力学科建设,力争进入 ESI 前 1%。

四是培养与引进一流人才。启动实施“韶峰学者”特岗计划,面向国内外遴选韶峰学者学科领军人才、学术带头人和学术骨干 430 名左右。以目标为导向引进高端人才和有潜力的青年人才,力争新增“国字号”人才工程人选 5 ~8 人、具有高级职称或博士学位的青年教师 100 名左右。加强师资队伍培训。完善岗位聘用管理工作机制,实现岗位设置与聘用工作常态化。制定各级各类人员绩效工资指导标准,强化和落实院(系、部)分配自主权。

五是着力加强研究团队建设。以目标为导向培育 20 个左右研究团队,在方向凝练、项目申报、人才引进、研究生培养、实验室建设等方面进行帮助和指导,并建立行之有效的科研团队评价和考核机制。以开展协同创新为契机,培养和扶持研究方向稳定、人才结构合理、深具潜力的科技创新团队,做强人才储备。

六是大力加强实验室建设。争取各种资源,鼓励和有关企业、科研院所合作自行研制各种类型的实验设备;要大力加强实验队伍建设,在对现有实验人员进行培训、加压的同时,引进高层次的实验人员;加强实验室的管理、实行设备共享。

七是提高对外交流与合作力度。加强汉语国际推广、海外孔子学院工作。巩固扩展与境外高水平大学合作办学项目,完善留学生管理和服务,提升国际化办学水平。加强校友会和教育发展基金会的工作,创新校友联络与服务工作思路,拓展利用社会资源办学兴校的渠道。

八是完善校园公共服务体系。规划建设环境与资源实验大楼、琴湖田径场、学生宿舍、文科实训大楼,完成琴湖景观绿化项目,完成综合实验大楼、南苑食堂和新校区大桥主体工程验收。抓好后勤保障服务工作，完善师生工作、学习、生活配套设施建设，做好创文、创卫和校园管理等工作。推进平安校园建设。推进实施智慧校园系列软件工程及智慧教室建设工作，实施湘潭大学大数据分析系统项目，完成院系、宿舍门禁等系统协调、管理和新建工作，启动第二期 Wi－Fi 建设。

九是加强党建与思想政治工作。一是巩固巡视整改成果，加强对政治纪律、廉洁纪律、组织纪律、群众纪律、工作纪律以及生活纪律执行情况的监督检查，推动巡视整改成果制度化、常态化、长效化。二是全面落实党建工作责任制，构建主体明晰、责任明确、有机衔接的责任体系；推进学习型党组织和学习型领导班子示范点建设。做好精准扶贫工作。三是抓好新形势下学校意识形态工作，抓好网络舆情引导，加强网络舆情信息监控。四是认真贯彻落实党风廉政建设党委主体责任和纪委监督责任，严格执行党风廉政建设责任制，全面从严治党，营造风清气正的育人生态。五是加强思想政治工作，重视思政工作队伍建设；打造校园精品活动，组织开展各类特色活动；加强双创学院基地建设，推进双创学院工作。六是进一步强化内部管理，提高工作执行力，加强机关作风建设。七是进一步推进民主管理，积极发挥教代会、工代会的民主管理、民主监督作用。八是进一步做好统一战线和离退休工作，积极为统一战线成员参政议政和离退休老同志建言献策创造条件。

各位代表、同志们，建设有鲜明特色的高水平现代大学之路任重而道远。希望各位代表和全校师生员工保持奋发有为的精神状态，发扬求真务实的工作作风，不忘初心，深化改革，不断开创有鲜明特色的高水平现代大学建设新局面！

第三部分

人　才　培　养

普通本专科教育

2016年12月28日，学校在逸夫楼报告厅召开2016年本科教学工作会议

专业建设与课程建设 制订了《湘潭大学本科专业结构调整实施方案》，启动了本科专业结构调整工作，停招了两个专业，减招了部分专业。组织开展了英语、计算机科学与技术、会计学3个专业综合评价的准备工作。组织开展了湖南省“十三五”专业综合改革试点项目申报工作，5个专业获批立项，立项专业数位居全省第二。学校外国语学院西班牙语专业顺利通过了专业评估，获得学士学位授权资格。工科专业机械设计制造及其自动化通过了教育部工程教育专业认证；3个工科专业（化学工程与工艺、环境工程、自动化）接受了教育部工程教育专业认证；组织了5个专业向中国工程教育专业认证协会提交了2017年认证申请。9门课程入选首批“国家级精品资源共享课”，位居湖南省第三、全国第五十名。1门课程入选教育部第八批“精品视频公开课”，1门课程入选全国地方高校优课联盟。开设了“大学生创业基础”“创业基础”等7门跨校共享课供学生选修。启动了课程中心的建设工作，大力开展课程体系信息化教学改革。组织开展了第一、二批立项的17门校级品牌课程的年度检查工作，8部教材列入学校2016年度教材出版资助计划。

教学管理与人才培养 顺应“双一流建设”、创新创业教育和招生制度改革等教育教学改革形势，召开了学校本科教学工作会议，统一了全体教职员工的思想认识，明确提出了建设“一流本科教育”的目标。制订了《湘潭大学本、专科教学（含实验管理）业绩津贴核算暂行办法》《人才培养综合改革方案》等重要文件，改革了教学业绩津贴分配方式，启动了2017版本科人才培养方案的修订工作。完成全校本科主修专业、辅修/双学位开课计划的制订与课表编排工作。完成2016届本科毕结业生以及辅修/双学位学生的成绩审核和成绩档案整理工作。新建多媒体教室18间（套），接管了原能源学院管理的多媒体教室17间（套）。因组考规范，获评2015年度全国大学英语四六级考试湖南省优秀考点和全国计算机等级考试湖南省优秀考点。在答辩前对毕业论文（设计）进行了检测查重。加强了学籍学历学位管理建设，对2015—2016学年取得学分达不到学校要求等情况的学生进行了学籍处理。上线运行新版教务管理系统。三个教改实验班的招生继续保持良好势头，数学类专业、旅游管理类专业开展按专业大类招生试点。制定了《湘潭大学教授联名推荐优秀应届本科毕业生免试攻读研究生工作实施细则》，启动了《湘潭大学推荐优秀应届本科毕业生免试攻读研究生工作办法》的修订工作。修订了《湘潭大学辅修专业学士学位教育管理暂行办法》。

学生学科竞赛与创新创业教育 承办了湖南省电子商务竞赛和湖南省首届大学生写作竞赛，开展了26项校级学科竞赛。2016年获奖数达到254项，国家级特等奖1项、一等奖13项、二等奖43项、三等奖62项；省级特等奖1项、一等奖27项、二等奖52项、三等奖55项。承办了全省普通高校创新创业教育培训会。新增立项了4个湖南省校企合作创新创业教育基地。获批国家大学生创新创业训练计划项目12项，湖南省大学生研究性学习与创新性实验计划项目31项（含兴湘学院4项），立项校级大学生创新实验计划项目

183 项;对 123 项项目进行了中期检查,133 项项目通过了结题验收。组织学生参加全国大学生创新创业年会,其中 1 个项目在年会进行了展示。参与申报"湖南省大众创新、万众创业示范基地"并获批准。

实践教育基地建设与实践教学条件建设 一是根据一重点三优先原则(重点支持建设工程训练中心、优先支持工程教育认证专业实验室建设、优先支持公共基础平台教学条件、优先支持新专业实验室建设)结合实验室情况组织开展 2016 年实验教学条件建设。二是共规划申报了 5 个教学实验平台、3 个实践基地项目和 1 个公共服务体系建设项目,获得中央财政支持共计 2 500万元。其中实践基地项目由教务处负责,已完成 3 个项目共计 900 万设备的论证。三是对 2014、2015 年立项建设的 17 个校级创新训练中心进行了年度检查并投入经费继续建设。四是组织机械工程学院现代工程省级大学生创新训练中心和信息工程学院电子信息多维省级大学生创新训练中心开展了总结验收工作并顺利通过验收,电子信息多维大学生创新训练中心被认定为湖南省大学生创新创业教育中心。五是组织法学院、环境与资源学院、机械工程学院、艺术学院的 4 个项目进行了校企合作基地项目绩效评价工作并获通过。六是组织化学学院完成了 2013 年立项的省级校企合作示范基地项目验收工作,组织环境与资源学院完成了 2015 年验收的省级校企合作示范基地升级工作,这 2 个基地都被立项为湖南省校企合作创新创业教育基地。七是新建了 24 个校外实习基地。

教育教学改革与教学竞赛 一是遴选推荐了 22 项成果申报省级教学成果奖,最终 16 项成果获奖,其中一等奖 4 项、二等奖 4 项、三等奖 8 项(含兴湘学院 1 项),一等奖获奖数量位居全省第三,获奖总数与湖南大学并列全省第二。二是 1 项课题获批全国教育科学"十三五"规划 2016 年度国家青年课题,10 项课题获批湖南省教育科学"十三五"规划 2016 年度立项课题(其中 1 项为省级重点资助课题),学校省级规划课题申报的总体立项率近 50%,远远超过湖南省的总体立项率。三是 43 项项目获批 2016 年湖南省教学改革研究项目。另有 19 项项目通过省教育厅组织的结题验收,其中 2 项获评优秀。四是确定湘潭大学第九批教学改革研究项目立项 108 项。中期检查项目 68 项,结题验收项目 76 项。五是学校申报的 24 篇论文获评"湖南省教育科学研究工作者协会 2016 年优秀论文"奖(一等奖 1 项,二等奖 5 项,三等奖 18 项);参与"中国高等教育学会第九次高等教育科学研究优秀成果奖"申报工作,1 项成果获三等奖。六是组织参加湖南省普通高校教师课堂教学竞赛,获得二等奖 1 项,三等奖 2 项。七是组织完成湖南省普通高校教师信息化教学竞赛,获得一等奖 1 项,三等奖 1 项,1 位老师被授予省级青年教学能手称号。

(张红爱)

研究生教育

发展概况 2016 年学校录取硕士2 024人,其中学术学位1 272人,专业学位 752 人,学术学位与专业学位的比例进一步缩小为 1.69∶1;录取博士 108 人,其中硕博连读 47 人;录取在职人员攻读学位研究生 163 人。10 项研究生省级教改课题获批立项;资助出版研究生教材 9 本;搭建学术交流平台,先后举办了"微观计量经济学"暑期学校、"环境友好与资源高效利用化工新技术"研究生创新论坛、湖南首届高校法学学科院长(系主任)论坛等活动;组织学生参加全国和省级研究生数学建模大赛及各项学科竞赛和专业能力竞赛。授予博士学位 72 人，硕士学位1 911人，其中，学术学位1 209人，专业学位 702 人；严格论文评审程序和要求，获评湖南省优秀博士学位论文 3 篇，优秀硕士学位论文 21 篇。

特色工作　根据《湘潭大学深化学位与研究生教育改革方案》，逐步推进研究生教育改革。一是实施优质生源吸引计划，制定或修订多项制度，对研究生招生奖助、推免生接收、博士生招生选拔等政策做了较大调整，加大对研究生的资助额度和比例，进一步完善招生指标分配办法，实现资源优化配置。做到“巧、敢、奖”留住推免生，“爱、教、引”力争优质生，“走、传、颂”吸引外校生。二是继续深化分类培养改革，推进案例库建设，重点建设研究生精品课程，实行研究生课程改革。以优秀案例牵引教育教学改革，以精品课程提高人才培养质量。三是启动学位授权点合格评估与动态调整工作，以自查整改提高学位授权点质量，并上线信息化系统使学位论文答辩规范无死角。四是完善质量监督保障，实行学位与研究生教育质量年度报告定期发布制度，教育质量接受社会监督。五是积极营造奋发有为，卓越创新的育人氛围。全方位助力研究生成长成才，加大优秀研究生的示范引领作用，加强优秀导师的学术熏陶作用。在新华网、新浪网、红网、《中国研究生杂志》等媒体平台宣扬学校良好的育人氛围。

（朱丹红）

国防生教育

2016 年 12 月 17 日，“携笔从戎，强军有我”——国防生文艺晚会在湘潭大学俱乐部举行

2016 年，湘潭大学国防生应毕业 10 人，实际毕业 10 人，含国防生硕士毕业生 2 人。现在校国防生 2013 级 95 人。

国防生坚持三月“雷锋月”去敬老院慰问孤寡老人的优良传统，并组织参观雷锋纪念馆和湖南省党史陈列馆，深入学习雷锋精神和革命家的无私奉献精神。积极响应学校“两学一做”号召，开展“两学一做”专题讨论会，深入贯彻习主席系列讲话精神。结合文化强军目标，举办“携笔从戎，强军有我”国防生文艺晚会，展示了湘潭大学国防生刚柔并济的气概和保卫祖国的决心，坚定了“强国梦，强军梦”的理想信念。

湘潭大学落实国防生“三级培养模式”，着力提高国防生军政素质，特邀 2002 级测控专业优秀毕业国防生返校做经验交流，为在校国防生毕业任职提供指导；加强文化教育工作，坚持开展“四个一百”特色活动，增强国防生文化底蕴；强化思想意识教育，邀请军事教育相关教授来校授课，牢固树立献身国防意识；组织全体国防生参加湘潭市军训教官考核，全员持证担任 2016 级新生军训教官，提高国防生任职能力；鼓励国防生争先创优，引导学生科技创新，成绩显著，其中，国家励志奖学金获得者 2 名，发表期刊文章 3 篇，软件著作权 1 个，国家级荣誉 2 项，省级荣誉 9 项。6 人成功保送军校硕士研究生。

军选办协调国防生所在三个院系，解决国防

生军政训练和科文学习的矛盾。鼓励国防生积极参与院校活动，国防生军政素质和能力素质都得到了很大提高。

（唐旭丹）

继续教育

2016 年，学校建成位居省内高校前列的继续教育网络教学平台。图为视频课件录制现场。

发展概况 全年累计为学校创造学费收入 890 万余元。

一是成人教育工作。顺利完成 2016 级成教新生录取工作，共录取新生3 034人。新增教学站点 4 个，签订了办学协议。完成 2016 届毕业生的毕业证发放工作，共计2 686人；制订了《湘潭大学成人高等教育学生学籍管理规定》，修订了《成人高等教育合作办学协议》。

二是自学考试工作。全年招收自考助学班学生1 103人；指导各助学点对新生、老生进行注册 824 人，为考生在网上报考共17 755科次；精心组织 210 人完成了自考毕业论文答辩，47 人完成上机实践考核。完成自学考试评卷任务115 747份。为 590 名毕业生办理了毕业证书。组织专家为湖南省自考委员会编写 47 门省考课程的自学考试大纲。

三是教学管理工作。狠抓教学过程管理，修订了《湘潭大学函授、业余专业教学计划》并督促各函授站、教学点认真执行，对函授站点进行了一次教学检查及督导。组织完成了3 000余人的论文指导和答辩工作。湘潭大学继续教育网络教育平台通过初步验收并投入使用。

四是非学历教育培训工作。与湖南新思维职业培训学校合作开办航空服务、商务英语、土木工程、机械（汽车方向）等专业的培训工作，共 15 个班，培训学员 530 人。深入开拓培训市场，与 3 个项目负责人洽谈合作，初步达成了合作意向。

特色工作 初步建成省内高校领先的继续教育网络教育平台。此项工作从 2014 年下半年正式启动，经过实地调研、可行性论证、产品演示、公开招标等环节，长沙出头科技公司中标并展开设计工作，2016 年完成初步验收并上线运行。该平台具备自学考试、成人教育、培训管理、远程教学等四大模块，可完成新生报到、视频学习、课后练习、在线考试、毕业论文等功能。学校继续教育的学生可以通过固定或移动终端，随时登录网络教育平台进行学习、作业、论文、查询等多项活动。学院建设了课件录播室，与校内相关专业的教师签订了课件录制协议，全面展开多媒体课件录制工作。学校继续教育网络教育平台处于省内高校领先水平，目前正在对平台进行深入的调试和完善，并培训各函授站点、自考助学点使用平台。

（刘期达）

学生思想政治教育与管理工作

2016 年 12 月 4 日，湘潭大学·(香港)轩辕教育基金会种子助学基金座谈会在学校举行

发展概况　学校组织开展了以“纪念中国工农红军长征胜利 80 周年”为主题系列教育活动，如学生国防知识竞赛、“橄榄杯”征文竞赛、班级擂台赛等；组织开展了 2016 届毕业生主题教育系列活动和 2016 级新生入学理想信念教育等活动；组织开展了诚信教育、励志教育和感恩教育活动。大力加强学生理想信念教育，利用学工在线网络、微信、QQ 空间等多种形式弘扬正能量，延伸了思想政治教育的时间和空间。承办了教育部“全国高校辅导员示范培训班暨红色文化与中国共产党革命精神教育专题培训班”，及湖南省高校辅导员上岗培训班和湖南省法律法规专题培训班各 1 期。学校荣获湖南省普通高等学校学生思想政治教育研究与实践先进单位称号。

特色工作

一是学生资助工作。学校积极开展各类资助工作，助力大学生成长成才。学校研究生，本、专科学生48 914人次获得各级奖励和资助，奖励资助金额11 132.351万元。同时，帮助 3 660 名完成生源地助学贷款手续，金额为2 869.519万元。学校荣获湖南省资助研究工作先进单位称号。

二是学风建设。学校、院系加强班风、寝风、课堂管理，积极开展课堂考勤、全校学生宿舍卫生纪律大检查，学风建设成效显著。经抽检，学校 2015—2016 学年到课率为 94.28%，2016—2017 学年第一学期的到课率是 95.56%，到课率有所提高，课堂秩序大幅度好转。

三是国防教育工作。学校开展了 2016 年度夏秋季征兵工作，21 名学生从雨湖区征兵办走入军营，荣获湖南省“大学生征兵工作先进单位”称号；组织了 2016 级7 600余新生开展军事训练并圆满完成任务；组织了学校 500 余名学生参加了“徒步韶山行”等。

四是心理健康教育工作。组织重新修订完成《湘潭大学大学生心理健康教育工作实施办法》(湘大学发〔2016〕10 号)，进一步完善了心理危机干预机制。心理教育与咨询中心受理个别咨询 700 余人次，完成网络平台咨询近 100 人次，干预心理危机 44 例，获批湖南省首批大学生心理素质提升示范校建设项目，荣获 2015—2016 学年湖南省高校心理健康教育先进单位称号。

(许红军)

第四部分
科　学　研　究

自然科学研究

2016 年 10 月 25 日，校领导和科技处负责人参加 2016 年中国(长沙)成果转化交易会

基本概况　全年新增科研经费5 178.749万元，其中纵向经费 3 314.2 万元，横向经费1 864.549万元。国家国防科工局和湖南省人民政府再次签署共建协议，学校继续成为“十三五”期间省局共建高校。“军用能源技术”“军用关键材料”“测试计量技术及仪器”“电磁学与微波”等被确定为国防特色学科。新增湖南省重点实验室 1 个、湖南省工程实验室 1 个、联合企业获批湖南省工程技术研究中心 1 个。学校申报的“双创”示范基地获批成为湖南省首批省级“双创”示范基地(高校示范基地)。新增“万人计划”国防科技领域青年拔尖人才计划 1 人、霍英东教育基金高等院校青年教师奖获得者 1 人、湖湘青年英才计划 1 人、省杰出青年基金获得者 1 人。1 人被评为首届湖南省优秀科技工作者、2 人获第十届湖南省青年科技奖。SCI 收录论文 477 篇、全国排名第 106 位，EI 收录论文 477 篇、全国排名第 85 位，SCIE 论文被引29 038次，全国排名第 79 位。获得湖南省科技奖励 8 项(二等奖 5 项、三等奖 3 项)、湖南省专利奖三等奖 1 项、行业协会科技奖励 1 项、湘潭市科技奖励 6 项。申请各类知识产权 531 件，其中发明专利 310 件、实用新型专利 112 件、外观设计 19 件、软件登记 80 件、集成电路布图保护 10 件。授权各类知识产权 446 件，其中授权发明专利 129 件、实用新型专利 189 件、外观设计 35 件、软件登记 83 件、集成电路布图保护 10 件。完成科技成果登记 32 项，其中教育部成果登记 2 项、湖南省成果登记 30 项。申请省市专利资助 373 项，获资助经费 43.99 万元。

科技项目　全年各类纵向科研项目共立项 283 项，直接经费3 314.2万元。其中：国家级项目 59 项，直接经费1 975.7万元；省部级项目 50 项(另有合作的 5 项省战略性新兴产业项目尚未到账，不知道具体分配金额)，经费 646 万元；地市级项目 72 项，经费 259 万元；校级项目 102 项，经费 433.5 万元。

平台建设　获批“焊接机器人与应用技术”湖南省重点实验室、“复杂重金属废水高效净化技术与应用”湖南省工程实验室。联合企业获批“铅锂电池资源高效循环利用”湖南省工程技术研究中心。目前学校共有各类科研平台 67 个，按建设层次分别是，国家级 4 个、省部级 28 个、地厅级 10 个、校级 25 个。按归口部门分别是，国家科技部 1 个、国家发改委 3 个、国家教育部 6 个、省科技厅 12 个、省发改委 7 个、省国防科工局 3 个、省教育厅 10 个，学校 25 个。

团队及人才　在人才培养方面，新增湖湘青年英才计划人选 1 人，自 2013 年省科技厅设立湖湘青年人才计划以来，学校每年都有科研人员入选，目前共有 5 人入选。获批省杰出青年基金 1 人，至此学校省杰出青年基金获得者增至 16 人。获霍英东基金高等院校青年教师奖 1 人，这是学校教师连续两届获此奖项。在团队建设方面，目前共有 4 个教育部创新团队(含 1 个培育团队)、4 个湖南省自然科学基金创新研究群体、7 个湖南省高校科技创新团队，各类创新团队的数量均为湖南省省属高校第一。

技术贸易服务　全年共签订各类技术合同 195 项，其中技术开发 58 项、技术转让 12 项、技术服务咨询55项，其他合作类协议70项，签约经费1 864.549万元，到账经费1 403.864 4万元。此外，围绕创新驱动和湖南省“两型”社会及长株潭自主创新示范区建设发展战略要求，与湖南恒晟环保科技股份有限公司成功申报“废蓄电池铅膏精细分选与废酸综合利用关键技术研究”湖南省战略性新兴产业重大科技成果转化项目，批准经费200万元；为推进产学研工作，首次设立湘潭大学“产学研提质专项”资金支持项目，资助金额200万元。

为促进湖南省“两型”社会建设，推动湖南省废蓄电池资源的清洁再生与综合循环利用产业的发展，发挥校企各自优势，学校与湖南江冶机电科技股份有限公司共同获批了“湖南省电池资源清洁循环工程技术研究中心”；与湖南恒晟环保科技股份有限公司签订协议共建“湘潭大学·湖南恒晟环保科技股份有限公司产学研合作基地”。

为贯彻落实“大众创业、万众创新”政策措施，充分发挥学校“双创”的供给侧作用，激发科研人员创新创业的主动性和积极性，实现“培育－孵化－转化”相链接的科技创新体系，学校申报湘潭大学“双创”示范基地并获批为湖南省2016首批省级“双创”示范基地（高校示范基地），获得经费资助100万元。

科技成果转化　密切加强与地方科技管理部门及高新园区、经开区的联系，特别是与湘潭市、株洲市、浏阳市、郴州市、怀化市、湘潭高新区、株洲动力谷等20余家地方政府、园区及园区企业保持紧密合作关系。

积极主动“请进来”。2016年，主动邀请并接待了中国有色金属工业协会再生金属分会、湖北大力客车股份有限公司、湖南江冶机电股份有限公司、湖南恒晟环保科技有限公司等单位的企业家代表来校洽谈合作，充分利用这些机会向企事业单位推介学校相关专家与成果，积极促成产学研合作。

精心组织“走出去”。经科技处与湘潭高新区多次磋商，并对企业进行前期摸底调研，根据企业合作意向，组织理工科院系科研人员20余人分别赴湘潭新昕通用电气有限公司、湘潭银河新能源有限公司、湘潭方棱聚氨酯机器有限公司等三家企业开展产学研合作交流，校企双方洽谈气氛热烈，其中湘潭新昕通用电气有限公司与机械工程学院工业设计领域的老师当场达成了初步合作意向。

此外，组织参加2016年全国大众创业万众创新活动周（湖南分会场），学校产业化成果“废旧铅酸蓄电池清洁再生及资源高效循环技术装备”“莲子去芯机”等在会上展出，获得广泛好评；组织参加2016中国（长沙）科技成果转化交易会，在湖南省知识产权交易中心公共服务平台上线暨项目对接会分会场，学校分别与湖南汇博电子技术有限公司、湖南省浏阳市择明热工器材有限公司现场签约合作项目，单项签约金额均超过100万元。湖南省知识产权交易中心公共服务平台正式上线也预示着学校科技成果（知识产权）交易转化可以利用此载体优势在线上线下同时进行，这将对提高学校成果转化率大有助益；参加第十届中国产学研合作创新大会，王先友教授因在产学研合作方面的突出成绩获得产学研合作促进（个人）奖。

产学研工作始终注重鼓励科研人员“走出去”和科技成果转化与产业化，发挥学校“智库”作用与服务地方功能。2016年精心选派7位科技特派专家进驻湘潭锅炉有限责任公司、湖南丹华农资有限公司、湘潭和利诚机电科技有限公司等7家湘潭地区企业，为其提供专项技术指导与服务；根据《湘潭高新区智库建设方案》，由学校推荐，湘潭高新区选拔聘请欧阳晓平院士、李正教授等共计8位专家为智库专家，促进其科学民主决策；为贯彻落实湖南省委实施精准扶贫的要求，学校与湖南武陵山森之源林业科技开发有限公司签订科技合作协议书，共同建设“湘潭大学珍稀苗木产学研合作基地”，旨在有力推进龙山县现代和特色农林业产业升级与快速发展，实现科技扶贫。

在科技成果转化与产业化方面，基于湘潭海泡石产业和槟榔产业特色，罗和安教授团队与湖南鸿雁海泡石科技有限公司共同承担研发“基于海泡石催化新材料关键技术研究及应用”项目；马秋成教授团队的专利技术“一种具有定位功能的槟榔切片机”成功在湖南宾之郎食品科技有限公司应用转化，大力推进了湘潭地区优势特色产业的发展。

科技成果产出 据中国科学技术信息研究所《2015 年度机构产出统计报告》显示，2015 年度学校有 477 篇论文被 SCI 数据库收录，全国高校排名第 106 名；477 篇论文被 EI 数据库收录，全国高校排名第 85 名；13 篇文章被 CPCI－S 数据库收录，全国高校排名第 351 名。2006—2015 年度，学校有3 187篇 SCIE 论文被引用29 038次，在全国高校排名第 79 名。此外，学校 152 篇论文被 CSCD 核心数据库收录、出版学术专著 4 部。

全年申请各类知识产权 531 件，其中发明专利 310 件、实用新型专利 112 件、外观设计 19 件、软件登记 80 件、集成电路布图保护 10 件。授权各类知识产权 446 件，其中授权发明专利 129 件、实用新型专利 189 件、外观设计 35 件、软件登记 83 件、集成电路布图保护 10 件。完成科技成果登记 32 项，其中教育部成果登记 2 项、湖南省成果登记 30 项。申请省市专利资助 373 项，获资助经费 43.99 万元。

科技奖励 组织申报湖南科学技术奖励 11 项，其中自然科学奖 8 项（王先友、喻祖国、郑学军、周勇、刘黎、钟建新、高协平、王金斌）、科技进步奖 3 项（其中联合申报 2 项）；申报湖南省光召奖 1 项（黄云清）；申报湘潭市科技奖励 6 项（其中联合申报 4 项）；其他行业协会奖励 2 项。获得湖南省科技奖 8 项（二等奖 5 项、三等奖 3 项）、湖南省专利奖三等奖 1 项、行业协会科技奖励 1 项、湘潭市科技奖 6 项。

军工科研 国家国防科工局和湖南省人民政府再次签署共建协议，学校继续成为“十三五”期间省局共建高校。“军用能源技术”“军用关键材料”“测试计量技术及仪器”“电磁学与微波”等被确定为国防特色学科。

军工资质方面。顺利通过了北京军友诚信质量认证有限公司对我校质量体系认证证书的监督审核；对具有二级保密资格的兄弟院校进行了调研考察，拟定了申报二级保密资格单位的初步方案，对科技处保密要害部位按照二级保密资格要求进行了保密防护设备升级改造；邀请省保密局领导到校做保密知识讲座。

军工科研方面。获批 2016 年度省军民融合项目 1 项（经费 43 万元）；获批军委装备发展部预研基金项目 2 项（其中重点项目 1 项，经费 240 万元；一般项目 1 项，经费 30 万元）；与四川绵阳中国工程物理研究院惯约实施管理中心签订专项研究合同，经费 90 万元。学校 3 个湖南省国防科技重点实验室通过考核评估，其中 1 个优秀、2 个合格。1 人入选国家“万人计划”国防科技领域青年拔尖人才计划；派遣专家到湘潭江麓机电集团有限公司、江南兵器工业集团等公司开展技术指导和科技攻关。

奖项申报方面。获得 2014 年度湖南省国防科学技术进步奖一等奖 1 项；周益春教授课题组申报国家国防科技工业局 2016 年度国防科学技术发明奖 1 项。

科协与学术交流 积极做好科学普及工作，全年组织了科技活动周和科普日活动。积极支持老年科协、学生科协等举办了第十二届“挑战杯”大学生创业计划竞赛、第五届“小发明 · 大创造”科技创新等系列活动，丰富了师生业余生活。

9 月 6 日组织召开了第五届校科协委员会会议，会议增选费俊杰同志为科协第五届委员会副主席，增选许斌同志为科协第五届委员会委员，同意魏晓林同志辞去第五届科协委员会秘书长职务，提名许斌同志任第五届科协委员会秘书长。罗和安、章兢、费俊杰、王金斌、黄荣五位同志参加了湖南省科协第十次全省代表大会，王金斌当选为湖南省科协第十届全省委员会常务委员，王金斌、费俊杰、黄荣三位同志当选为湖南省科协第十届全省委员会委员。王先友教授被评为首届湖南省优秀科技工作者；邓国军教授、杨丽教授获第十届湖南省青年科技奖。成功举办了湖南省高校科研与科技产业协会 2016 年常务理事会议。

制度建设与日常管理 加强制度建设，新制订了《湘潭大学中央财政科研项目资金管理办法》《湘潭大学省级财政科研项目资金管理办法》《湘潭大学横向科研项目资金管理办法》。

积极办会，扩大影响。举办了国家自科基金数理学部重大研究计划项目评审会，共有国家自科基金委领导和相关专家30余人参会，会务组织工作得到上级领导和专家的高度肯定。举办了全国地方高校科研工作研讨会，共有来自全国29个省市自治区54所高校的70余名科技管理工作者对地方高校“十三五”期间科研工作进行了研讨。学校成为新一届湖南省高等学校科研与科技产业协会会长单位。

常规工作创新做。依托科研项目数据库，实现从项目申报、立项到结题的全过程动态信息化管理。定期深入院系检查项目实施情况，掌握项目进展情况、经费使用情况，了解研究中遇到的问题，帮助科研人员解决实际困难。对横向项目进行过程管理，从项目洽谈、合同起草，科技处会同法律顾问和项目负责人与合作方紧密联系，共同完成合同的审核签订，对合同执行、项目进展、经费到账、项目完成结题验收全程跟踪，保证管理的规范和效率。在处领导的带领下深入各学院调研，宣传科研项目和科研奖励申报的政策，并组织发动申报。

（苏绪霞）

人文社会科学研究

发展概况　一是高级别项目申报再创佳绩。全年新增社科研究经费1 574万元，新增各级各类社科项目225项，其中，社科类国家基金项目31项（含社科重点3项、自科管理学部1项）；社科年度项目数居全国高校第36位、全省第2位，重点项目立项数居全省首位，后期资助项目居全国第3位和全省首位。

二是高水平科研成果量质齐升。全年出版社科著作56部，新增社科论文680篇，其中CSSCI源刊论文383篇（含一类、二类期刊论文140篇）；新增SSCI源刊论文12篇（较2015年增加5篇）；全年共有55个省部级以上项目通过结题验收，其中国家级12项、省部级43项。

三是高层次平台建设再结硕果。毛泽东思想研究中心顺利通过教育部评估，中心“十三五”规划得到教育部同意批复，教育部人文社科基地重大项目获批40万元经费资助；新增2个合作共建研究基地：与最高人民法院合作共建多元化纠纷解决机制研究基地；与国家旅游局合作共建中国红色旅游创新发展研究基地。

四是服务社会经济发展能力态势喜人。毛泽东思想研究中心、中国共产党革命精神与文化资源研究中心、地方立法与区域社会治理研究中心、公共管理与区域经济发展研究中心、政府绩效评估与管理创新研究中心等5个研究机构入选中国首批智库索引（CTTI）；获批“为推进‘四个全面’献策”和“为省第十一次党代会献策”重大招标、委托项目5项，“研究阐释省第十一次党代会精神”省社科基金重大招标项目6项（全省第一）；全年共有9份研究成果获得省部级以上领导肯定性批示或采用。

五是社科学术交流呈新景象。全年积极承办各类高水平社科学术会议20余场次，邀请国内外专家赴学校交流逾100余次，举办韶峰论坛100余场。

工作特色　一是激励落实到制度，抓好两层项目管理。先后出台《湘潭大学哲学社会科学发展繁荣计划（2011—2020）》《湘潭大学“十三五”科研发展专项规划》《湘潭大学科研体制机制改革方案》，从战略高度与制度层面为国家级项目营造政策环境和制定发展目标；从科研配套、科研津贴、科研奖励、目标考核和职称评审等多方面着手，完善科研管理制度，从考核、奖惩和晋升层面为国家级项目管理保驾护航。

二是动员落实到过程，开好两类申报会议。在每年的国家级项目申报季，社科处召开项目申报动员大会，根据项目申报条件和学校相关政策，为不同年龄、职称的科研人员提供申报建议；以学科为单位，社科处联合学院组织召开形式多样的项目论证会议，全方位、多途径地帮助课题组提高项目论证质量。

三是辅导落实到人员，做好两种专题培训。社科处通过整理编辑申报范本，组织知名专家讲座，为项目申报人员普及申报经验和技巧；针对社科近3~5年新入职的青年博士群体，社科处还组织了三次项目申报辅导，分20个专题讲解申请书撰写方法与知识。

四是预审落实到专家，做好两轮申报评审。申请书撰写完成后，各学科组织校内同行专家对论证活页提出修改意见和建议，确保申请书的高质量；在此基础上，社科处将项目申请书送到校外听取知名专家意见，帮助课题组提高项目申请书的论证水平。

（王向前）

第五部分
学院（系）、教学部情况

哲学系

2016年12月13日至14日，哲学系举办首届隐山论坛之"湖湘学派与湖湘文化"全国学术研讨会

发展概况 哲学学科为湖南省重点学科、特色专业，有哲学一级学科博士点，哲学一级学科硕士点，社会工作专业硕士学位点，哲学和社会学2个本科专业。哲学系加强师资队伍建设，引进了1名博士充实师资队伍。学术交流活跃，邀请了江怡、孙伟平、朱汉民、谢地坤等专家讲学，以扩大师生的学术视野；联合市社科联、校社科联主办了首届隐山论坛之"湖湘学派与湖湘文化"全国学术研讨会。人才培养和学位点建设稳步推进。2012级考研率24.56%，其中8人保送985名校。2014级哲学班张俊哲主持的"大学生微商创业面临的问题及其对策研究"获批国家级大学生创新创业训练计划项目。科学研究成绩良好，哲学系教职工发表论文的数量、质量都创新高，共发表论文50篇，其中CSSCI论文15篇；出版著作4部。获准立项的校级以上项目11项，其中国家社科基金重点项目1项、后期资助项目1项。学生工作有所突破。团委书记黎益君成功获批2016年度全国学校共青团研究课题立项，获湖南省第五届高校辅导员职业能力大赛初赛冠军。举办第二届哲学系系友奖、助学金评选和颁奖工作，为31名在校本硕博同学发放系友奖、助学金7.8万元。

特色工作 让传统文化进入课堂教学。率先在全校开设"国学概论"课程，并联合其他兄弟院系在文科专业推广，在潜移默化中用传统文化中的优良价值观和当今社会主义核心价值观来引导学生的发展。让传统文化融入网络思政。针对当代大学生在"微时代"广泛使用新媒体，成立了"无'微'不至"辅导员名师工作室，利用自媒体，积极引导大学生践行社会主义核心价值观，微信公众号"hello黎叔"，推送的"hello大学""hello军训"一经推出深受大学生欢迎与好评，转发点赞阅读量超2 500人次。让传统文化深入校园活动。注重传统文化与学科专业特色结合，精心开展"哲学文化周""国学文化月"等校园文化活动，积极培育和践行社会主义核心价值观。首届国学文化月活动由"成语诗词争霸赛""诗文征稿大赛"和"最美古风照评选"3个子活动组成，吸引全校15 000名学生现场和网络参与。

（黎益君）

商学院

发展概况 学院现有理论经济学、统计学2个一级学科博士点，理论经济学、统计学博士后科研流动站，5个一级学科硕士学位点，教育经济与管理硕士学位点和MBA、MPAcc和MF 3个专业硕士学位点；有9个本科专业，其中2个省级重点专业，2个省级特色专业，1个国家级特色专业，2个省级重点学科。有湘潭大学经济管理实践教学中心(国家级实验教学示范中心),5个省级研究机构,4个校级研究机构。学院70%以上教师拥有半年以上海外留学或访学经历,7位教师从境外获得博士学位。

特色工作 一是研究生培养工作成效显著。制订了院硕士生导师和博士生导师遴选细则,新增硕士生导师6人。完成了新一轮学术型学位硕士研究生与博士研究生培养方案修订工作,实现了分层分类、突出特色的培养目标。组建了2016级研究生实验班,并举办了湖南省2016年微观计量经济学研究生暑期学校。重视专业学位硕士培养案例教学,院教师开发的案例中有3篇入选会计专业教学案例库,1篇获全国金融教指委优秀案例奖,学生参加专业性案例大赛多次获一等奖。

二是科研工作聚焦国际化、特色化。学术交流国际化层次不断提升,邀请了耶鲁大学终身教授陈志武等近百名海内外知名学者来院进行学术交流,与北京大学国家发展研究院联合举办第五届(2016年)专题学术研讨会暨中国经济发展青年学者论坛、组织召开中国经济创新发展研讨会暨湘潭大学商学院首届学术界校友论坛等多场学术活动,全年举行了51场学术讲座。商学院新增6项国家级项目、11项省部级项目、5项地厅级项目、10项横向项目。学院教师以独著或合著的方式共发表SSCI期刊9篇,创历年新高。发表中文期刊一类期刊3篇、二类期刊30篇、CSSCI期刊43篇、人大复印资料全文转载2篇、《湖南宣传动态(社科成果要报)》1篇、省部级重要领导人批示成果1篇,出版专著5部,3人获湖南省第十二届社会科学优秀成果奖。

三是开创校友工作新局面。积极筹划多种校友活动,全年共接待校友回校32次,发动多个校友班级资助在校学生。成功举办湘潭大学商学院首届学术界校友论坛和商学院历届学生干部校友返校交流活动,赴深圳、佛山、长沙等地开展校友联络工作,开设名师大讲堂,举行讲座3场。与MBA校友建立了定期联系,成立了校友分会。

(唐文娟)

2016年10月29日,中国经济创新发展研讨会暨湘潭大学商学院首届学术界校友论坛在湘潭大学召开

法学院·知识产权学院

发展概况 学院获批法学博士后科研流动站,并被教育部批准为"地方法学人才培养模式创新试验区"和"高等学校法学特色专业建设点"。学院拥有2个省级社会科学重点研究基地,5个省级社会科学研究基地,拥有全国唯一的"中国-非洲法律理论研究与人才培训基地"。

特色工作 一是学科、学位点建设和科研平台建设。国家项目立项5项,其中国家重大招标项目1项、国家社科一般项目4项、国家社科后期资助1项。科研经费180万元;省部级项目立项10项,经费34万元;地市级项目立项4项,经费12万元;横向项目5项,经费45万元:共计271万元。

二是师资建设。本年度王霞教授、肖伟志副教授和邓春梅副教授先后赴美国俄亥俄州立大学、台湾东吴大学访学;学院根据学科学位点建设的需要,加大高学历、高职称人员尤其是学术带头人、学科带头人的引进。本年度分别从中国人民大学、武汉大学、日本中央大学、意大利罗马第一大学引进博士9人。

三是国内外学术交流。穆远征、林艺芳、吕晓刚应邀参加“刑事诉讼法实施三周年回顾与展望”研讨会;成功主办湖南省法学会宪法研究会“依宪治国与地方立法”研讨会;刘海鸥受邀参加中国环境科学学会环境损害鉴定评估专业委员会成立仪式暨第一届学术年会;刘友华入选国家知识产权专家库专家;最高检邱学强副检察长视察我院司法反腐研究基地;最高人民法院多元化纠纷解决机制研究基地落户学院;肖冬梅一行参加2016知识产权“南湖论坛”国际研讨会;罗欢平应邀出席中国商法学研究会2016年年会并当选为新一届理事会理事;知识产权制度与知识产权运营国际研讨会在学院召开;王国征应邀参加第一届海峡两岸民事诉讼论坛;非洲法律与社会研究中心成员参加“2016中非法学院院长论坛”;澳门城市大学法学院院长Gouveia教授来学院非洲法研究中心考察交流。

四是教育教学。学院代表队荣获“法源杯”第四届全国大学生模拟法庭竞赛三等奖;肖冬梅教授、廖永安教授、刘友华副教授、覃斌武博士、肖伟志副教授共同完成的成果——“立足国家战略急需,协同多方主体,培养复合型知识产权实务人才”,荣获湖南省第十一届高等教育省级教学成果一等奖;吴建雄、廖永安教授获最高人民检察院理论研究成果一等奖。

(田坤)

2016年4月,多元化纠纷解决机制研究基地落户学校法学院。最高人民法院副院长李少平、省人大常委会副主任谢勇、省高级人民法院院长康为民、校长黄云清为基地揭牌

马克思主义学院

发展概况 现有教职工51人,其中专任教师42人,教授12人,副教授15人,在籍研究生136人。有1个国家重点(培育)学科,1个湖南省“2011协同创新中心”,2个教育部人文社科重点研究基地。设有马克思主义中国化研究二级学科博士点、马克思主义理论一级学科硕士点以及思想政治教育本科专业。学院是全国高校思想政治理论课骨干教师社会实践研修基地(湖南)。1个教学科研团队入选教育部示范马克思主义学院优秀教学科研团队,1项教学成果获湖南省教学成果一等奖,启动“领航讲堂”建设并获湖南省高校宣传思想工作优秀案例,承办了全省高校“毛泽东思想和中国特色社会主义理论体系概论”课开放课堂建设,举办了“讲话精神热校园”微课创意大赛、纪念长征胜利80周年研究性学习报告等系列教学活动。新增各级各类项目18项,其中国家社科基金重点项目1项、一般项目1项,发表学术论文50余篇,出版专著2部、合著2部,出版《毛泽东论坛》2辑,《毛泽东研究》(咨政内刊)14期,1项成果获湖南省第十二届社会科学优秀成果奖。主办了第九届“全国毛泽东论坛”,承办了“错误思潮对青年大学生的影响、路径与对策”学术研讨会。

特色工作 一是“领航讲堂”建设。2016 年 4 月启动建设，主要聚焦时政热点和社会主义核心价值观主题，传播科学真理和主流价值，增强大学生“四个自信”，彰显“立德树人、领航筑魂”宗旨。全年共举办讲堂十期，获评为湖南省高校宣传思想工作优秀案例。

二是“五表率五禁止”行为规范。2016 年 4 月，学院制定实施了思想政治理论课教师“五表率五禁止”行为规范。学院将“五表率五禁止”作为新进教师岗前培训的“必修课”，纳入教师教学安排、年度考核、职称评聘、评奖评优等工作，努力使之成为教师的基本遵循、自觉意识和价值追求。

三是思政课骨干教师社会实践研修。“思想政治理论课教师社会实践模式研究”成功入选教育部示范马克思主义学院优秀教学科研团队，承办了 2016 年度教育部研修培训活动，初步形成了以“沿着伟人的足迹”为主题，以“伟人故里”和“成长之路”路线为重点，以革命传统教育、爱国主义教育和党性教育为特色的“湘大模式”。

（张佑祥）

2016 年 12 月 24 日，由学院主办的第九届全国“毛泽东论坛”在韶山召开，论坛主题为“思想建党与制度治党——从全面从严治党看毛泽东党建思想的当代价值”

文学与新闻学院

2016 年 10 月 20 日至 22 日，由省教育厅主办、湘潭大学承办的“湖南省首届大学生写作竞赛”在湘潭大学举行

发展概况 文学与新闻学院领导班子始终把学科学位点建设视为头等大事。2016 年 3 月，中国语言文学一级学科获得湖南省“十二五”重点学科验收“优秀”结论。同时，积极投入国家的学科评估工作，积极准备 2017 年的一级学科博士点申报工作。大力引进人才，师资队伍持续得到加强。

文学与新闻学院始终坚定不移地把握科研导向，在科研奖励、资助方面也达到空前力度。积极组织教师申报项目，想方设法提高申报的成功率。2016 年获得国家社科基金项目 3 个，获得省部级科研项目 6 个。同时还获得省社科成果奖二、三等奖共 3 项。出版专著 8 部，发表 CSSCI 期刊论文 26 篇，其中二类期刊以上论文 10 篇。全年举办学术报告 31 场。

重视和支持教学工作，获得省级教改项目 3 项（含重点 1 项）、研究生教改项目 1 项，取得省级教学成果奖一、三等奖各 1 项。与湘潭广播电视台合作共建省级人才培养基地，拍摄了系列电视片。全校性基础写作课教学成果——大学生优秀作文集《同学少年》第2部正式出版。申报全国高校优课联盟首届慕课课程“写作”获得立项资助。扩大与新闻界、广告界合作，继续开设由业界专家讲授的实务前沿系列讲座。文学与新闻学院学生参加各类竞赛获得国家级奖14项，省级奖一等奖4项、二等奖4项、其他奖13项。新增湖南省大学生、研究生科研创新项目共2个，湖南省优秀硕士学位论文1篇，硕士获国家奖学金人数8人。

特色工作　文学与新闻学院向教育厅成功申报设立湖南省第一个中国语言文学学科官方省级学科竞赛，被指定为赛事联系单位，并承办了“全省首届大学生文学评论写作竞赛”，取得一、二、三等奖多名和优秀组织奖的好成绩。

新增国家精品视频公开课、国家资源共享课共2门。到目前为止，文学与新闻学院已拥有1门国家精品课程、3门国家精品视频公开课、1门国家精品资源共享课与2门国家“马工程”“精彩一课”。

（李剑波）

外国语学院

2016年3月1日，外国语学院学术委员会成立合影

发展概况　湘潭大学外国语学院成立于2016年1月，其前身分别为湘潭大学外国语学院和湘潭大学大学英语教学部。现有英语、日语、德语、法语、西班牙语、汉语国际教育、翻译等7个本科专业和外国语言文学一级学科硕士点和翻译硕士（MTI）专业学位硕士点，与文学与新闻学院共建有比较文学与世界文学博士点，自主设立外国语言与文化二级学科博士点，外国语言文学为湖南省“十二五”省级重点学科。英语专业为国家级第一类特色专业，湖南省省级重点专业，英语专业教学团队为国家级教学团队；大学英语教学团队为湖南省高等学校优秀教学团队；2011年获得教育部大学英语教学改革示范点立项；“综合英语”“大学英语”2门国家级精品课程，同时入选教育部第一批“国家级精品资源共享课”；建有“认知语言学”和“跨文化交际学”省级精品课程。

特色工作　以学校统筹推进“双一流”建设和深化综合改革为学院工作的大背景，以“两学一做”为契机，严格按照巡视整改要求，快速推进“深度融合”的落实。完成了系部设置，成立了语言中心；形成以《湘潭大学章程》为纲领的规范的内部制度体系；编制了学院“十三五”改革发展规划；举办提升教师职业能力的系列讲座30余场；成功举办了《当代外国文学》2016年专题论坛；完成了一级学科硕士学位授权点合格评估；制定了学院绩效工资分配方案；2人获批国家公派留学联合博士培养项目；法语和英语专业获批湖南省“海外名师项目”；1人被评为学校优秀教师；5人到国外名校访学；引进名校优秀博士1人；获国家社科基金项目2项、教育部人文社科基金项目2项；发表高水平学术论文20余篇，其中一类期刊论文1篇，出版学术专著1部；获省级教学成果三等奖1项；获省部级以上教改课题4项；西班牙专业顺利通过了新专业评估；2016届本科毕业生考研率26.27%，就业率95.29%；2016届研究生就业率97.10%。

学生在各类外语学科竞赛中获得国家级奖10余项,省级奖励30余项。学生管理队伍中,1人获得国家二级心理咨询师资格、1人获得国家三级心理咨询师资格;获得省高校思政研究课题1项;1个班级被评为学校"十佳班级";院分工会获学校"先进工会组织"称号。

(唐聪)

艺术学院

2016年7月1日,湖南省原省委常委、组织部部长郭开朗观看艺术学院"两学一做"学习教育专题作品展

发展概况 艺术学院现有教职工35人,专任教师28人,特聘教师9人。教授7人、副教授10人,博士及在读博士3人,享受国务院政府津贴的专家1人,中国数字艺术设计工程师专业技术资格认证专家委员会专家1人;有艺术设计学、视觉传达设计和动画3个本科专业,有艺术学专业硕士学位点(MFA),在校本科学生680人,研究生28人。

特色工作 一是完善"O乐O"线上线下互动式教学平台,推进教育教学改革。进一步完善了互动式教学平台"O乐O"建设与推广工作,并录制了86堂视频课。

二是探索构建"艺买网",搭建大学生创新创业实训平台。撰写了构建艺买网可行性分析报告,成功注册了艺买网商标,为搭建创新创业实训平台奠定了坚实基础。

三是学科竞赛进课堂教学模式成熟,成果斐然。"学科竞赛进课堂"和"横向课题进课堂"已经成为我院的教学特色。教师获"全国高等学校数字艺术设计大赛"二等奖1人;学生作品获国家级特等奖1件,一、二、三等奖共155件,省级一、二、三等奖共26项。

四是加强国际国内艺术交流,拓宽教学平台。(1)与韩国公州大学签署了艺术专业"优本生"交换及"2+2"合作办学意向书。(2)与东华大学、上海大学等高校开展了教育教学改革交流活动。(3)巩固和加强与"常德华智动漫建立人才培养基地",出版发行二十六集动漫连续剧《雷锋》并在国内电视台公开播映。(4)与国合跨境文化产业股份有限公司建立了大学生艺术创作实践基地。

五是重视科研,充分挖掘教师的科研潜能。在省级以上期刊发表论文21篇,其中发表SCI论文1篇,在一、二类期刊上发表画作13个彩版。获湖南省社科基金2项,省教育厅项目4项、省级教改项目2项,校级项目4项,经费14.5万元。六是加强横向联系,服务区域经济。完成横向课题9项,如"湘潭市创建文明城市""里耶古城遗址""雷锋""浏阳菊花石"创新设计研究等横向课题。

七是创新思政教育载体,推进大学生思想政治教育。结合专业特点,举办"两学一做"学习教育,纪念红军长征胜利80周年专题作品展,创建了德艺先锋"红苹果"乐创园大学生思政教育基地。

(尹晓燕)

历史系

2016年11月11日,历史系2016年"历史系主任(院长)奖"颁奖仪式在学校图书馆报告厅举行

发展概况 全职教职员工43人,其中教授11人,副教授10人,讲师17人,具有博士学位的教师26人。有历史学、中共党历史、国际事务与国际关系、文化产业管理等4个本科专业,在读本科生600余人。有中国史、世界史、政治学3个一级学科硕士点和中共党史博士点,在读研究生200人。中共党史专业为国家二类特色专业,历史学专业为省级特色专业,中国史学科为省级重点学科,"湘学研究基地"为省级重点研究基地。有"湖南省美国问题研究中心湘潭大学研究基地""湘潭大学曾国藩研究中心""湘潭大学中共党历史研究院"等研究机构。设有面向全系本科生和研究生的"历史系主任(院长奖)"和"历史系系友奖助学基金"。

特色工作 面向全校学生开设"当代世界经济与政治"课程,在本科生中设立系级"大学生研究性学习和创新性实验"项目。开展学位点审核评优的自查和自纠工作,进一步规范研究生培养过程。试行研究生动态奖学金制度,出台《历史系研究生培养及管理工作的若干规定(试行)》。

雷炳炎教授获国家社科基金课题1项,罗玉明教授、李斯博士、熊元彬博士、喻珍博士分别获得1项国家社科基金后期资助项目,创建系以来国家社科基金项目最好成绩。雷炳炎教授的科研成果获湖南省社会科学优秀成果二等奖。朱陆民教授的2项科研成果被湖南省委办公厅采用。宋银桂教授、彭先国教授、陈育红副教授作客凤凰卫视中文台,讲述民国时期的几位传奇女性。

2016年1月,与湘潭市社科联、湘潭市文化发展研究会共同主办"明清时期金湘潭现象学术研讨会"。7月,承办"海南省地方党史编撰研讨会"。11月,主办"湘学与当代区域学术史研讨会"和"学术期刊与史学研究座谈会"。12月,与湖南省社会科学院思想文化研究所、湖南人文科技学院联合主办"2016第二届全国曾国藩家教论坛"。广西壮族自治区河池学院政治与历史文化学院部分教师来我系就历史专业建设、人才培养方案制定、专业课程改革与建设、服务地方经济社会发展等方面的情况进行座谈与交流。邀请国内知名学者讲学12人次。历史系教师参加"湖南省纪念红军长征胜利80周年学术研讨会"和中共党史学位点建设座谈会等学术活动。

(胡剑)

旅游管理学院

发展概况 湘潭大学旅游管理学院下设旅游管理系、酒店管理系和人力资源管理系，以及旅游科学应用研究所、人力资源管理研究所、中国红色旅游创新发展研究基地、湖南省社科重点研究基地“湘潭大学红色旅游研究中心”等教学、科研机构；设有旅游管理、人力资源管理、文化旅游和旅游管理专业学位（MTA）等4个硕士点；开办旅游管理、酒店管理和人力资源管理等三个本科专业，其中旅游管理专业为国家一类特色专业和湖南省重点专业。学院在校学生规模1 033人，教职工37人，其中教授6人，副教授9人，博士及在读博士23人，拥有湖南省“百人工程”学者1人，湖南省“121人才工程”入选教师1人，湖南省青年骨干教师2人，湖南省旅游规划咨询评审专家4人，湖南省旅游首席专家团成员2人，湖南省休闲农业协会专家委员会成员2人，湖南省高级导游员1人，湖南省“万企联村”专家顾问团成员2人。

特色工作 主持各级各类课题21项，到账经费共计107.2万元。其中横向课题3项，到账经费38.1万元；纵向课题18项，包括国家教育科学规划课题1项，湖南省社科项目、湖南省社科评委会等省级课题7项，湖南省教育厅等地厅级项目3项，到账经费共计87.2万元。发表论文61篇，其中二类期刊论文3篇，人大复印资料2篇，CSSCI来源期刊论文9篇，CSCD期刊论文2篇，其他期刊论文46篇。出版著作、教材6本，其中著作2本，教材4本。

获得湖南省教学成果三等奖1项、湖南省普通高校教师信息化教学竞赛理论教学组一等奖1项，获批湖南省普通高等学校教学改革研究项目1项、湖南省教育科学“十三五”规划课题立项2项。旅游管理学术型硕士学位点通过2016年教育部学科组评估；首批招收文化旅游交叉学科硕士研究生；获湖南省研究生科研创新项目立项1项、湘潭大学研究生会暑期项目立项8项、大学生创新创业计划训练项目立项3项，获得第三届湖南省大学生旅游类学科综合技能竞赛一、二、三等奖各1项。

主办全国性学术会议1次、省级红色旅游规划培训会议1次，参与各项教学科研会议20余次。获设国家级红色旅游重点研究基地即中国红色旅游创新研究基地1个，承担并完成全国红办重点委托项目1项、湖南省红色旅游发展规划及地方“十三五”编制规划课题近10项。

（李双清）

公共管理学院

发展概况 紧紧围绕学校统筹推进“双一流”建设和深化综合改革总体部署，着力实施内涵、品质、高端发展三大战略，奋力推进学科建设和人才培养质量体系。学院有两个一级学科博士点，3个一级学科硕士点，2个专业硕士学位点，7个本科专业，公共管理一级学科博士后流动站。行政管理专业为国家级特色专业、湖南省“十三五”专业综合改革试点专业，图书馆学专业为省级特色专业。全年新增CSSCI论文55篇，在人民出版社、中国社会科学出版社出版学术著作9部。获国家社科基金项目5项、湖南省社科基金重大招标项目1项、湖南省社科成果评审委员会重点项目2项。2项成果获省部级领导肯定性批示。引进高学历人才2人，2人晋升教授职称，2人晋升副教授职称。颜佳华教授当选为全国公共管理专业硕士(MPA)教学指导委员会委员。拥有4个省级研究机构。

特色工作 一是深化中印社会治理研究及相关国际学术交流取得新成效。服务国家“一带一路”战略,充分整合优势资源,将印度研究作为公共管理学科社会治理研究的新增长点,布局推进中印社会治理比较研究,不断拓展与印度德里大学的学术交往和联系。成功开展对印度德里大学的学术访问,刘长青教授和盛明科教授受邀出席中印商务理事会联络办公室(湖南)揭牌仪式。

二是推进新型智库建设以提升政策咨询能力获得重大突破。瞄准国家和地方政府重大公共政策需求,推进学院科研成果走出去,服务国家和地方政府科学决策需求,在政府绩效管理、行政体制改革、安全应急管理、公共文化与知识资源管理等领域取得成绩。政府绩效评估与管理创新研究中心和公共管理与区域经济发展研究中心(与商学院等共建)入选南京大学中国智库研究与评价中心CTTI首批来源智库。

三是系统推进本科专业综合改革取得新进展。以行政管理专业获批湖南省“十三五”专业综合改革试点项目为契机,推动学院本科专业综合改革,通过深化产教融合和校府合作推进应用型高层次人才培养,通过深度国际交流与合作提升专业建设国际化水平,真正把专业改革落到了实处。行政管理专业成功举办了专业开办20周年座谈会,中国人民大学张康之教授、南京审计大学金太军教授等30余名专家学者热议行政管理专业和人才培养的“湘大现象”。

(何贤忠)

2016年11月21日,学院举行行政管理“十三五”专业综合改革暨专业开办20周年座谈会

数学与计算科学学院

发展概况 新增二级教授、青年骨干教师培养对象、教授各1名,副教授2名;中国高被引学者1名,校级优秀教师1名,优秀博士2名。完成了“科学工程计算与数值仿真”省重点实验室、“国防科技数值算法与模拟”湖南省国防科技重点实验室的年度检查,学位授权点自我评估总结报告,数学和统计学一级学科的全国第四轮学科评估;博士后进站4名、出站1名;获省优秀硕士、校优秀博士学位论文奖各1项。新获省自然科学二等奖2项,中国工业与应用数学学会第三届优秀青年学者奖1项;国家重大专项课题(军口)、国家自科基金项目等23项;出版专著、教材、教辅书各1部;授权专利2项;著作版权成果1项;发表SCI、EI收录论文66篇;成功举办全国性学术会议4次;接待国内外学者来访100余人次;教师参加国内外学术会议、外出访问和讲学110余人次,作邀请报告31人次。获省级、校级教学成果二等奖各1项,全国高校数学微课程教学设计省级一、二等奖各1项,省级优秀教改论文二等奖1项;省级教改项目1项、校级教改项目6项;大学生(研究生)创新性实验计划项目20项,结题7项(其中国家级1项为优秀);美国数模竞赛一等奖等各类学科竞赛奖118

项；研究生国家奖学金10名；保送中科院等知名院校18名；研究生发表的被SCI、EI等收录的高级别论文20篇。完成《湖南省教育人物志》编纂工作，入志教师41名。获校级“挑战杯”大学生创业计划竞赛优秀指导老师荣誉1项等多项校级奖励。

特色工作 聘请国家杰出青年科学基金和冯康科学计算奖获得者、北京大学的汤华中教授任院长，完成了学院领导班子换届工作。成功举办中国工业与应用数学学会第十四届年会，参会代表达700余人，黄云清教授、汤华中教授当选为中国工业与应用数学学会的副理事长。获批国家自科基金面上项目5项，立项率71.4%；青年基金项目4项，立项率80%，项目经费317万元。2016级本科生实现按数学类大类招生（湘潭大学为第一批），效果良好，第一志愿率达100%，并制订了《专业分流实施细则》。创设党委副书记办公室党员值班制，进一步发挥学生党员先锋模范作用，提升管理服务实效。狠抓学风建设，加大考勤力度，实行“无机课堂”，提升听课效果。重视学科竞赛，并取得优异成绩，研究生获数模竞赛省级一、二、三等奖共13项，“华为杯”数模竞赛国家级三等奖3项；本科生获美国数模竞赛一、二等奖共27项，电工杯数模竞赛一、二、三等奖共18项，全国数模竞赛一、二等奖共10项，全国大学生数学竞赛湖南赛区一、二、三等奖共45项，其中2014级韶峰班2人分获全国大学生数学竞赛（专业组）二等奖。

（何四娥）

2016年8月11日，黄云清、汤华中参加中国工业与应用数学学会第十四届年会第七届理事会会议，并当选为该学会副理事长

物理与光电工程学院

2016年7月16日，由湘潭大学物理与光电工程学院承办的第十九届全国凝聚态理论与统计物理学术会议在湘潭召开

发展概况 学院下设物理系、光电系、微电子系、测控系、大学物理教学中心、基础物理实验教学中心、专业实验教学中心和行政办。学院现有凝聚态物理学科博士点1个、物理学博士后科研流动站1个、物理学和电子科学与技术一级学科硕士点2个、集成电路工程和光学工程工程硕士点2个。拥有物理学、测控技术与仪器、微电子科学与工程、光电信息科学与技术4个本科专业。学院现有教职工91人，其中教授19人、副高职称28人，博士生导师20人，国家和部省级人才10余人。学院是湖南省物理学会理事长单位。钟建新教授连任湖南省物理学会理事长，唐翌任秘书长。

特色工作 一是强化师资队伍建设，提高师资国际化水平。成功引进“湖南百名外籍专家计划”教授1人。从北京大学等高校引进了9名优秀博士和优秀老师。以访问学者等身份外派8名老师赴美国、澳大利亚等发达国家学习,提高青年教师的国际化水平。二是加强学科学位点建设和科研工作,提高学院核心竞争力。顺利完成物理学湖南省"十二五"重点学科验收工作,获优秀等级。物理学、电子科学与技术两个学科参加了教育部组织的第四轮学科评估工作,完成了评估材料。测试计量技术与仪器获批国家国防科技局国防特色学科。承办了第十九届全国凝聚态理论与统计物理学术会议等6次学术会议。共邀请国内外知名专家等讲学30人次,其中安排学术报告19次。学院教师共发表学术论文SCI 80篇、EI 9篇、CSCD 10篇。获得专利18项。获得国家级科研项目6项,项目经费118.5万元;获得省级科研项目11项,项目经费27万元。三是严格教学管理,培养高素质人才。组织开展院级青年教师讲课比赛;获批省、校级教改项目5项,获省、校级教学成果奖3项,获湘潭大学大学生创新实验项目9项;获得湖南省大学物理竞赛一等奖3项、二等奖8项、三等奖8项;荣获湖南省首届虚拟仪器设计大赛优秀组织奖、湘潭大学物理竞赛优秀组织奖等;获批湖南省"十三五"物理学专业综合改革试点项目,获批湖南省校企合作示范基地建设项目,获批中央财政支持地方高校发展专项资金项目。

(龙进良)

材料科学与工程学院

2016年11月11日,由佛山市南海科日超声电子有限公司和湘潭大学联合成立的湘大·科日(超声环境)科学研究中心正式挂牌

发展概况 材料科学与工程学院成立于2014年,目前开设有材料科学与工程、材料物理、金属材料工程、新能源材料与器件等4个本科专业,以及1个材料类精英班"师昌绪班"。学院拥有"材料科学与工程"一级学科博士点和博士后科研流动站,并建设有5个省部级重点实验室,材料学科ESI排名已进入全球大学和科研机构的前1%。学院现有教职工77人,其中教授22人,形成了一支以中国工程院院士、国家千人计划特聘教授、国家杰出青年基金获得者为学术带头人,以"百千万人才工程"国家级人选、国家"万人计划"青年拔尖人才、全国教学名师、教育部跨(新)世纪人才、湖南省百人计划和芙蓉学者计划特聘教授等为中坚力量的科研教学团队。

特色工作 一是人才引进有新进展。学院2016年共引进人才7名,其中优秀博士4名、湖南省青年百人计划特聘专家1名。二是学科建设有新突破,军用关键材料国家级国防特色学科成功申报。三是产学研合作有新进展。湘大·科日(超声环境)科学研究中心和院士工作站在广东省佛山市挂牌成立;与湖南行者环保科技有限公司签订了技术战略合作协议。四是本科教学、实验管理有新举措。创新了毕业论文模式,完善了考试管理检查模式,进一步规范了实验室管理。五是科研工作有新成效。2016年学院共承担了37项各类科研项目,总经费为2 148万元;杨丽教授、谢淑红教授分别获得中央军委装发部“十三五”装备预研领域基金重点项目和国家重大科研仪器研制项目资助。六是学术交流有新亮点。143 人次参加国际国内学术交流会议;邀请了欧阳自远、黄克智院士等30余位专家学者来院讲学、指导工作;承办了“中国航天60周年暨第四届航天工程和高性能材料需求与应用高端论坛”“2016 国际原子力显微技术暨纳米尺度力电及化学耦合高级研讨会”和“湖南省第九届研究生创新论坛湘潭大学‘先进材料与器件’分论坛”。七是学生管理有新举措。制定实施了《材料科学与工程学院学生动态信息周报告制度》。八是辛勤付出有新收获。李正教授等获得“第六届中国侨界贡献奖(创新团队奖)”;周益春教授等获湖南省高校教学成果奖一等奖;毛卫国教授获得“教育部霍英东教育基金会第十五届高校青年教师奖”;杨丽教授获得湖南省青年科技奖。

(文诗华)

化工学院

2016 年 10 月 27 日,全国工程教育专业认证专家组反馈化工学院化学工程与工艺专业现场考查情况

发展概况 2016 年 5 月,环境学科整体从化工学院剥离,新化工学院拥有化学工程与工艺、制药工程、生物工程、食品科学与工程4个本科专业;化学工程与技术一级学科硕士点、博士点和博士后流动站,化学工程和食品工程2个工程硕士专业学位授权点。学院现有教职工 72 人,其中正高 15 人,副高 30 人。现有本科生 900 余人,研究生 270 余人,博士后 15 人。拥有化工过程模拟与强化国家地方联合工程中心、教育部工程研究中心、湖南省 2011 协同创新中心、湖南省虚拟仿真中心、湖南省重点实验室、湖南省高校重点实验室、湖南省研究生创新基地、湖南省产学研合作示范基地、湖南省重点专业、湖南省特色优势重点学科等一批国家和省部级学科与人才培养平台。

特色工作 一是重视师资队伍与学科建设。2016 年引进优秀博士教师 5 名,5 名教师国外访学归校,6 名教师出国访学或读博士后,获湖南省青年骨干教师、湘潭大学优秀教师称号各 1 人。

二是科研工作取得较好成绩。2016 年获批国家自然科学基金 8 项,省科技厅重大项目 1 项,其他省部级和地市级项目 20 余项,取得纵向经费 862 万元;签订横向合同 20 多项,合同金额 420 万元,到账金额 140 多万元;共发表论文 60 余篇,其中 SCI/EI 论文 44 篇,获授权专利 22 项。完成了环境友好与资源高效利用化工新技术湖南省高校“2011 协同创新中心”年度检查工作,承办了第十六届全国青年催化学术会议。

三是切实做好了本科生、研究生教育教学工作。完成了 2016 年版本科教学计划与培养方案的修订,进行了化学工程与工艺专业全国工程教育专业认证工作并以较好成绩获得通过;承办了教育部化工类教学指导委员会第五次会议、中南地区卓越工程师培养试点工作会议。学生在全国大学生化工、医药设计竞赛和数模竞赛等活动中取得国际级荣誉 2 项、国家级荣誉 48 项、省级荣誉 101 项、校级荣誉 345 项。院团委在湖南省开展的青年志愿者服务活动竞赛中获得银奖。2014 级本科生徐艳同学获得 AIChE 机构的 Leadership Development Travel Grant 奖励。

（黄荣辉）

机械工程学院

2016 年 12 月 10 日，“复杂轨迹加工工艺及装备教育部工程研究中心 2016 年会”在湘潭大学召开

发展概况 机械工程学院现有教职工 106 人，其中教授 18 名，副教授及相当职称者 33 人，具有博士学位的 59 人；现有在校研究生 348 名，本科生 1 890名。

特色工作 一是师资队伍建设引进与培养并重。引进优秀博士 6 人，其中 3 人有海外进修经历，新进硕士师资及实验员 7 人。对新进博士实施导师制，并明确到具体的教授团队，团队负责人一对一传帮带，帮助新进教师尽快熟悉教学、科研及管理工作；鼓励青年教师开拓国际视野，积极开展对外交流，有 4 位老师赴国外留学访问。

二是本科人才培养成果突出，教学改革和学科竞赛氛围浓厚。2016 年机械设计制造及其自动化本科专业率先在全校第一个通过教育部工程专业认证，并获批省级专业综合改革试点；组织了“过程装备与控制工程”“材料成型及控制工程”两个专业的工程教育专业认证学习，提交了认证申请材料；获省级教学成果三等奖 2 项；出版本科生教材 1 部；获得湖南省教改项目 2 项；通过湖南省教改项目结题验收 2 项；获国家级大学生创新项目 2 项、大学生省级创新项目 1 项；学科竞赛方面，共获省级以上奖项 40 多项；获美国大学生数学建模竞赛国际一等奖 3 项。

三是研究生培养条件不断改善，研究生培养质量显著提高。申报湖南省研究生创新培养基地 1 个、湖南省研究生教改项目 1 项、创新研究项目 4 项，获湖南省研究生教改项目 1 项、湖南省研究生科研创新项目 1 项、湖南省优秀博士学位论文 1 篇、湖南省优秀硕士学位论文 1 篇、湘潭大学优秀硕士学位论文 1 篇。

四是科研成果喜人。新增到账科研经费 472.56 万元；获国、省部级以上纵向项目 14 项，各类横向项目 57 项；获湖南省自然科学奖二等奖 1 项、获湘潭市产学研合作与科技成果转化 1 项；发表 SCI 论文 14 篇，EI 论文 15 篇，CPCI 论文 1 篇，CSCD 论文 23 篇；国家载人航天工程重大项目“空间站飞天舱外服工业设计”项目通过了中国航天员中心的中期评审；获批焊接机器人及应用技术湖南省重点实验室；举办了机械工程学科建设及发展研讨会暨复杂轨迹加工工艺及装备教育部工程中心 2016 年年会、焊接机器人及应用技术湖南省重点实验室 2016 年年会暨庆祝潘际銮院士 90 华诞系列学术报告会；顺利通过复杂轨迹加工工艺及装备教育部工程中心验收；获得 2018 年全国机械学院院长会议举办权。

（尹艳辉）

信息工程学院

2016年10月19日，全国工程教育专业认证专家组反馈信息工程学院自动化专业现场考查情况

发展概况　信息工程学院现有教职员工152人，专任教师109人，其中教授23人，副教授57人，博士71人，博士生导师12人。目前在校研究生452人，本科生3 106人；实验教学用房面积14 500平方米，教学仪器设备6 400余万元，2016年完成了计算中心大楼的搬迁工作。

特色工作　学院以学科建设为龙头，积极共建各级各类学科平台。申报获批湖南省"电子信息多维"创新创业教育中心；申报获批湖南省"电子信息类"创新创业教育基地。

学院重视师资队伍建设。从国内名校引进优秀博士5名；学院鼓励青年教师加强国际学术交流，扩大国际视野，有2名教师分别从澳大利亚和美国访问研究结束回国，另有2名年轻博士赴美访学。

学科竞赛和创新教育是学院本科教育教学工作的特色和亮点，组织教师和学生参加各类国家和省级竞赛活动，获国际二等奖1项，国家特等奖1项，国家一等奖6项、二等奖11项、三等奖11项，ACM程序设计大赛银奖4项、铜奖33项，省一等奖30项、二等奖29项、三等奖29项；组织学生积极申报"大学生创新性实验计划"项目，共获各级资助14项；积极进行教学改革、组织教师申报教学改革项目，获得省级教改项目3项（包括学院自主配套项目2项）、校级教改项目12项，积极组织学生申报大学生研究性学习和创新性实验项目，共获资助14项。系列举措大幅度提高了本校学生保本校研的数量和研究生一志愿上线率。学院推动本科工程教育认证工作，自动化专业顺利完成了认证专家入校考查；计算机科学与技术、通信工程两个专业提交了认证申请并得到受理。

科学研究和服务地方经济方面也取得了可喜的成绩。获国家自科基金项目6项，其中面上2项，青年2项，主任基金1项，国际合作项目1项；湖南省重点研发计划子课题1项；教育厅重点项目1项，青年项目1项，一般项目5项。签署技术开发、技术服务等33项合同，合同经费246.6万元。申请发明专利26项，授权12项，获软件著作权登记16项。刘任任团队获得了中国卫星导航定位科学技术一等奖；谭貌副教授获"湖湘青年英才"支持计划。

（谢红宇）

土木工程与力学学院

发展概况　学院现有教育部新世纪优秀人才1人、教育部高校骨干教师1人、湖南省芙蓉学者特聘教授1人、湖南省121人才工程人选4人、省级学科带头人2人、湖南省青年骨干教师7人。学院拥有“一般力学与力学基础”国家重点学科，力学博士后科研流动站，一般力学与力学基础博士点，6 个硕士点，具备从本科到博士后完整的人才培养体系。学院有良好的教学科研平台，建设有“岩土力学与工程安全”湖南省重点实验室（培育基地）、“工程结构动力学与可靠性分析”湖南省高校重点实验室、“基础力学与建筑工程”湖南省基础课示范实验室、“力学与工程”湖南省虚拟仿真实验教学中心、“一般力学与力学基础”高校特色优势学科实验室。

特色工作 一是师资队伍。全年引进优秀博士 6 人，2 位老师分别晋升教授和副教授职称，聘请校外教授专家 5 人作为校外研究生导师，原能源工程学院测绘工程系成建制划入学院。二是教学与人才培养。与湘潭市建筑设计院建立了研究生培养创新基地，获批省级研究生创新项目 2 项。新增“力学与工程”湖南省虚拟仿真实验教学中心，获财政资助 20 万元，“工程力学实验室”获得中央财政支持地方高校发展专项资金资助 300 万元。新增 2 项省级教改项目和 4 项校级教改项目，本科生获得国家级创新项目 1 项和校级创新项目 10 项，1 项国家级大学生研究性创新项目结题验收优秀。三是学科建设与科研。科研平台建设顺利展开，召开了“岩土力学与工程安全”湖南省重点实验室培育基地和“工程结构动力学与可靠性分析”湖南省普通高校重点实验室的学术委员会第一次会议暨 2016 年学术年会。获得国家自科基金项目 2 个，省部级科研项目 7 个，获得交通部公路科学研究院“道路结构与材料”交通行业重点实验室开放课题 1 项。重点加强横向科研合作，与武汉地铁十一号线、华润置地、港珠澳大桥项目部等达成合作意向协议，共签订横向科研合同 6 项，合计金额 108.5 万元。丁燕怀博士研究成果“柔性纳米电极的构筑及其电化学和力学性能”获得 2016 年湘潭市科学技术进步奖。四是实验室管理。提出“五个一”实验室管理制度获得学校职能部门充分肯定，制订了学院大型精密仪器设备共享收益分配方案，完成 191 万元学科建设经费的设备招标购置计划。

（易晓）

2016 年 2 月 26 日，土木工程与力学学院新楼正式启用。省委组织部原部长郭开朗、省政协副主席杨维刚、中科院院士黄克智等先后到院楼视察、讲课

化学学院

发展概况 化学学院拥有化学博士后科研流动站，高分子化学与物理、有机化学和应用化学 3 个二级学科博士点，化学一级学科硕士点（涵盖无机化学、分析化学、物理化学、有机化学、高分子化学与物理和化学生物学）和化学工程与技术二级学科硕士点，化学工程和材料工程 2 个专业硕士学位类别，有化学、应用化学、高分子材料与工程、材料化学和药学 5 个本科专业。学院现有教职工 108 人，本科生 1 276 人、硕士研究生 477 人、博士研究生 41 人，博士后在站人员 14 人。学院教师中有

教授30人、副教授26人。拥有国家特色专业、国家精品课程、国家国际科技合作基地、国家地方联合工程实验室、湖南省2011协同创新中心、教育部创新培育团队、教育部重点实验室、湖南省重点学科、湖南省重点实验室、湖南省自然科学基金创新群体、湖南省国际合作示范基地、湖南省工程实验室、湖南省研究生培养创新基地等教学科研平台。

特色工作 化学学院新增国家级大学生创新创业训练项目1项、湖南省教改课题1项、第九批大学生研究性学习与创新性实验计划项目14项，其中省部级2项，获湘潭大学高等教育教学成果奖二等奖1项。药学和化学类专业校企合作人才培养示范基地通过建设验收，升级为湖南省级大学生创新创业教育基地。新增湖南省优秀博士学位论文2篇、湖南省优秀硕士学位论文2篇，7人获得湘潭大学校长奖，其中4人获得湘潭大学校长奖特等奖。2016年学院新增科研项目38项，新增科研经费491万元，其中国家自然科学基金9项。对外签订横向合作协议9项，横向合同科研经费新增185万元。新增国家国际科技合作基地1个。学院老师发表SCI检索论文200余篇，影响因子4.0以上的论文82篇，其中陈华杰在化学材料类顶级刊物《先进材料》发表论文1篇，黄华文、邓国军在《德国应用化学》发表论文1篇，获发明专利授权14项。根据美国ESI数据，化学学科全球大学和科研机构ESI排名已提升至前0.6%。获“湖南省青年科技奖”和“湖南省优秀科技工作者”荣誉称号2人，获湘潭市青年科技奖1人。2016年学院引进优秀博士4人，学术带头人1人，2人出国进修，获湘潭大学优秀教师称号1人。

（王果）

2016年，化学学院院长邓国军、书记刘稳丰送大三学生到中科院化学所“3+1”联合培养

环境与资源学院

发展概况 环境与资源学院成立于2016年5月，由环境科学与工程、采矿工程与安全工程学科组建成立。设有环境工程、环境科学、环保设备工程、采矿工程、安全工程5个本科专业；环境科学与工程一级学科硕士授权点和环境工程专业学位硕士点、环境化工二级学科博士点和博士后流动站。现有教职工54人，其中教授7人、副教授17人、其他副高职称人员8人，教育部新世纪优秀人才1人，湖南省新世纪121人才工程入选者1人，湖南省学科、学术带头人培养对象2人，湖南省青年人才拔尖工程入选者1人。

特色工作 一是人才培养工作再上新台阶。环境工程专业接受了全国工程教育专业认证，提交了专业自评报告并接受全国工程教育专业认证专家组现场考查。专家考评认为，湘潭大学环境工程专业整体达成了工程教育认证在学生、培养目标、毕业要求、持续改进、课程体系、师资队伍、支持条件等七个方面的各项标准要求。

二是学科平台进一步拓展。环境科学与工程湖南省重点学科评估获得优秀，获批“复杂重金属废水高效净化技术与应用”湖南省工程实验室，获批“铅锂电池资源高效循环利用”湖南省工程技术研究中心(参与单位)。获批中央财政支持地方高校发展专项资金项目“环境治理与资源循环开放创新实践基地”,获批中央专项经费300万元。

三是科学研究与科技服务取得新成绩。获批湖南省重大科技专项、湖南省战略新兴产业化项目、国家自然科学基金面上与青年项目、教育厅优秀青年项目与开放项目等一批标志性科研项目,获得第十届全国煤炭工业生产一线青年技术创新优秀论文。

四是国内国际学术交流活跃。成功举办“环境资源保护与生态文明建设”研讨会暨环境与资源学院成立大会,邀请到中国工程院郝吉明院士、欧阳晓平院士、浙江大学环境与资源学院朱利中教授、中南大学冶金与环境学院院长柴立元教授专家来校指导与讲学。聘请南京大学潘丙才教授、中科院过程工程研究所李玉平研究员来担任兼职教授,邀请中国环境科学研究院大气污染控制技术研究中心首席专家张凡研究员、加拿大阿尔伯塔大学乐晓春院士与李杏放教授、美国宾夕法尼亚州立大学教授国家千人计划专家清华大学环境学院解跃峰教授来学院讲学。

(贺龙祥)

2016年9月13日,“环境资源保护与生态文明建设”研讨会暨环境与资源学院成立大会在逸夫楼第一报告厅隆重举行

兴湘学院

2016年11月16日,学院“青春导航”特色成长辅导室启动仪式在校图书馆报告厅举行

发展概况　湘潭大学兴湘学院是经教育部和湖南省人民政府批准设立,由湘潭大学举办的独立学院。学院开设37个本科专业,在校学生6 212人。学院秉承湘潭大学“博学笃行、盛德日新”的校训,加强基础,注重素质,强化能力;倡导“以学生为主体,以教师为主导,注重多样性、开放性、应用性、创新性和复合性”的教育理念,引导学生“高品位做人、高层次成才、高水平就业”。

特色工作　一是大力开展创新创业教育培训,扩大创新创业队伍。举办了首届“创兴湘”大学生创新创业论坛,积极发动和指导学生参加大学生创新性实验项目和各类学科竞赛。以大学生科学技术与创业实践中心为基础,组建了包括陆羽工作室、麦田工作室、电子创新团队、校园生活助手、北辰摄影等10余个具有代表性的创新创业团队。在第九届全国大学生网络商务创新应用大赛总决赛中,以王智成为代表的麦田工作室的作品“云植科技”荣获特等奖,刷新了该项赛事的记录;在第二届湖南省"互联网+"大学生创新创业大赛中,学院共有103个团队报名参赛,《"斯挺"正装云定制》作品荣获二等奖。

二是完善内外联动机制,积极引导学生考研。加大考研宣传力度,对内通过学院管理队伍、班主任、各学生社团面向学生做好动员与指导,坚持免费开办考研暑期培训班,并提供考研专用自习教室。对外依托网络、报纸、微信平台等媒体面向社会做好考研成果推介与宣传。2016届毕业生中,175人考取硕士研究生,20余人考取公务员,年终就业率达96.39%。

三是成立"青春导航"特色成长辅导室,加强心理健康教育机制建设。在建立完善成长辅导室的相关制度建设和规范各项工作基本流程的基础上,组建了辅导老师队伍,聘请4名退休教师担任学生成长导师。此外,鼓励教职工参加国家心理咨询师资格证考试,学院现有国家二级心理咨询师2名,三级心理咨询师1名。2016年,特色成长辅导室针对学生心理危机共干预了19例,对促进学生心理的健康发展起到积极作用。

四是积极推进学生宿舍改造工程,全面完善学院基础设施建设。学院利用暑假对1~5栋学生宿舍进行整体改造,总共完成宿舍改造285间,购置公寓式学生家具1 030套,维修、油漆学生家具1 000套,学生宿舍全面安装刷卡门禁锁,学院宿舍区和教学楼的公共区域安装高清摄像头,做到室外监控安防全覆盖;学院办公楼一楼以及B、C栋教学楼安装了2块LED电子屏和2块滚动播放教室信息的电子屏;修建了3个羽毛球场和1个气排球场,学院师生的学习、工作和生活环境得到有效改善。

(赵晓薇)

体育教学部

湘潭大学在2016年湖南省大学生田径运动会中获得佳绩

发展概况 一是进一步深化体育教学改革,稳步推进学校体育教学工作。首先,充分挖掘教学资源,体育选项课新增"气排球裁判"课程,为学生自主选课提供了更大的范围,既满足了学生的兴趣与爱好,又为全校开展气排球比赛提供了裁判支持,真正做到学以致用。其次,为适应学校专业工程教育专业认证的需求,培养合格人才,体育教学部组织相关教师对现有《大学体育》教材进行修改与整编,目前该工作正在论证阶段。

二是注重培养青年教师科研能力,鼓励申报高级别课题。实现国家社科、教育部等高级别科研项目零的突破。2016年度体育部申报校级教改课题4项,申报省级教改课题2项。目前,在体育教学部学术委员会的指导下,学院老师正在积极申报教育部科研项目。

三是不断加强师资队伍建设,提高青年教师综合素质。体育部引进北京体育大学优秀硕士毕业生1人,1人博士毕业,1人考取篮球国家级裁判员,1人当选为湖南省大学生篮球协会理事,2人当选为湖南省大学生篮球协会委员。

特色工作 一是运动队建设与校外体育竞

赛。根据教育部普通高等学校招收高水平运动员的办法,完成了2016年湘潭大学高水平运动员的选拔和招生工作。针对体育特长生的特点,不断加强探索和研究,使高水平运动员的管理更加规范、有序。加强各运动队的建设与管理,充分调动教练员的积极性,进行科学训练,努力创造优异成绩。充分发挥运动队、优秀运动员在推动学校全民健身积极开展的示范和引领作用。学校获批湖南省高校高水平足球运动队建设基地。

二是校园体育蓬勃开展。学校共有学生体育类社团21个,学生社团在校园体育文化建设中发挥了重要作用。学校先后举办了田径运动会、环校长跑、新生定向越野赛以及"湘大杯"篮球、排球、足球、乒乓球、羽毛球、台球、啦啦操、国标舞等比赛。校园里每天有小赛,每周有大赛,体育比赛活动频繁,参与者众多,极大地推动了校园体育文化的发展,促进了学校全民健身运动的广泛开展。

三是积极开展教职工比赛,体育锻炼成为教师课余时间的首选活动。学校先后举办了教职工篮球联赛、气排球比赛、羽毛球比赛、环校长跑等;积极组队参加省、市级气排球赛、羽毛球赛、乒乓球赛等;教工足球队先后与中国人民大学校友队等兄弟院校开展友好交流。

(王细流)

第六部分

综合管理工作

学校办公室工作

2016年5月20日，省教育厅副巡视员柴世钦一行3人来校，实地考察学校教育阳光服务中心

发展概况 一是综合协调。围绕巡视整改、"两学一做"学习教育、主要领导调整、综合改革、本科教学工作会议、规章制度"废改立"、教代会、综治工作考评、教育部长来校视察等学校重点工作和活动，做好了对外衔接、综合协调、文稿撰写、接待服务等相关工作。二是公文流转。全年共接收、流转上级来文、来信、来函共计1 300余份。共处理发文370余件。全年收文及流转上级机要文件340余件，收发及邮寄机要文件1 200余件。三是文稿材料。全年撰写或起草总结计划、领导讲话稿等各类文字材料150余件。较好地完成了巡视整改相关方案，向教育部部长陈宝生汇报材料等重大材料的撰写工作。四是综合统计。完成了教育部2016/2017学年初高等教育基层统计报表；协助校属各单位完成了各类材料的统计工作，负责全校各类对外材料中数据的审核、把关，全年完成20多套统计报表的审核工作。由湘潭大学出版社正式出版发行《湘潭大学年鉴2015》。五是公务接待。收回机关单位2016年所有招待费预算余额，统一归口校长办公室管理。撰写《公务接待费清理整改专题报告》，修订并印发《湘潭大学国内公务接待管理办法》，全年共协助接待省部各级领导来校视察调研20余次。撰写《公务用车排查情况汇报》。六是法律咨询。共起草、修改、校对合同等法律文书300余件，协助财务处起草了《金瀚林学生公寓资产包转让协议》。为学校及各部门出具法律意见书若干份。七是人物志工作。全力推进教育人物志编纂工作，获得省厅史志办的高度评价。学校符合入志要求的人员名单共计687人，其中入人物传6人，入人物简介16人，入人物表188人，入人物录477人。

特色工作 一是信息工作。策划建立了每周信息报送的制度，成效明显：全年编辑《每周信息专报》36期共计200余篇信息稿，其中受校领导批示肯定或指示跟踪督办的近20篇(次)，直接或间接地推动了学校有关工作。编辑《湘大工作》20期，其中2篇被中共中央办公厅《观点摘编》刊发，1篇被教育部门户网站"战线联播"栏目采用，6篇被湖南省教育厅门户网站"教育快讯"栏目采用，20篇被湘潭市市委办采用，信息的数量、质量及影响力都迈上了一个新的台阶，受到省委办公厅、湘潭市委办的多次肯定评价。二是阳光中心日常工作。阳光中心全年共接待各类来访855件，办结848件，师生员工和社会公众满意率达到97.2%。省教育厅对中心进行了督查调研，充分肯定了中心的工作，并下拨了专项经费对中心工作进行奖补。制定了《湘潭大学督查督办工作办法》，落实专人对党委会议、校长办公会、2016年工作要点、各职能部门学期重点工作安排及相关文件会议，以及校领导交办的其他事项进行督办。

(孙清平)

发展规划与学科建设工作

2016 年 7 月 14 日，在逸夫楼第一报告厅召开“瞄准‘双一流’，落实‘十三五’改革发展规划，加快推进高水平大学建设”暑期研讨会

发展概况 牵头完成《湘潭大学“十三五”发展规划》《现代大学制度建设与改革方案》编制工作，组织完成《湘潭大学综合改革方案》和六个子方案的编制工作。完成学校承担的湖南省教育体制改革试点项目的改革试点工作，2013 年立项的《地方高校本科人才培养体系综合改革实践》通过结题验收，2015 年立项的《普通高校专任教师管理制度改革实践》通过年度检查。完成 2015 年立项的现代大学制度建设补助项目，提交了绩效报告，通过了结题验收。组织召开暑期研讨会，并邀请贵州大学校长郑强教授作了专题报告。完成湖南省“十二五”重点学科验收工作，19 个学科通过验收，优良率达 84%。完成“十二五”省重点学科核心数据分析报告、2016 年省重点学科建设经费使用计划的制定及 2016 年省重点学科专项资金绩效评价工作。盘活院系重点学科剩余经费，完成重点学科剩余经费使用计划。完成湖南省“2011 协同创新中心”专项资金绩效评价工作。配合科技处成功获批 3 个国防特色学科方向。配合省委巡视检查，完成《重点学科经费使用情况报告》《湘潭大学学术不端行为自查情况汇报》。

特色工作 一是深入开展调研，扎实推进各项工作。为科学编制学校发展规划和综合改革方案，深入各院系部和相关职能部门调研，形成调研报告，提交校领导决策参考；组织召开 10 次综合改革推进会，分别研讨改革“改什么”“怎么改”，会后形成会议纪要，及时反馈给相关部门参考，高质量完成学校发展规划和综合改革方案。完成《湘潭大学“双一流”建设调研报告》等多个调研报告。二是注重政策研究和校本研究。编印《高等教育政策汇编》《湘潭大学发展规划汇编》《改革与发展》；分析国内外有影响的大学排行榜数据，完成《大学排名比较分析》《湘潭大学排名分析》，为学校领导决策和相关部门提供信息参考。完成泰晤士高等教育 2016—2017 世界大学排名湘潭大学的数据采集和报送工作。三是坚持管理与科研相结合。承担湖南省教育科学研究基地“高等教育政策与大学治理”、教育部人文社科研究项目“大学章程实施效果评估及改进对策研究”等研究工作，积极开展高等教育政策与大学内部治理研究。四是组织学术委员建言献策，履行各项职责。学术委员会有效地行使了学术事务审议、评审、评议职责，已经成为学校学术管理和内部治理的重要力量。

（陈淑华）

实验室及设备管理工作

发展概况　组织省级虚拟仿真实验教学中心的申报工作,“土木工程与力学实验中心”获批省级虚拟仿真实验教学中心。中央财政支持地方高校发展项目建设情况:9 个项目获得建设经费2 500万元,其中 5 个实验教学平台1 350万元,3 个实践基地 900 万元,1 个公共服务平台 250 万元。大型精密仪器设备共享工作:375 台进入使用管理系统参与共享,发布可预约共享使用的仪器设备 91 台,发布可开放机时数 16. 89 万时,实际使用机时数 2. 79 万时,测试样品数 4. 93 万个,共享使用经费达 70. 26 万元。设备购置计划论证工作:完成 9 个中央财政资助项目2 500万元设备购置计划的论证。仪器设备验收工作:组织了 48 台套件的大型精密仪器设备及软件的技术验收工作。仪器设备升级改造工作:新增教学科研仪器设备升级、改造和研制项目 18 项,立项经费 8 万元,结题验收项目 11 项。仪器设备维修管理工作:完成1 092台套设备维修。仪器设备报废技术鉴定工作:仪器设备报废管理系统在原有功能基础上增加了上传报废设备图片的功能,完成3 982台套仪器设备报废的技术鉴定。实验室环境改造工作:完成了 10 个学院实验室的维修改造等大型项目,以及全校各实验室的一系列小型改造项目的管理工作。完成了 3 个专业工程认证实验室的一系列维修改造项目的管理工作。实验室安全与环境工作:继续与湘潭市景翌湘台环保高新技术开发有限公司签订《实验室废液处理协议》,处理了 8 批次实验室废液废固。完成了 2015/2016 学年高等学校实验室信息统计上报工作。

特色工作　成立了湘潭大学实验室安全管理委员会,建立了安全管理体系,拟定并颁发了《湘潭大学实验室安全管理办法》,印制了《湘潭大学实验室安全教育手册》。搭建实验室信息化网络管理平台,在对“大型精密仪器设备使用管理系统”“仪器设备维修管理系统”“仪器设备报废管理系统”等进行升级改造的基础上,研发了“实验室综合管理系统”。通过搭建网络管理平台,使得实验室和设备管理工作更加科学、规范、高效。

(刘晓梅)

人事管理工作

发展概况　人事处紧密围绕学校中心工作,大力加强人才引进、培养和选拔工作力度,积极建设高水平师资队伍,稳步推进人事制度综合改革,不断优化人事管理体制机制。一是人才引进取得良好成效。引进学科带头人、国家杰出青年基金获得者 1 人,湖南省“青年百人计划”1 人,优秀博士 62 人,外聘教授 35 人。二是人才选拔工作成效突出。1 人入选第二批国家“万人计划”教学名师,1 人被确定为 2016 年享受国务院政府特殊津贴人选,新增湖南省“芙蓉学者”4 人,9 人获评二级教授资格,8 人被确定为 2016 年度湖南省普通高校青年骨干教师培养对象;22 人晋升教授,35 人晋升副教授职称。三是目标管理和目标考核有效进行。组织实施了 2015 年度校属二级单位目标管理年度检查工作;制定了 2014—2016 年二级单位目标考核的基本思路和初步方案。四是博士后流动站建设取得新成效。全年进站博士后 5 人,出站博士后 10 人,现有在站博士后 74 人;有 2 人获得中国博士后科学基金第九批特别资助，5 人获博士后科学基金面上资助；有 1 人入选 2016 年度中国博士后创新人才支持计划。五是工资福利和社会保障工作有序开展。改革了教学业绩津贴核拨方式，根据二级教学科研单位标准生总量来核拨其教学业绩津贴总量；合并岗位津贴，进一步调整优化了教职工工资结构；推动建立了管理人员与专任教师绩效工资增长联动机制；完成了湖南省机关事业单位养老保险试点期间个人缴费确认工作。六是积极推进规章制度“废改立”工作，修订了教职工考勤管理办法等规章制度。七是设立了“湘潭大学优秀教师”和“湘潭大学优秀教育工作者”两个面向全体教职工的最高荣誉奖项，并评选表彰“湘潭大学优秀教师”14 人、“湘潭大学优秀教育工作者”5 人。八是组织完成了硕士师资和非教学人员公开招聘工作，共招聘硕士师资 3 人和非教学人员 35 人。九是成立了环境与资源学院，撤销了能源工程学院、职业技术学院，并实现了原能源工程学院、职业技术学院人员的平稳分流。十是进一步规范了合同制人员管理。设置合同制岗位 469 个，其中校本部 194 个，兴湘学院 54 个，后勤保障处 221 个，发放全校合同制岗位经费1 400多万元。

特色工作 一是研究制定了《湘潭大学“十三五”师资队伍建设改革发展规划》，明确了今后“十三五”期间师资队伍建设的指导思想、发展思路、发展目标和主要措施。二是研究制定了《湘潭大学人事制度改革方案》，提出了加强高层次人才队伍建设、完善人才培养机制、健全岗位聘用管理制度、创新人才评价机制、健全考核评价体系、深化收入分配制度改革、加强管理教辅队伍建设和加强师德师风建设等八项改革举措，对进一步加强人才队伍建设、创新人事管理体制机制、合理配置人力资源将发挥十分重要的作用。

（肖军芳）

计划财务工作

学校总体财务状况 一是资产负债情况。2016 年末全校资产总值为242 826. 72万元，其中固定资产163 375. 63万元，在建资产32 387. 62万元。2016 年末全校负债总值为17 493. 72万元，其中借入款项（日元贷款）2 268. 16万元。2016 年末全校净资产为225 333. 01万元。二是财务收支情况。2016 年度学校总收入94 525. 74万元，其中财政补助收入53 426. 15万元，事业收入36 264. 78万元，其他收入4 834. 80万元；学校全年总支出91 892. 11万元，其中财政补助支出57 535. 70万元，非财政补助支出34 356. 41万元，总结余2 633. 62万元。

财务管理情况 一是加强队伍建设，打造务实进取的有为团队。财务处开展形式多样的业务学习，先后派出十余人次参加学习、调研、培训，组织全体会计人员开展了继续教育网络集中培训。二是加强制度建设，健全监督机制。出台《湘潭大学国内公务接待管理办法》，制订实施了《湘潭大学关于执行公务卡强制结算目录的管理实施细则（试行）》，同时根据上级政策变化，两次调整差旅住宿费标准。三是积极开源节流，夯实财力基础。争取到中央支持地方高校发展经费2 500. 00万元、学科建设与科研开发经费1 362. 00万元、“2011 协同创新中心”建设经费 620. 00 万元等多项财政专项经费拨款。学校三公经费连续两年呈下降趋势。对国家自科基金项目的预算编制进行了详细的审核。四是扎实推进各项专项工作。完成金瀚林学生公寓回购的合同签订；完成资源配置改革方案编制工作；撰写的两份管理会计案例顺利通过财政厅组织的专家评审，其中一份被推送到财政部；完成内部控制建设工作。五是整合职能，着力提升管理效能。完成职院财务合并工作；后勤财务部正式运行；卡务中心账务移交财务处集中核算；校医院财务移交至后勤保障处财务部。

六是加强信息化建设，提升财务管理效能。整合网上办公系统，推出“湘潭大学财务智能管理平台”及APP应用；实现与新的教务管理系统数据交互；财务与资产管理系统顺利对接。

（邓琼）

招生与就业工作

宋德发教授“教授进中学”讲座

学校2016年招生工作圆满完成，2016届毕业生初次就业率为94.09%。

招生工作 一是招生宣传工作。推进教授进中学活动，在61所省内外重点中学举办讲座88场。深入开展“高考祝福视频进中学”“送喜报进中学”等活动，向省内200所重点中学送达喜报，向陕西虢镇中学等寄送高考祝福视频，汇报反馈学生在校表现情况。共有24所中学获得育才奖，12名新生获得优秀新生奖学金特别奖。二是录取基本情况。学校共录取各类本科学生7 649人。其中，提前批美术类录取188人，本科一批录取5 998人，本科三批录取1 463人。从录取类型上看，学校重点本科有美术生、贫困地区定向计划、农村学生专项计划、本科一批、职高对口和港澳台招生等类型。其中本科一批包含普通文理科、第四教学区专业、中外合作办学、高水平运动员招生。录取分数情况，湖南省考生录取分数情况，本科一批平行志愿在湖南省录取的考生中，文科录取最高分579分、录取平均分557.95分、投档分551分；理科录取最高分597分、录取平均分553.87分、投档分546分；省外考生录取分数情况，湖北、福建、新疆、黑龙江、山东等省份生源质量较高。本科一批在外省录取的考生中，按照录取最低分超过当地本科一批录取最低控制分数线的情况计算，文科最高超过51分，理科最高超过72分。

就业工作 一是就业率保持较高水平。学校2016届毕业生共7331人，截至2016年8月31日，学校2016届本科毕业生初次就业率为94.47%。博士生初次就业率为90.63%，硕士生初次就业率为93.26%，专科生初次就业率为93.53%，毕业生总体初次就业率为94.09%。二是多元化推送就业信息。充分利用“互联网+”技术，以满足毕业生和用人单位需求为出发点，充分发挥就业网站的作用，有效构建就业信息化服务体系。三是积极举办校园招聘会。2016届毕业生大型供需见面会到会单位200多家，提供就业岗位20 000余个；1 500多家用人单位来校现场招聘，举办大中小型招聘会18场，提供工作岗位60 000多个。四是开展高水平就业创业大讲堂。举办就业创业大讲堂5场，邀请了熊晓鸽、陈小华等5位国内外著名专家作专题讲座。

（赵家文）

资产管理工作

2016 年 5 月 9 日，湘潭大学资产清查工作会议在留学生楼召开，会议由副校长刘长庚主持

招标采购　制订《湘潭大学货物及服务采购管理办法》，规范采购行为；升级了网上竞价系统，进一步规范网上竞价工作；按照《湖南省政府采购实施细则》和《湖南省 2016 年度政府采购集中采购目录及政府采购限额标准》的规定，对集中采购目录内及 30 万元以上的货物和服务实行政府采购。全年累计完成招标采购项目 160 项，合同总金额76 682 972. 64元，节约预算近 550 万元。其中，政府招标采购 141 项，总金额74 069 380. 64元；校内招标采购 19 项，总金额2 613 592元。通过网上竞价系统完成的物资采购总共为 831 单，合同总金额10 271 465. 88元，资金节约率为 7. 40%。进口设备报关 15 项 17 台次，共减免税1 419 723元。

资产管理　修订《湘潭大学国有资产管理办法》；全年共办理验收票据1 822份，总计资产金额7 494. 42万元。其中行政经费 62. 56 万元，教学经费1 171. 75万元，科研经费 555. 23 万元，其他经费2 418. 73万元，重点经费1 723. 88万元，部省共建1 190万元，二级部门自筹 321. 27 万元，捐赠经费 51 万元；单价 10 万元以上资产共计 74 台/套件，共计3 367. 8万元；全年共计通过校外拍卖公司处置设备 3 批次，获得拍卖残值 11. 02 万元。

房产管理　全年妥善安排新进教职工共计 100 余人的住房，做好共计 200 余户房租的异动变更；继续实施“租补分离”的租房政策；不定期检查房屋共用部位的使用状况，重点巡查违规行为，及时接受住户的维修申报；资产管理处协调后勤部门调研东坡村住户安装天然气项目，核算中天教师公寓博士住房办证的房产交易税和物业维修基金等有关费用。

特色工作　一是全校动员，完成学校资产清查工作。成立湘潭大学资产清查领导小组和资产清查工作小组，指导、协助各单位进行资产实物清查，按照账、卡、物一致的原则逐一盘查。根据资产清查结果，进行专项审计。积极推进资产管理工作的常态化、制度化和规范化。二是全程掌控，完成学生宿舍家具采购、安装工作。在后勤保障处、学生工作部(处)、兴湘学院等部门的配合下，优化采购方案、不定期考察家具制作过程、全程监督家具安装进度，按质、按量、按时完成了琴湖 17 ~ 18 栋及兴湘 1 ~ 4 栋、北苑 3 ~ 8 栋的新家具共计4 374套，总价 784 万元，节约 60 万元。三是全力推进并完成了后勤服务性房产收回工作，极大地改善了我校的校园环境、食品安全环境等。

（陈玉莹）

对外合作与联络工作

2016 年 2 月 5 日，湘潭大学陕西校友会成立

发展概况　对外合作与联络工作分为校友总会、教育基金会、董事会和省部共建四块工作。建立由校友总会、院系校友工作小组、地方校友会和兼职校友联络员组成的“四位一体”校友工作体系；完成校友信息采集系统的校友数据录入，从 2016 届毕业生中选聘 307 名兼职校友联络员；出版《湘大校友》第 28、29 期，新版校友总会网站上线，开通校友总会微信公众号和校友社群平台；对校友志愿者团队进行改组，成立校友总会学生助理团，2016 年接待返校校友 80 余批，人数逾3 000人，专题报道校友、教师 30 余人，学生助理团获评“湘潭大学 2016 年芙蓉学子团队合作奖”；学校获评“中国高等教育学会校友工作研究分会理事单位”和“湖南省高校校友工作研究会常务理事单位”，肖其森任理事。召开湘潭大学教育基金会换届选举暨第三届理事会第一次会议，修订基金会章程，选举产生了基金会第三届理事会和监事会；拓宽筹资渠道，完善基金管理。2016 年基金会总收入 600 余万元，其中捐赠收入累计 400 余万元，理财增值收益累计 200 余万元。基金会继续获得公益性捐赠税前扣除资格。基金会董事长王克英发挥其影响力，为学校的建设与发展争取到更多的政策和资源。参与学校重点建设及省部共建实施工作，推进与地方政府、高校和企业之间的合作。

特色工作　一是推动组织建设。2 月 5 日，湘潭大学陕西校友会成立；6 月 6 日，美国加州政府批准湘潭大学北美校友会为合法实体；6 月 25 日，湘潭大学日语专业广东校友联谊会成立，开创了学校专业性校友会的先河。二是开通校友总会微信和社汇。开通并运营校友总会微信公众号和社汇 APP 平台，为全球各地校友搭建线上“大家庭”。三是推出校友值年返校品牌活动。打造以“数载成才路，一生湘大情”为主题的校友值年返校活动，设计“印象湘大”校园半日行、“回望湘大”参观校史馆、“聚首湘大”师生座谈会、“品味湘大”食堂大锅饭、“祝福湘大”最美明信片等活动。四是挖掘建校之初的历史。独家完成 1958 级校友采访报道，挖掘建校历史，填补校史空白。

（申慧）

国际交流工作

发展概况　一是在校际交流与合作方面，与美国密苏里大学圣路易斯分校、法国图尔大学、德国欧福大学、马来西亚马来亚大学等新签订合作协议 5 项。与日本四国大学、印度德里大学、法国萨瓦大学等学校关于境外办学、交换学生和全面深化合作等方面约 10 项协议正在洽谈。全校 3 个因公出国（境）团组共 18 人次访问国外合作学校，接待国外合作大学来访共 89 人次，派出本科生、研究生共 72 人前往国外合作学校交流学习，接收国外交流学生 25 人。二是承办了 2016 年麦克雷雷大学孔子学院夏令营项目，共接待了16名夏令营学员来校学习和文化考察。三是完成“中非高校20+20合作计划”2015年度项目总结及2016年度项目申报工作，向教育部申请经费47万元。四是累计聘请长期外教26名、短期外籍（不超过3个月）专家教师21名在学校从事教学科研工作，基本满足了学校师生教学科研的需求。五是留学生数达411人。2016年春季学期招收留学生15人，其中包括交换留学生10人；2016年秋季学期招收28人，其中包括交换留学生4人；第一次招收湖南省“一带一路”奖学金语言生3人；报送17名奖学金候补学生，于2016年秋季学期录取13名候补奖学金生。六是获批国家留学基金管理委员会国家公派高级研究学者、访问学者（含博士后研究）项目4项；获批国家留学基金管理委员会西部及地方合作项目3项；获批国家建设高水平大学公派研究生项目4项；在优秀本科生国际交流项目中选派了7名优秀本科生出国交流。

特色工作 学校于2010年被教育部遴选为“中非高校20+20合作计划”中方院校，与乌干达麦克雷雷大学结对合作。“中非高校20+20合作计划”三年一轮，第一、二轮的工作已完美收官，2016年学校已成功进入第三轮。学校与麦克雷雷大学的合作项目是围绕“亲、诚、惠、容”这一中国特色外交理念设计的，于学校层面旨在促进两校学科建设、科研能力和管理与运行能力，于国家层面旨在吸引两国企业和相关政府部门或机构参与合作，“以点带面”促进中乌友好交流与合作、实现中乌互惠共赢。2016年1月，学校成为国家汉办孔子学院奖学金生接受院校。进一步加强了孔子学院建设、促进了中外教育交流与合作，充分发挥了孔子学院综合文化交流平台作用，推动了中华文化走向世界。湘潭大学与西班牙莱昂大学合作举办机械设计制造及其自动化专业本科教育项目进展顺利，截至2016年已招收179人。

（贺昕）

2016年10月12日，法国驻武汉总领馆的教育参赞访问湘潭大学

审计工作

发展概况 一是工程审计工作方面，完成综合实验大楼、兴湘学生宿舍1#～5#修缮改造、工程训练中心室外工程等基建维修项目预算审计159项，审计金额8 890.29万元，审计核减402.44万元，核减率为4.33%；完成学生技能实训大楼、兴湘食堂、学生技能实训大楼周边道路等基建维修项目结算审计165项，审计金额8 012.63万元（含合同金额无变更7 228.90万元），其中按实结算和变更送审金额783.73万元，审定为499.10万元，核减284.63万元，审减率为36.32%。组织召开3次建设项目结算审计会审会议，推进了建设项目立项、招投标、施工和管理的规范化，切实有效地维护了学校利益。二是财务审计工作方面，完成了7个项目：（1）大型仪器设备使用效益审计调查；（2）学校所属二级单位的创收收入及分配专项审计；（3）原职业技术学院/原能源工程学院全面

审计，原院长刘波、原院党委书记刘国华任期经济责任审计；(4)计划财务处2013年—2016年7月期间代扣代缴手续费专项审计；(5)湘潭大学财务信息化内部控制案例、湘潭大学内部控制风险评估、湘潭大学内部控制基础性评价；(6)根据省教育厅《关于开展高校经济责任审计有关问题自查整改工作的通知》精神，审计处就全省高校经济责任审计指出的15个方面的问题，以及近三年接受的审计、巡视和财务检查等整改情况进行了认真自查，并如期上报省教育厅；(7)根据省教育厅要求，2016年还组织对学校2015年度财务报告审计、预算执行及决算审计、大型基建项目审计，并如期上报省教育厅。三是审计处根据学校工作安排协助省审计厅完成了第二次科研经费专项审计，协助省委巡视组并抽调2名审计人员全力配合完成了有关审计的巡视工作，参与金瀚林学生公寓的回购工作，完成了对60项科研结题经费的审签工作。

特色工作 通过校园网向社会中介机构公开招标，并组织专家公开、公正、公平地评标，在17家报名机构中入选了5家中介机构作为建设项目预算、结算的中标委托机构，更加规范了对中介机构的监督与管理。在大型仪器设备使用效益审计调查方面，对全校483台大型仪器设备逐台进行实地调查取证，发现大型仪器设备管理使用中存在的10大问题，如投入未严格遵循效益原则、设备购置可行性论证不充分等，并针对这些问题提出4条审计建议。该项目在湖南省内部审计师协会举办的内部审计项目评比中荣获一等奖，湘潭市内部审计师协会一等奖。

（黄春枝）

后勤与产业管理工作

2016年9月13日，教育部党组书记、部长陈宝生来学校食堂督查食品卫生安全工作

发展概况 2016年1月8日，撤销原后勤产业与管理处，成立新的后勤保障处。后勤保障处设置七个管理部门、八个服务中心和一个直属单位校医院。

饮食服务工作 通过严格审查供应商资质、实行原材料统一定点采购、实地考察新增供货商，验证供货资质、定期评价、考核网点与供货商服务质量等一系列措施，进一步规范了供货渠道，保障了食堂原材料质量；同时，加大对硬件设施的投入，利用暑假对雅园、乐园等五大学生食堂进行维修改造、添置设施设备，全面改善了就餐环境。

维修服务工作 一是为推进零星维修服务的精细化管理，将零星维修服务进行资源整合，实现统一归口管理，全年共处理零星维修任务8 000余次，大型紧急抢修任务40余次，夜间及节假日维修出动400余人次；同时，采用信息手段管理，建立维修服务管理系统，实现对维修材料使用的智能化监控和维修任务实时调度。二是扎实推进专项维修工程，完成工程项目立项148个，维修计划工程完成率达98%。

校园服务工作 持续推进“绿色生态校园”建设，加强校园环境管理和宣传工作，完成了秀山亮化、画眉潭提质改造、樱花园提质改造等系列工程。同时，细化日常管理，顺利完成了春季义务植树活动和校园景区增绿补绿、校园白蚁防治、树木施肥、抗旱防冻、垃圾清理等日常工作，并顺利完成了省级文明卫生单位复查、湘潭市创文创卫环境整治等有关工作。

楼舍服务工作　一是通过实地调研，引进先进的管理模式和技术，全面推进物业服务管理的科学化和规范化运行；二是细化宿管员工作标准与工作流程，落实责任片区管理制度和夜间检查制度，加大对物业公司的监管力度，确保达到保洁标准与服务质量；三是积极开展“文化园区”创建工作，通过添置设施设备、开展爱心捐助活动，打造人文亲和、学习进取的生活环境；四是完善学生宿舍基础设施建设，将琴湖6~9栋由原有的公共澡堂改造成太阳能热泵系统。

能源服务工作　围绕学校用电负荷、供电线路老化、线路走向与敷设等情况，制定了电力增容工程改造方案，并于4月3日顺利完成学校新老电源过渡变电，标志着学校电力增容改造供电专线正式投入运行。此次电力增容后，学校电力总负荷在原有6 000 kW 的基础上，增加到18 000 kW。同时，为解决学校周边供水问题，已达成《羊牯村供水终止协议》。

（唐竹娟）

基建工作

工程训练中心施工现场

发展概况　基建处现有职工11人，其中聘用人员1人，2016年职院调入1人、招入1人。全年完成基建维修合同46项，其中工程合同9项、维修合同18项、规划勘设合同19项。维修工程立项28项。召开基建监管小组会议22次，召开党务工作会议17次，答复第七届第二次教职工代表大会提案8个，填报校党委会议、校长办公会议议题28次，完成基建技术资料移交213卷。

基建项目　全年新建房屋竣工面积约36 646平方米，在建房屋26 108平方米。主要内容如下：(1)琴湖学生公寓17、18栋工程，建筑面积12 720平方米，总投资2 321万元，两栋砖混六层，共有4人间宿舍346间，由省宏星建筑工程有限公司承建，2016年5月投入使用。(2)工程训练中心工程，建筑面积23 022平方米，总投资8 766万元，主楼5层，省第三工程公司承建，2016年12月完成竣工初验。(3)综合实验大楼，建筑面积26 108平方米，总投资7 028万元，2栋六层，由省第四工程公司承建，2016年12月启动施工。(4)化机楼扩建工程，建筑面积760平方米，中标价117.87万元，2016年12月完成主体验收。(5)数学与计算科学学院卫生间扩建工程，建筑面积144平方米，中标价为38.59万元，2016年9月竣工并投入使用。

基础设施建设及维修改造工作　全年维修项目共立项28个，累计完成投资2 523.8万元。主要内容有：工程训练中心工程室外工程；兴湘学生公寓1~5栋修缮工程、主排水管道改造工程、宿舍道路改造工程；琴湖学生公寓 17、18 栋室外工程、室外通水通电工程；琴湖景观东面大塘清淤工程、驳岸工程、东面道路工程；湘潭大学综合服务大楼改造工程；西大门道路土方工程；综合实验大楼场地平整工程；湘潭大学南校门道路改建工程、保卫处警务室改造装饰工程等。

特色工作 编制了“十三五”基本建设规划；组织申报了中西部高校基础能力建设工程第二期项目并获得通过；制订了《湘潭大学基本建设管理办法》(湘大政发〔2016〕3 号)；制订和完善了基建处日常行政管理制度；完成了600 亩校区修建性详细规划设计；启动了毛泽东思想研究大楼的立项等工作。

(张晓慧)

图书馆工作

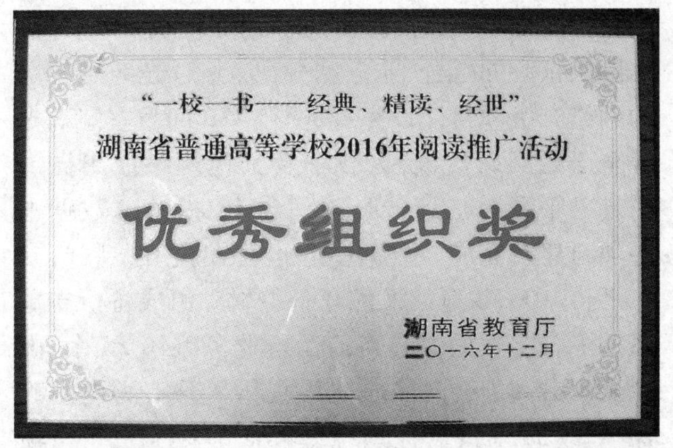

发展概况 完成了第四教学区图书馆的合并接收工作。图书馆在编职工 89 人，馆藏印本文献 329 万余册，现刊2 288 种，电子数字资源数据库 97 个，电子图书 593 万余种，硕博论文 405 万余篇，电子期刊 6 万余种，数字图书馆容量 132T。2016 年度，新增印本图书 6 万余册，新增数据库 14 个。图书馆全年文献借还量达 49. 3 万册，文献阅读量达 53. 6 万余人次。2016 年完成国家级、地市级课题立项查新 26 个，为科研评价报奖等查收查引2 000余篇，传递文献10 266篇次。开展用户培训 7 场，培训 300 人。已完成 10 个学科平台的建设。开展了“悦 · 读湘大”阅读文化活动，组织学生参加湖南省教育厅举办的“一校一书——经典、精读、经世”阅读活动，获“湖南省教育厅阅读推广优秀组织奖”。对服务器和磁盘阵列进行重新配置，购买了两台 Dell R730 服务器，扩大了近 40T 的存储容量，以保证它们的正常使用。购置了 65 台新的电脑，新建设了多媒体视听室。完成了新一轮岗位聘任，晚上开放的厅室从 3 个增加到 14 个。2016 年获得地市级课题和校级教改课题立项 2 项，发表论文 3 篇，其中 CSSCI 来源期刊 1 篇。至 2016 年，有 5 名馆员入选湖南省图书馆学会中青年人才库，1 人入选市优秀社科专家库及学校第四届社科联学术委员会委员，并被选举为市图书馆学会监事会负责人。

特色工作 图书馆在原有班次开放的基础上增加了 11 个厅室的周末及晚班的开放。图书整理、占座清理、为图书馆的发展谏言献策等，在图书馆时常能看到学生志愿者的身影。

主题为“悦湘大 阅幸福”的“悦 · 读湘大”阅读文化活动开展，系列活动开幕式暨浮石见面会在线下互动的基础上增加了微信直播互动，同时期共有 6 万人次通过扫描活动二维码收看，高科技手段让师生参与图书馆的活动更加直接和便捷。

开展阅读文化活动形象标识征集大赛、大型书展、“一校一书——经典、精读、经世”有奖书目推荐及征文比赛、青年作家卢思浩见面会等各类活动，总计 20 多项，线上线下参与人数 10 多万人次。

微信平台、QQ 平台、云空间的运作将图书馆与读者的互动更加常态化，官方 QQ 的空间、“悦 ·

读湘大”师生读者微信群、读者交流 QQ 群里常常能看到读者交流读书心得；超星云舟知识空间创建了湘潭大学“一校一书”专题活动，馆员也积极参与专题建设，制作工作、学习等方面的专题共20个。

（王君）

网络与信息化建设工作

校园卡管理中心外景

发展概况　湘潭大学核心校园网具备万兆或千兆到汇聚，千兆或百兆到终端用户桌面的传输速率，拥有中国电信、中国移动、中国联通、中国教育与科研计算机网等网络出口，出口带宽达到 11Gbps，开通了 IPv6 作为 IPv4 的补充，拥有 20 个完整的 C 类 CERNET 网 IP 地址、32 个中国电信 IP 地址、29 个中国移动 IP 地址、5 个中国联通 IP 地址。湘潭大学教学、科研和管理用户以及师生个人校园网用户61 014个，邮箱用户40 524个，VPN 用户1 388个，网络节点42 548个，代理服务器 49 个。湘潭大学拥有 www. xtu. edu. cn 和 www. xtu. cn 两个域名，建有中英文门户网站，门户网站下属独立网站 148 个。

特色工作　一是智慧校园建设。湘潭大学智慧校园二期软件工程稳步推进。数据中心平台、统一身份认证平台、统一信息门户平台已上线投入使用。各应用系统与各平台之间的身份与数据对接，正随着各应用系统的上线不断实现。当前已完成了财务智能平台、OA 系统、学工系统、科研系统、心理咨询等23 个应用系统的统一身份认证；已完成财务系统、人事系统、新综合教务管理系统、学工系统、研究生管理系统、OA 系统等 30 个应用系统与数据中心的数据对接，共计完成数据交互 91 项。二是校园网络建设。(1)物联设备专用支撑网络建设完成，实现了物联支持网络与数据网的核心网融合、业务端分离。(2)光纤到教室的网络升级项目建设完成，全校 430 间教室实现光纤全千兆网络接入，为教学及其他网络应用提供了基础平台。三是云服务平台建设。(1)数据中心项目建设完成。数据中心运行在全万兆网络支撑平台，100TB 存储及配套备份软件组成备份支撑系统平台。数据中心当前运行业务系统 20 个，虚拟机 40 台，为智慧校园建设提供了强有力的基础保障。(2)学校监控系统云存储建设完成。该项目有 800T 存储容量，能满足全校 449 个高清数字摄像头一个月的存储需求。四是校园卡系统建设。门禁系统进一步完善建设。安装院(系)楼栋门禁 43 套，安装 631 间寝室 IC 卡门锁及配套大门门禁。协助保卫处建立车辆出入管理子系统。直饮水系统一期工程建设完成。五是网站建设。湘潭大学中英文门户网站新版上线。完善教育阳光服务平台，增加统计查询分析功能。参与湖南教育网共建频道“律法之湘”网站的管理与运行维护，截至 2016 年 12 月底，发布信息2 654条。六是信息化试点工作。完成教育部第一批教育信息化试点单位的验收。学校入选“湖南省教育信息化创新应用示范学校”，并获得 50 万元资助经费。

（曾玄）

教学质量监督与评估工作

监控队伍与制度建设　一是组织督导团、相关职能部门及学院领导20余人参加上级举办的审核评估、高校质量保障、专业认证、教学督导等培训,引导职能部门和学院将审核评估、专业认证工作的要求进一步落实到日常教学工作中。二是坚持督导团学习制度,准确把握上级政策,确保科学履行督导职责。三是加强学生信息员遴选和培训,提高其工作效果。四是制定《本科教学工作审核评估自评工作实施方案》,督促各学院(系部)增强人才培养质量主体意识,加强内涵建设,持续改进教学中存在的问题。

日常监控及运行　一是开展教学质量检查。组织督导团听课评课帮课,检查教学秩序、考风考纪、试题质量和试卷评阅质量、研究生助教考核、本科毕业论文(设计)质量及答辩等工作。二是完成2016年本科教学基本状态数据的采集、分析与上报工作。三是编制发布2015—2016学年《本科教学质量报告》。四是开展学生评教、本科教学状况和应届毕业生学习满意度调查。五是组织学生教学信息员收集教学过程中的问题与建议。六是完善教学质量评价系统和教学信息反馈系统,实现多元、立体、常态化的质量监控运行机制。

监控结果反馈与利用　一是畅通信息渠道。构建学生、教师、教学管理人员和督导团专家四位一体的教学信息反馈体系,开展常态化信息反馈工作。二是反馈及时。以召开反馈会和"问题实时通报"的形式,将检查情况及时向学院(系部)和相关职能部门反馈,提出整改建议。三是评价结果公开。编印《教学评估与督导通讯》两期,下发《教学质量检查问题通知单》到相关单位,督促整改。四是形成调研分析报告。撰写了《本科教学基本状态数据统计分析报告》《本科教学状况调查报告》《应届毕业生学习满意度调查报告》《学校对本科教学状况需引起重视》《学校对新进教师课堂教学质量需关注》,为学校教学改革和发展决策提供依据。五是评价结果运用。各学院(系部)将教学质量检查结果广泛运用于教师奖惩、津贴分配、职务晋升等,引导教师投入更多的精力从事教学。

(何冬丽)

出版社工作

图书工作　一是重点项目申报、实施工作成效显著。"如何当好调解员系列丛书"和"湖南方言系列丛书"获2016年度国家出版基金资助(全国376项,湖南省8项,我社是湖南省唯一一家获得两个资助项目的出版单位);《伟大的民族英雄:毛泽东与抗日战争》荣获中华优秀出版物奖·提名奖(湖南省大学出版社唯一一种获奖图书);《乡贤文化的前世今生》入选中宣部、国家新闻出版广电总局"2016年主题出版重点出版物选题"名单(全国96种,湖南省2种);《红藏:进步期刊总汇(1915—1949)续编》《世界围棋通史》《硅探测器的抗辐射加固技术》以及"南方主要少数民族乡规民约与社会治理研究丛书"4个项目列入"十三五"国家重点出版规划,其中:《红藏:进步期刊总汇(1915—1949)续编》入选国家"十三五"时期重大出版工程规划,"南方少数民族乡规民约与社会治理研究丛书"获湖南省2016年度文化事业引导资金项目资助,《马桑树儿搭灯台——湘西北红色传奇》获湖南省重点出版物资助。二是出版、销售规模保持稳定。全年共出版图书259种,其中新书147种,再版重印图书112种,销售码洋3 000余万元。三是平台建设取得新突破。获批中小学教辅材料全学科出版资质,红藏:进步期刊总汇数据平台建设正式启动。

期刊工作 编辑出版《湘潭大学学报(哲学社会科学版)》6期、《湘潭大学自然科学学报》4期、《中国韵文学刊》4期。《湘潭大学学报(哲学社会科学版)》入选CSSCI来源期刊、中文核心期刊、中国人文社会科学核心期刊,并继续获湖南省委宣传部优秀理论刊物的资助,主编章育良参加教育部高校哲学社会科学学报名栏名刊主编会议并作了题为《高校学报应努力成为思想政治教育的主阵地》的典型发言。《湘潭大学自然科学学报》入选中文核心期刊,获中国高校科技期刊研究会"2016年度中国高校优秀科技期刊"。《中国韵文学刊》入选中文核心期刊。

(申永丰)

2016年4月22日,"如何当好调解员系列丛书"在湘潭大学首发,最高人民法院副院长李少平、湖南省人大常委会副主任谢勇、省高级人民法院院长康为民等领导出席首发仪式

档案馆工作

2016年6月23日,档案馆为用户提供档案利用服务

发展概况 馆藏综合档案48 636件、74 690卷,干部人事档案3 917卷,专业技术档案2 290卷。现有专职人员6人,其中副高职称1人、中级职称3人、硕士研究生2人、本科生3人。

特色工作 一是加强收集,优化馆藏资源。(1)完成了2015年度各门类档案材料的收集、整理、归档工作,全年收集综合档案3 188卷、3 955件,照片410多张,光盘110张,实物20件;接收、录入干部人事档案14 155份,专业技术档案2 260份。(2)完成了2016年2 000多名博士、硕士毕业生学位档案和5 000多名本专科毕业生的成绩、照片和论文鉴定材料的收集、整理、归档和目录计算机录入,立卷2 300多卷。(3)开展毕业生合影收集工作。收集毕业生合影照片260余张,优化馆藏资源结构,丰富学校声像档案内容。(4)调整干部人事档案整理分类标准。新转入人员干部人事档案均按新标准进行分类整理,并逐步开展原库藏档案分类整理标准的调整工作。二是加强数字化建设,优化档案利用服务。(1)开展毕业名册扫描上传工作。目前已有数字化档案案卷6 719卷、数字化文件数51 367件,为学校的中心工作提供了快捷、便利的网上档案查询、下载服务。(2)充分发挥网络服务功能，试题专区和留言本专区运行良好，为报考学校的考生和毕业后的校友信息咨询提供了有力的支持与参考。目前档案馆网页访问量已经达到159 682次，今年网页访问量达61 594次，平均每天有160多台电脑来访。(3)综合档案共接待利用2 173人次，7 714卷次。干部人事档案接待利用共392人次，1 081卷次；业务档案44人次，170卷次。在巡视工作中提供了大量档案利用服务。(4)参与了《湖南省教育人物志(1978—2015)》编纂工作，为人物志的编纂提供了大量素材。三是积极参加湖南省高等教育学会档案专业委员会和湖南省直机关档案工作协作组活动，加强与省内兄弟院校的交流与沟通；协助组织部、人事处开展干部人事档案审核工作；协助研究生院开展招录考生档案清理审核工作；参与了工程实验中心大楼竣工验收工作；参与了金瀚林公寓整体回购工作。

（肖友桃）

校地共建工作

新校区600亩土地规划鸟瞰图

发展概况　校地共建中心成立于2016年4月，主要负责学校与湘潭市经济社会深度融合发展、新校区600亩土地征收、过去征地遗留问题处理等工作。

特色工作　一是校地共建中心配合党政办、教务处，申报并成功获批湖南省首批校地工作试点单位。二是根据共建、共享、共生、共荣的发展理念，校地共建中心与湘潭市委、市政府密切沟通，推动市委、市政府出台了《关于进一步推进驻潭高校与地方经济社会深度融合发展的意见》。本政策的出台，对推动学校与地方经济社会深度融合发展以及学校“双一流”建设具有重要意义。三是2016年5月底，历时4年的新校区600亩土地征收工作全面完成。本项目2012年6月正式启动，涉及卫星村9个村民小组598人，房屋114栋，建筑面积38 000平方米。征地成本45万元/亩。四是历时8年的南校门扩建项目安置工作2016年底得到圆满解决。本项目涉及的安置户16户83人，积累的矛盾错综复杂；2016年12月学校出资800万元，打包给雨湖区政府全权解决。至此历时8年错综复杂的矛盾得到圆满解决。五是兴湘学院北侧征地历时6年得到解决。兴湘学院北侧第二次征地约8亩，由于各种原因，2栋房屋未拆除，土地被村民占用。2016年9月开始，校地共建中心先后10多次上门做工作，邀请长城乡、卫星村干部出面协调，并请区政府召开专题会议明确工作任务。两栋房屋于11月27日拆除，兴湘学院北侧征地遗留问题扫尾工作最终完成。六是完成了2000年以来已征收的580亩土地的办证工作。2000年以来，学校先后征收周边土地约580亩，均未办证，且大多数资料已经丢失，为了不让国有资产流失，校地共建中心在市国土资源局、规划局寻找相关资料达一月之久，通过半年努力，于2015年底将580亩土地正式登记在学校名下。七是协调多方，全力化解学校与周边矛盾纠纷。学校与周边关系错综复杂，均因村民无偿得利造成。校地共建中心多次向雨湖区委、区政府汇报，得到了区委、区政府主要领导的高度重视，对村民无偿用水、村民阻工、村民开车在学校通行、校内综合治理等问题多次召开专题会议研究解决办法，解决了学校一系列问题。八是促进校地合作"脱虚向实"，在与湘潭市各级政府共建合作上迈出了实质性步伐，在争取政府资源方面取得了明显成效。

（陈国宝）

工程训练工作

工程训练中心鸟瞰图

发展概况　湘潭大学工程训练中心的前身是始建于 1985 年的 湘潭大学机械实习工厂。建设初期，主要开设车、铣、刨、磨、铸、锻、焊、钳工等传统金工实训项目。2002 年，为了实现实训项目与主流技术相结合，湘潭大学以迎接教育部本科教学质量评估为契机，投入了 300 余万元改善实习场地，并增加了数控车、数控铣、电火花线切割等实训项目。2012 年 7 月开始筹建湘潭大学工程训练中心；2015 年工程训练中心大楼正式启用；2016 年湘潭大学正式成立校级工程训练中心；2016 年 7 月，将实习工厂成建制纳入工程训练中心。工程训练中心隶属于学校的直属教学单位，现有建筑面积25 000余平方米，教学设备总值2 000多万元，专职教学人员 32 人，其中教授 1 人，副高 4 人。

特色工作　中心面向全校文、理、工各学科学生开设工程认知、工程实训与创新等实践教学项目，逐步实现训练手段由传统向现代转变、训练学科由工科向多科转变、训练项目由单一向综合转变、训练层次由低级向高级转变、训练方向由技能向素质转变、训练重点由基础向创新转变。努力将中心打造成与现代企业接轨的工程实践教学基地，为培养研究型、复合型、具有大工程意识和创新能力的高素质人才打下坚实的基础。

中心构建了工程认知、工程基础、先进制造技术、电工/电子、工程复杂系统训练模块、虚拟实训仿真中心、创新与研究、文科大类综合等八个工程训练模块。中心以八个工程训练模块为框架，融合知识、能力、素质教育于一体，构建将能力培养贯穿始终的多层次、模块化的新型工程实践实训教学体系。中心不仅是全校文、理、工各学科专业开展全方位工程实训的实践教学基地以及开展学生创新能力培养与课外学科竞赛的重要支撑平台，也是湘潭大学服务地方经济建设的有力保障，充分发挥出其对周边高校与企业在人才培养方面的辐射与引领作用。

2016 年，学校充分利用中央财政支持地方高校的资金，对中心进行了近期、远期规划建设，同时努力争取社会资源，加强与企业的产学研合作，目前正在与上海曼恒数字技术股份有限公司、湖南智谷制造技术有限公司、深圳力拓创能电子设备有限公司等商谈合作相关事项。2016 年中心承办了湖南省高等教育学会金工教学委员会学术年会。

（周书）

子弟学校工作

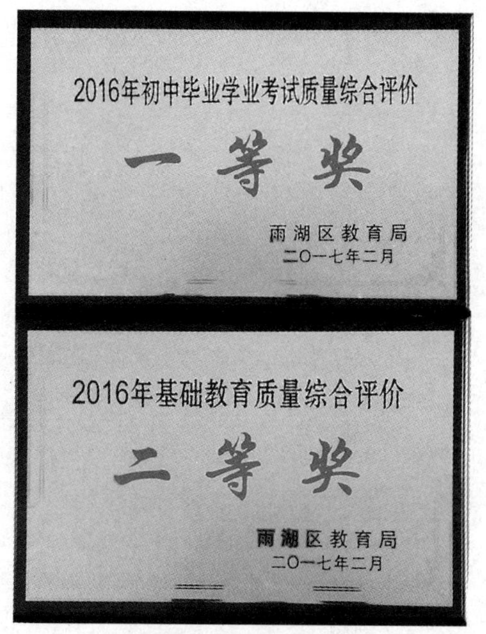

雨湖区教育局颁发的奖牌

发展概况　子弟学校(以下简称“子校”)共有教师59人,其中在编职工47人;华顺派遣人员共3人;通过公开招聘,新增2名合同制员工,现有合同制员工共9人。幼儿园共有教师34人,其中在编职工7人,华顺派遣人员27人。合计共有93位教师。在校中小学生共659人,其中1~6年级556人,7~9年级103人;共有18个教学班,其中小学14个班,初中4个班。幼儿园在园幼儿252人,8个教学班。全校合计学生911人,26个教学班。

特色工作　一是教学教研。2016年,子校中考取得优异成绩。本届初三共43人参加中考,合格率达到100%。840分以上的有16人,其中总分达到900分的有7人。这16人中,有5人考入长沙四大名校,有2人考入县一中,有9人考入市一中和湘钢一中,荣获湘潭市雨湖区教育局颁发的“2016年初中毕业学业考试质量综合评价一等奖”和“2016年基础教育质量综合评价二等奖”。远程培训方面,全体语、数、外教师及其他学科部分教师共42人积极报名参加“现代信息技术素质提升”网上培训。所有参训教师均能遵照培训要求认真开展各项学习活动。外出培训方面,全年共派出44人次外出参加培训学习和观摩考察,如全国知名教育专家小学精品课程展示暨小学校长校务管理研讨会、中小学体育教学培训、足球培训、全国初中英语和数学精品课堂观摩与展示会等。二是队伍建设及人员获奖。在2015—2016学年三优评比中2人被评为区级优秀班主任,1人获评市级优秀班主任。1人获评区优秀德育工作者。三是学生竞赛获奖。2人获评市级三好学生。1人获评市优秀学生干部。3人被评为区级三好学生。1人获区最美学生称号。团总支获评湘大“五四红旗团委”。10名少先队员获评湘潭大学“十佳少先队员”。子校参加雨湖区中小学生田径运动会,荣获乙组总分第一的优异成绩。在省中小学电脑制作活动中,学生作品荣获国家级、省级、市级奖励,子校获得最佳组织奖。四是子校建设方面。更新了音乐教室、美术教室、舞蹈室,对教学楼、实验楼教室、办公室、生活区的线路进行多次检查维修,对教学楼楼顶进行了防水处理,为了师生安全,学校组织人力更换了所有空调固定架。

(邹民安)

第七部分

党建与思想政治工作

组织(党校)工作

2016年9月29日,湘潭市第十二届委员会第一次全体会议在华宇酒店举行,湘潭大学李琳、魏晓林、王协舟等人当选为湘潭市委委员,刘长庚当选为湘潭市政协副主席

发展概况　一是推进"两学一做"学习教育常态化制度化。2016年5月上旬启动了全校党员"学党章党规、学系列讲话,做合格党员"的学习教育。组织学生党员组队参加了全省"两学一做"电视知识竞赛,举办了全校学生党员"两学一做"知识竞赛和党的基础知识竞赛等活动,营造良好的学习氛围。组织全校党员认真学习党的基础知识,分批进行了党的基础知识测试。二是全面接受省委巡视。6月20日至8月20日,省委巡视第八组围绕加强党的领导,聚焦全面从严治党,在学校集中开展为期两个月的专项巡视。组织部积极配合巡视工作,组织开展了对全校29个二级基层党组织与288个基层党支部的摸底与排查,开展了"十二项基层党建工作"大排查、选人用人工作专项排查、党费收缴工作专项排查。三是开展二级党组织书记述职评议工作。进一步完善了《湘潭大学二级党组织党建工作责任清单》,草拟并出台了《中共湘潭大学委员会党建工作责任清单》,对全校29个二级党组织开展了2015—2016年度党建述职评议工作。四是调整优化干部队伍结构。全年共推荐1名正校级领导担任本科院校党委书记,1名副校级领导担任本科院校校长,1名处级干部到兄弟院校担任校级领导职务。提拔正处级干部12名、副处级干部29名;聘任正处级干部2名。交流正处级干部15名、副处级干部25名。五是顺利完成换届选举工作。组织召开了湘潭大学第五届党代表大会,选举出了4名同志为湘潭市第十二次党代表大会代表,并配合中共湘潭市委做好推荐杨雪娟、章兢等2名同志为省第十一届党代会代表的相关工作。组织完成了雨湖区人大代表换届选举湘潭大学选区选举工作。六是抓好干部培训工作。推荐所有校级领导分期分批参加省委党校厅干班等党校学习与培训;选送4位处级干部参加湖南省教育工委党校处级干部进修班,1位处级干部参加省委党校中青年干部培训班学习。

特色工作　一是制度建设初见成效。制定并颁布了《湘潭大学领导干部社会兼职管理办法》《湘潭大学关于院(系、教学部)党政联席会议的若干规定》等规章制度。同时完善部务会议制度,制定了《中共湘潭大学委员会组织部统战部党校会议制度》。二是专题活动有声有色。组织全校集中学习了党章和"一准则三条例",并对教职工党员进行闭卷测试;举办落实"两学一做"学习教育知识竞赛等方式,明确学习教育要求,普及理论知识,推动学习教育工作的深入开展。

(刘建军)

统战工作

发展概况 一是深入贯彻落实中央、省委统战工作会议精神。2016年6月17日,学校召开党外代表人士座谈会,校党委副书记周益春出席座谈会并讲话。6月23日,校党委副书记周益春主持"两学一助"学习教育专题讲座,各民主党派随后分别召开了"两学一助"部署会议,并制定了"两学一助"学习教育方案。党委统战部组织各民主党派开展了"学习习近平总书记关于统一战线的系列重要讲话精神和《条例》知识竞赛"活动。二是精心做好人大、政协、民主党派换届工作。2016年是各民主党派市级组织换届之年。学校7个民主党派中有6个民主党派中的成员当选为湘潭市委副主委。同时在市、区两级人大代表及政协委员的换届工作上也已画上圆满句号。2人新当选为湘潭市人大代表(民进会员欧爱民、九三会员葛飞),其中葛飞教授当选为湘潭市人大常委会常委。20人新当选为湘潭市政协委员,其中4人当选为湘潭市政协常委;曾虹燕继续当选为湘潭市政协副主席。7人当选为雨湖区政协委员,1人当选为雨湖区人大代表。三是切实做好党外干部培训工作。推荐选派宋德发教授参加8月份中央统战部第一期"高校青年党外知识分子理论研究班",全国共招收50名学员,湖南省仅有一个指标;选送物理与光电工程学院钟建新教授参加8月份由中央统战部在井冈山干部学院举办的第三期归国留学人才研究班。四是认真做好党外干部政治安排工作。九三学社会员葛飞教授被任命为环境与资源学院院长;民进会员陈旸被任命为体育教学部部长;九三学社会员肖冬梅教授被任命为知识产权学院执行院长、法学院副院长(兼);无党派人士宋德发教授被任命为教务处副处长;九三学社会员曹霞副教授被任命为外国语学院副院长;民进会员杨丽被任命为材料科学与工程学院副院长。五是加强与中央统战部、省委统战部联系,并邀请相关领导考察指导。5月4日,省委常委、省委统战部部长黄兰香来学校考察调研,省委统战部常务副部长谭平,湘潭市委书记曹炯芳、市委秘书长陈忠红、市委统战部部长廖桂生等陪同调研;7月5日,省委统战部常务副部长谭平来学校作统战工作专题辅导报告,效果良好。

主要特色 一是构建院校两级统战工作网络,破解二级党组织统战意识不强的问题。学校统一布局,考虑在二级学院绩效考核指标中,增加学院统战工作的绩效考核指标,将考核结果作为学院党建工作的组成部分,以考核的压力提升二级学院统战工作的意识与能力。二是发挥学校独特学科优势,整合资源,化解学校统战工作的"游击战"现象。结合学校自身的科研优势,整合资源、集中公关,探索并逐步形成参政议政的重点,打造具有特色的统战工作精品成果。目前正在向省委统战部申请成立统战理论研究基地,依托基地发挥协调功能,整合党外科研力量,以课题引导为途径,进行统战工作的协同创新,实现科学研究、社会服务与参政议政的多赢。

(刘建军)

宣传思想工作

发展概况　一是理论教育。围绕“两学一做”学习教育、习近平系列重要讲话精神和学校“双一流”建设等内容组织党委理论学习中心组开展8次集中学习。先后邀请校内外领导和专家举办专题讲座10余场、上专题教育党课30余次。以湖南省中国特色社会主义理论体系研究中心湘大基地名义在《湖南日报》(理论版)发表论文5篇。基地研究人员在《求是》《光明日报》《中国社会科学报》发表研究论文20余篇,获省中心委托研究项目2项。湘大基地再次获“全省优秀研究基地”。学校获批全省思想政治工作研究基地,并以研究基地名义出版专著2部。2项课题获省高校思政研究会立项,2篇研究论文获评优秀,2件作品获全省首届高校网络思想政治教育优秀作品。党委宣传部获评2016年度“宣传思想工作研究与实践先进单位”,马克思主义学院“领航讲堂”获评“宣传思想工作优秀案例”,吴克明教授获评“宣传思想工作研究与实践先进个人”,齐绍平入选2016年湖南省“思想政治教育中青年杰出人才支持计划”。二是新闻宣传。完成校报、广播电视新闻的采写编辑出版和播出等工作。在《光明日报》、中央电视台、新华网、《湖南日报》、湖南卫视等中央和省级主流媒体刊发、播出新闻稿件1 000余篇(条/次),发稿数量和质量在省属高校中排名前列。微信公众平台综合影响力周排名稳居全省高校前五,湘大官微获评“全省高校优秀官方微信”。三是精神文明创建和校园文化建设。结合参与湘潭市争创全国文明城市工作,组织开展以创文为主题的校园文化活动。指导参与组织金翼5·18孝行协会、“百灵鸟”杯辩论赛、大学生DV文化艺术节等文化活动。规范管理校内宣传制品和哲学社会科学学术活动。学校被认定为“湖南省文明高等学校”。

特色工作　完成近3年来校党委中心组理论学习情况的总结和全省党委中心组学习的专项督查,学习开展情况及成效得到督查组的充分肯定。持续向外推介退而不休的曾子其老师、创业典型段小桃、《中国研究生》杂志封面人物邓榕等一批典型。对全校各单位、学生社团创建的QQ群、微博和微信公众号以及校内出版物进行摸底,对新申请公众号和出版物进行严格审批把关。全面实行学法用法无纸化考试。学校获评“2011—2015年全国法治宣传教育先进单位”。

(谌君)

离退休工作

发展概况　湘潭大学有离退休人员1 289人,平均年龄72.8岁,其中离休干部33人,本年度退休人员25人,去世22人,净增3人。部(处)党委设有23个支部,党员648人。

管理与服务　一是畅通交流沟通渠道。学校坚持每年向离退休人员通报学校建设和发展情况,分管校领导坚持每月接待老同志。二是加强群团组织建设。对老年大学等群团组织进行改革并理顺关系,将老年体协、老年大学、金秋文工团合并重组为老年大学,下设教务中心、文艺中心、体育中心。三是加强制度建设。起草了《关于进一步做好关心下一代工作的意见》并已下文,《关于进一步加强和改进离退休工作的实施意见》,正在修订。四是认真落实离退休人员各项待遇。协助相关职能部门落实国办发〔2016〕62 号、湘人社发〔2016〕55 号文件的精神，增加了离休人员的离休费，调整了退休人员基本养老金；组织 800 多名老同志进行了体检；全年走访慰问 500 多人次，其中对省外的 20 名离退休人员进行了走访慰问；协助家属及原单位办理丧事 18 起。五是建立微信平台和制作了离退休工作部(处)便民服务卡，发放便民卡 800 多张。六是加强老年活动场地建设，在老年活动中心开通了公共 Wi-Fi，安装了电子显示屏，更换了老年大学教室桌椅等，把“文化养老”落到实处。

活动开展情况 一是组织各大协会参加省市文艺汇演、三八门球赛、钓鱼比赛、气排球比赛等各种活动 30 余次。老年大学的《映山红》情景剧舞蹈在雨湖区承办的“快乐兴湘 · 幸福湘潭”大型群众文艺汇演中获得第一名；老年钓鱼代表队获湘潭市比赛团体总重量第一名，吴族华同志获个人钓鱼重量第一名；老年男子气排球队获湘潭市气排球比赛亚军。二是 10 月成功举办了第九届老年运动会。三是组织离退休骨干人员分别在 5 月和 11 月参观湘潭市盘龙大观园、浏阳谭嗣同故居；四是全力做好了全国老年大学文艺汇演在我校俱乐部演出的协调工作，并获得了上级部门、学校领导和老同志的好评。

获奖情况 部(处)党委获学校“先进二级党组织”，获湖南省老科协工作先进集体，关工委在省教育厅关工委的考核评估中获得优秀等级，钟伟来同志获湖南省老干部工作先进个人，张邵湘同志获湘潭市“十佳孝亲敬老模范”。

(汤辉)

2016 年 12 月 23 日，纪念毛泽东同志诞辰 123 周年暨迎新年健步行活动照片

机关党委工作

发展概况 一是以“两学一做”为主线，推进党员党性教育。制定《机关党委开展“学党章党规、学系列讲话，做合格党员”学习教育实施方案》及推进方案。组织支部书记学习上级文件，指导党支部完善、充实专题学习方案及围绕“四个专题”开展学习讨论。机关党委委员深入联系支部的党员大会并讲授党课，检查党支部“三会一课”落实情况。组织党员观看党性教育视频及参加学校组织的“两学一做”闭卷考试。二是以党建工作排查为载体，夯实基层组织建设。组织支部书记参加了学校关于“十二项基层党建工作”大排查的培训。对排查“党的领导弱化、党的建设缺失、从严治党不力”的具体表现进行了整改落实；指导审批 15 个党支部进行支委换届、改选或补选工作；指导两个党支部设立了党小组。组织完成党费收缴和补交工作。三是以“十六字方针”为宗旨，严格发展党员工作。做好党员的发展工作，确保发展党员的质量。遵循“坚持标准、保证质量、改善结构、慎重发展”的方针，细化要求，慎重确定培养对象，细化发展程序，规范存档材料要求。组织 4 名干部职工参加了党委党校入党积极分子培训班学习，按要求吸收了预备党员 4 人，1 名预备党员按

期转正。四是以党员评议评优为抓手,鼓励先进树立榜样。组织了2015年度机关党员民主评议,参加评议的227名党员全在合格以上,其中44名同志被评为优秀党员。建党95周年评优,机关党委10名同志被评为“优秀共产党员”,7名同志评为“优秀党务工作者”,3个党支部获评“先进党支部”。五是以“分工合作有作为”为主旨,配合其他部门开展工作。配合人事处对33个机关及直属单位2015年度目标任务完成情况进行了检查,对发现的问题及时进行了沟通和汇报。配合学校做好了湘潭市第十二次党代表大会代表推荐工作及雨湖区人大代表换届选举工作。

特色工作 一是启动了支部“特色活动”工作。社科处支部、招生就业指导处支部、学工武装军选支部、教务处支部获批本年度支部“特色活动”立项,其中社科处支部的“社科知识普及活动”已结题并发表新闻稿上传至机关党委网页。二是继续开展“政治生日贺卡”活动,提醒党员不忘初心、继续前进;协同职能部门及时看望生病住院的机关人员,对生活中出现困难的同志予以帮助。三是引领支持群团工作。指导机关团委完善工作计划,支持机关团委开展“微信希望工程一元捐”活动,纪念红军长征80周年活动以及爱心书屋的建设,支持部门工会开展活动。

(舒任颖)

2016年9月1日,党委副书记周益春在办公楼B311参加机关党委党支部书记会议

纪检、监察工作

2016年7月12日,校纪委有关校领导及相关部门主要负责人召开党风廉政建设和反腐败工作组织协调联席会议

发展概况 一是结合“两学一做”,扎实开展以学习贯彻《中国共产党廉洁自律准则》《中国共产党纪律处分条例》为主要内容的教育活动。发放《准则》《条例》等辅导资料20 000余册,校纪委书记高协平同志带头在重要会议上6次宣讲党纪党规,为二级党组织发放反腐专题教育片《永远在路上》,开辟党纪条规系列宣传板报,联合举办大学生“两学一做”知识抢答赛。二是聚焦监督执纪问责,加强了纪律审查力度。2016年,共查办违纪案件3起,启动问责调查7起,办结信访问题56件次。对11名干部进行了纪律处分、诫勉谈话、调整岗位等问责处理,对14人次进行了批评教育。三是切实推进日常监管常态化。在继续抓好对选人用人、设备物资采购、基建维修、招生考试等重点领域监管的同时,突出加强了对工作纪律、“四风”

等问题的明察暗访力度,加大了对倾向性、苗头性问题的约谈、函询力度,防止小问题演变成大问题。四是认真做好省委巡视检查及整改工作。在省委巡视第八组进校巡视期间,校纪检监察与相关部门通力合作,推动解决问题180余个,查办信访件40余件,提出整改措施146条,协调配合建立相关规章制度30余个,圆满地完成了各项任务。省委巡视组和校党委给予了充分肯定。五是进一步加强反腐倡廉合力建设。起草《关于落实党风廉政建设党委主体责任和纪委监督责任实施办法》,明确各单位党风廉政建设"两个责任"。出台《纪检监察监督工作办法》《二级党组织纪检委员配备管理办法》《校纪委委员联系基层党组织工作制度》等制度,明确纪检监察监督的再监督、检查的再检查。落实纪委委员发挥承上启下、监督指导的作用,纪检委员发挥信息传递、教育提醒的作用,推动上下联动的党风廉政建设局面。

特色工作 学校纪委坚持聚焦监督执纪问责,以取得反腐倡廉实际成效取信于师生员工。荣获2016年度"全省教育纪检监察工作目标管理考核综合奖一等奖"以及"全省教育系统纪律审查工作先进单位"。在《湖南日报》《党风廉政》等主流媒体上推介了反腐倡廉工作典型经验。密切与湖南工业大学、湖南商学院、湖南财政经济学院、湖南人文科技学院等兄弟院校的业务交流。积极加强与北京大学、山东大学等教育直属高校和省部共建高校之间关于廉政理论研究的交流合作。

(黄涓)

安全保卫与维稳工作

2016年1月21日,校领导带队检查安全工作

发展概况 一是校园持续稳定。经常性开展校园维稳形势研判,加强情报信息工作,突出抓好重点时期维稳工作,对可能影响校园稳定的各类因素建立台账;围绕重点时期,开展了8次矛盾纠纷和不稳定因素的排查,汇编整理《情况反映》28期;落实好防范和处理邪教问题的各项工作,将反邪教警示教育落到实处,构筑起了抵御邪教的牢固防线。二是治安防范能力不断提升。完成了安保力量的整合,撤销了有单位管理的楼栋门卫,顺利完成了全校保安人员归口保卫处管理的移交,确保了保安队伍的平稳过渡。2016年12月学校保安服务招标工作按时完成。加大对楼栋管理员、老年巡逻队等各支群防队伍的指导,加强与公安机关联系,充分发挥警务室作用,逐步完善人防、物防、技防相结合的三位一体的防范网络。三是重大活动安保工作细致到位。全年完成重大活动安保62次,出动力量800余人/次。四是狠抓大学生安全教育。通过发放宣传资料、开展讲座等形式大力开展大学生安全教育,大力开展安全知识普及教育;开设了3门大学生安全教育选修课;充分利用"平安湘大"微信平台等新媒体和积极发挥学生安全宣传队的作用,切实提高大学生安全防范意识。五是积极推进校园及周边环境综合治理工作。经常性开展校园交通安全整治行动,巩固了打击流动摊贩的整治成效;完善校园交通设施,新增了交通标志标牌、停车位等100多处。配

合开展校园及周边环境专项整治行动12次。六是组织了28场(次)消防知识讲座,开展了5场(次)消防及应急演练;及时维护和更换消防器材、设施,保证消防器材完好有效;加强对志愿消防队的培训和管理,提高初级火灾的扑救能力。七是深入推进校地共建。积极邀请市、区有关部门来校现场办公,组织召开4次校地共建联席会、座谈会,探索、研究和部署校园安全保卫工作。

八是户籍管理、出入境人员登记备案等各项服务管理工作质量稳步提升。

特色工作　如期完成教学区门禁系统建设、车禁系统建设和监控系统升级改造工作。配合网络与信息管理中心,在撤销门卫的所有楼栋安装了57套门禁系统;在南校门、东大门安装了2套车禁管理系统;把监控系统纳入智慧校园平台建设,对监控中心进行了改造升级,安装了监控探头395个。成功回收53家校内商业门面,拆除22处门面或违法建筑(违法搭建物),封堵7个出入校园的口子,结束了校园作为周边村民出行通道的历史。

(张友平)

工会工作

2016年6月30日,校工会组织民主管理委员会代表、教代会代表、教职工代表及学生代表针对后勤部门的各个食堂进行专题检查和巡视

发展概况　校工会新引进工作人员4人(其中具硕士学位的2人),目前具有研究生学历的4人,党员9人,形成了一支高素质的具有战斗力的工会工作队伍。校工会积极有效地开展学校群团工作,获评湖南省2016年度综合工作先进单位,这也是自2012年起,校工会连续五年获得湖南省教育工会综合工作先进单位荣誉,并连续三年获"湖南省直属基层工会财务工作先进单位一等奖"。

特色工作　一是以激发活力为目标,扎实推进民主管理工作。组织召开了第七届教代会、第十届工代会第三次会议及两次教代会主席团团长及女工委员会委员工作会议。积极开展后勤监督工作,对学校所有食堂进行了座谈会、问卷调查、实地检查,反馈情况,督促整改,并形成检查报告上报学校。首次使用教代会电子提案系统,对第七届二次教代会提案办理工作进行了评比。二是以服务职工为核心,切实提高教职员工的幸福指数。积极解决湘大中天教师公寓水网改造问题等。持续开展"教师健康工程"、爱心医疗互助工作、看望慰问特殊情况教职工。制定了《湘潭大学职工生活福利物资采购管理办法》,共发放传统节日福利物资及慰问金共400余万元。三是以自身建设为抓手,促进组织建设常态化。长抓建"家"工作,狠抓内部管理,如信息工程学院分工会获得省"模范教职工小家"。扩大宣传信息影响力度,如建设了工会荣誉墙,组织编印了第6期《湘大教工》。坚持开展"工会先进集体""优秀工会干部"等争先评优活动。四是巩固拓展了工运理论研究工作,如中心立项课题10项,1篇论文获中国教科文卫体工会理论研究成果三等奖,组织编订《湖南省工会和谐劳动关系研究中心2012—2016资料汇编》等四本资料,受到了省总工会、省教育工会的好评。四是以文体活动为重点，促进校园文化建设。组织好环校园健身长跑、新进教职工拓展训练活动、青年教职工演讲比赛、“金健杯·巧厨娘”教职工厨艺大赛、教职工气排球比赛等特色文体活动。加强了俱乐部的场地建设，第五届全国老年大学文艺汇演在我校举行，受到了校内外多方肯定。

（谷舒）

共青团工作

2016年“芙蓉学子·榜样力量”优秀大学生评选活动现场

发展概况　共青团湘潭大学委员会是在团省委和学校党委的领导下，统一负责学生思政教育、文化活动、社会实践、科学创新等工作的服务与管理的部门，其下设6个常规部门，指导湘潭大学学生会等13个团属校级组织。校团委紧抓思政教育，深入实施“青年马克思主义培养工程”加强对青年的培养及青年工作的研究；重视科创发展，建设孵化基地，成立创新创业学院，开展科创赛事，培养创新人才；稳推社会实践，开展大学生暑期社会实践活动，鼓励大学生文化、科技、卫生“三下乡”；加强团的自身建设，建立宣传平台，密切团青关系，组织开展团校课程，密切联系各级团组织，不断激发基层团组织的活力和创造力，切实推进共青团改革。

特色工作　校团委响应团中央“大众创业、万众创新”的号召，大力推进湘潭大学创新创业工作。湘潭大学已成功建设创业微工厂、琴湖创业孵化基地校内创客空间2个，校企合作孵化基地2个。学校创新创业孵化基地连续两年被评为“湘潭市创新创业示范基地”（一类），2016年被评选为首批“湖南省大众创业万众创新示范基地”（高校示范基地），获省发改委经费资助100万元，湘潭市市政府专项支持经费200余万元；湘潭大学被认定为“全国首批深化创新创业教育改革示范高校”（全国99所，湖南3所，湘大排名第一）。2016年底在原学生活动中心大楼的基础上进行内外整体改造，拟投资近千万元，升级建筑面积约6 000平方米，设立可满足100家企业与团队同时入驻的创业工位和办公场所100余个，构筑起学生活动孵化与琴湖孵化两个主体基地；并通过设立创新创业学院，建立完善的组织机构，协同构筑创新创业新平台。谱写实践篇章，基地孵化效果好，先后47个创业项目入驻基地，成功孵化湖南“定衣尚”、云迈科技等学生创业项目，提供勤工俭学岗位1 000余个。通过“三创赛”“网络商务大赛”等创业类赛事，遴选出“车内安全监测及预警系统”“麦田工作室”等70多个获得国家级和省级奖项的优秀学生创业项目和团队。

（吴彬彬）

第八部分
学科、专业与平台建设

国家重点(培育)学科

序号	学科代码	学科名称	备　注
1	070102	计算数学	国家重点学科
2	080101	一般力学与力学基础	国家重点学科
3	030503	马克思主义中国化研究	国家重点(培育)学科

(陈淑华)

湖南省优势特色重点学科

序号	学科代码	学科名称
1	0701	数学
2	0817	化学工程与技术

(陈淑华)

湖南省“十二五”省级重点学科

序号	学科代码	学科名称
1	0101	哲学
2	0201	理论经济学
3	0202	应用经济学
4	0301	法学
5	0501	中国语言文学
6	0502	外国语言文学
7	0602	中国史
8	0701	数学
9	0702	物理学
10	0703	化学
11	0801	力学
12	0802	机械工程
13	0805	材料科学与工程
14	0810	信息与通信工程
15	0812	计算机科学与技术
16	0817	化学工程与技术
17	0830	环境科学与工程
18	1204	公共管理
19	1205	图书情报与档案管理

(陈淑华)

国家级特色专业

序号	专业名称	获批时间
1	中国共产党历史	2007 年
2	信息与计算科学	2007 年
3	法学	2007 年
4	英语	2007 年
5	材料物理	2008 年
6	行政管理	2008 年
7	计算机科学与技术	2009 年
8	旅游管理	2009 年
9	化学	2010 年
10	经济学	2010 年
11	软件工程	2010 年

（张红爱）

省级特色专业

序号	专业名称	获批时间
1	中国共产党历史	2008 年
2	材料物理	2008 年
3	信息与计算科学	2008 年
4	计算机科学与技术	2008 年
5	化学	2008 年
6	英语	2008 年
7	法学	2008 年
8	经济学	2008 年
9	行政管理	2008 年
10	旅游管理	2008 年
11	金融学	2008 年
12	新闻学	2008 年
13	物理学	2008 年
14	材料成型与控制工程	2008 年
15	通信工程	2008 年
16	环境工程	2008 年
17	哲学	2009 年
18	历史学	2009 年
19	图书馆学	2009 年
20	化学工程与工艺	2009 年
21	工程力学	2009 年
22	过程装备与控制工程	2009 年
23	微电子科学与工程	2009 年

（张红爱）

省级重点专业

序号	专业名称	获批时间
1	汉语言文学	2001 年
2	法学	2001 年
3	信息与计算科学	2001 年
4	机械设计制造及其自动化	2002 年
5	国际经济与贸易	2005 年
6	行政管理	2005 年
7	材料物理	2005 年
8	经济学	2006 年
9	英语	2006 年
10	旅游管理	2006 年
11	数学与应用数学	2006 年
12	化学	2006 年
13	化学工程与工艺	2006 年
14	计算机科学与技术	2006 年
15	金属材料工程	2006 年

（张红爱）

博士后科研流动站一览表

序号	流动站名称	批准设站时间
1	化学	2001 年
2	力学	2003 年
3	法学	2007 年
4	数学	2007 年
5	材料科学与工程	2007 年
6	理论经济学	2009 年
7	公共管理	2009 年
8	物理学	2009 年
9	化学工程与技术	2009 年
10	哲学	2012 年
11	统计学	2012 年

（肖军芳）

博士学位授予权学科专业一览表

序号	学科门类代码及名称	一级学科代码及名称	二级学科(专业)代码及名称
1	01 哲学	0101 哲学	
2	02 经济	0201 理论经济学	
3	03 法学	0301 法学	
4		0302 政治学	030204 中共党史
5		0305 马克思主义理论	030503 马克思主义中国化研究
6	05 文学	0501 中国语言文学	050108 比较文学与世界文学
7	07 理学	0701 数学	
8		0702 物理学	070205 凝聚态物理
9		0703 化学	070303 有机化学
10			070305 高分子化学与物理
11		0714 统计学	
12	08 工学	0801 力学	080101 一般力学与力学基础
13		0805 材料科学与工程	
14		0817 化学工程与技术	
15	12 管理学	1204 公共管理	

（朱丹红）

硕士学位授予权学科专业一览表

序号	学科门类代码及名称	一级学科代码及名称	二级学科(专业)代码及名称
1	01 哲学	0101 哲学	
2	02 经济	0201 理论经济学	
3		0202 应用经济学	
4	03 法学	0301 法学	
5		0302 政治学	
6		0305 马克思主义理论	
7	05 文学	0501 中国语言文学	
8		0502 外国语言文学	
9		0503 新闻传播学	
10	06 历史学	0602 中国史	
11		0603 世界史	

序号	学科门类代码及名称	一级学科代码及名称	二级学科(专业)代码及名称
12	07 理学	0701 数学	
13		0702 物理学	
14		0703 化学	
15		0714 统计学	
16	08 工学	0801 力学	080101 一般力学与力学基础
17			080102 固体力学
18		0802 机械工程	
19		0805 材料科学与工程	
20		0807 动力工程及工程热物理	
21		0808 电气工程	
22		0809 电子科学与技术	
23		0810 信息与通信工程	
24		0811 控制科学与工程	
25		0812 计算机科学与技术	
26		0814 土木工程	081402 结构工程
27		0817 化学工程与技术	
28		0830 环境科学与工程	
29		0835 软件工程	
30	12 管理学	1201 管理科学与工程	
31		1202 工商管理	
32		1204 公共管理	
33		1205 图书情报与档案管理	

（朱丹红）

硕士专业学位设置情况一览表

序号	类别	领　域
1	0251 金融硕士	
2	0252 应用统计	
3	0351 法律硕士	035101 法律(非法学)
		035102 法律(法学)
4	0352 社会工作硕士	
5	0551 翻译硕士	055101 英语笔译
		055102 英语口译
6	0552 新闻与传播硕士	

序号	类别	领 域
7	0852 工程硕士	085201 机械工程
		085202 光学工程
		085204 材料工程
		085206 动力工程
		085207 电气工程
		085208 电子与通信工程
		085209 集成电路工程
		085210 控制工程
		085211 计算机技术
		085213 建筑与土木工程
		085215 测绘工程
		085216 化学工程
		085222 交通运输工程
		085229 环境工程
		085231 食品工程
		085237 工业设计工程
8	1251 工商管理硕士	125101 工商管理硕士
9	1252 公共管理硕士	
10	1253 会计硕士	
11	1254 旅游管理硕士	
12	1255 图书情报硕士	
13	1351 艺术硕士	135107 美术
		135108 艺术设计

（朱丹红）

本科专业设置一览表

序号	所属学院	学科大类	专业代码	专业名称
1	历史系	历史学类	060101	历史学
2		马克思主义理论类	030502	中国共产党历史
3		工商管理类	120210	文化产业管理
4		政治学类	030204T	国际事务与国际关系
5	哲学系	哲学类	010101	哲学
6		社会学类	030301	社会学
7	马克思主义学院	马克思主义理论类	030503	思想政治教育
8	商学院	经济学类	020101	经济学
9		经济与贸易类	020401	国际经济与贸易
10		金融学类	020301K	金融学
11		工商管理类	120201K	工商管理
12		工商管理类	120202	市场营销
13		工商管理类	120203K	会计学
14		工商管理类	120204	财务管理
15		电子商务类	120801	电子商务
16		工商管理类	120207	审计学
17	公共管理学院	新闻传播学类	050307T	数字出版
18		公共管理类	120402	行政管理
19		公共管理类	120401	公共事业管理
20		管理科学与工程类	120102	信息管理与信息系统
21		图书情报与档案管理类	120502	档案学
22		图书情报与档案管理类	120501	图书馆学
23		政治学类	030201	政治学与行政学
24	旅游管理学院	工商管理类	120206	人力资源管理
25		旅游管理类	120901K	旅游管理
26		旅游管理类	120902	酒店管理
27	法学院 知识产权学院	法学类	030101K	法学
28		法学类	030102T	知识产权
29	文学与新闻学院	中国语言文学类	050101	汉语言文学
30		新闻传播学类	050301	新闻学
31		新闻传播学类	050302	广播电视学
32		新闻传播学类	050303	广告学

序号	所属学院	学科大类	专业代码	专业名称
33	外国语学院	外国语言文学类	050201	英语
34		外国语言文学类	050203	德语
35		外国语言文学类	050204	法语
36		外国语言文学类	050207	日语
37		中国语言文学类	050103	汉语国际教育
38		外国语言文学类	050261	翻译
39		外国语言文学类	050205	西班牙语
40	艺术学院	戏剧与影视学类	130310	动画
41		设计学类	130501	艺术设计学
42		设计学类	130502	视觉传达设计
43	数学与计算科学学院	数学类	070101	数学与应用数学
44		数学类	070102	信息与计算科学
45		统计学类	071201	统计学
46	物理与光电工程学院	物理学类	070201	物理学
47		电子信息类	080704	微电子科学与工程
48		仪器类	080301	测控技术与仪器
49		电子信息类	080705	光电信息科学与工程
50	材料科学与工程学院	材料类	080402	材料物理
51		材料类	080401	材料科学与工程
52		材料类	080414T	新能源材料与器件
53		材料类	080405	金属材料工程
54	化学学院	化学类	070301	化学
55		化学类	070302	应用化学
56		材料类	080403	材料化学
57		药学类	100701	药学
58		材料类	080407	高分子材料与工程
59	化工学院	化工与制药类	081301	化学工程与工艺
60		化工与制药类	081302	制药工程
61		食品科学与工程类	082701	食品科学与工程
62		生物工程类	083001	生物工程

序号	所属学院	学科大类	专业代码	专业名称
63	机械工程学院	机械类	080202	机械设计制造及其自动化
64		机械类	080203	材料成型及控制工程
65		机械类	080205	工业设计
66		机械类	080206	过程装备与控制工程
67		能源动力类	080501	能源与动力工程
68		材料类	080411T	焊接技术与工程
69	信息工程学院	自动化类	080801	自动化
70		电子信息类	080701	电子信息工程
71		电子信息类	080703	通信工程
72		计算机类	080901	计算机科学与技术
73		计算机类	080903	网络工程
74		计算机类	080902	软件工程
75		土木类	081004	建筑电气与智能化
76		电子信息类	080714T	电子信息科学与技术
77	土木工程与力学学院	土木类	081001	土木工程
78		土木类	081002	建筑环境与能源应用工程
79		力学类	080102	工程力学
80		测绘类	081201	测绘工程
81	环境与资源学院	环境科学与工程类	082503	环境科学
82		环境科学与工程类	082502	环境工程
83		环境科学与工程类	082505T	环保设备工程
84		矿业类	081501	采矿工程
85		安全科学与工程类	082901	安全工程
86	国际交流学院	机械类	080202H	机械设计制造及其自动化(中外合作办学)

（张红爱）

专科专业设置一览表

序号	所属学院	学科大类	专业代码	专业名称
1	环境与资源学院	制造大类	580201	机电一体化技术
2		电子信息大类	590202	应用电子技术
3		电子信息大类	590101	计算机应用技术
4		土建大类	560301	建筑工程技术
5		文化教育大类	660108	商务英语
6		旅游大类	640103	导游
7		会计电算化	60204	财经大类

（张红爱）

继续教育专业设置一览表(高起专)

序号	专业名称(高起专文科)	序号	专业名称(高起专理科)
1	会计电算化	1	煤矿开采技术
2	经济管理	2	建筑工程管理
3	市场营销	3	机械设计与制造
4	电子商务	4	数控技术
5	旅游管理	5	模具设计与制造
6	行政管理	6	机电一体化技术
7	电子政务	7	计算机应用技术
8	应用日语	8	计算机网络技术
9	商务英语	9	计算机信息管理
10	文秘	10	电子信息工程技术
11	艺术设计	11	应用电子技术
12	法律事务	12	应用化工技术
13	财务管理	13	道路桥梁工程技术
14	人力资源管理	14	无损检测技术
15	工商企业管理		
16	经济信息管理		
17	房地产经营估价		
18	动漫设计与制作		

(周文胜)

继续教育专业设置一览表(专升本)

序号	专业名称(专升本文科)	序号	专业名称(专升本理科)
1	经济学	1	数学与应用数学
2	国际经济与贸易	2	信息与计算科学
3	金融学	3	物理学
4	法学	4	机械设计制造及其自动化
5	汉语言文学	5	材料成型及控制工程
6	英语	6	电子信息工程
7	德语	7	通信工程
8	新闻学	8	计算机科学与技术
9	艺术设计学	9	土木工程
10	工商管理	10	给排水科学与工程

序号	专业名称(专升本文科)	序号	专业名称(专升本理科)
11	市场营销	11	化学工程与工艺
12	会计学	12	信息管理与信息系统
13	人力资源管理	13	测控技术与仪器
14	旅游管理	14	采矿工程
15	电子商务	15	安全工程
16	行政管理		
17	公共事业管理		
18	动画		

(周文胜)

国家级工程研究中心、实验室

序号	名称	主管部门	负责人	批准时间
1	化工过程模拟与强化国家地方联合工程研究中心	国家发改委	罗和安	2011 年
2	特种功能薄膜材料国家地方联合工程实验室	国家发改委	周益春	2012 年
3	新型储能电池及关键材料国家地方联合实验室	国家发改委	王先友	2015 年
4	新能源装备及储能材料与器件国家国际科技合作基地	国家科技部	王先友	2015 年

(苏绪霞)

省部级以上研究机构

序号	名称	主管部门	负责人	批准时间
	自然科学类			
1	化工过程模拟与优化教育部工程研究中心	教育部	罗和安	2001 年
2	低维材料及其应用技术教育部重点实验室	教育部	周益春	2003 年
3	复杂轨迹加工工艺与装备教育部工程研究中心	教育部	郑学军	2007 年
4	环境友好化学与应用教育部重点实验室	教育部	邓国军	2007 年
5	智能计算与信息处理教育部重点实验室	教育部	黄云清	2008 年
6	教育部教育管理信息中心校园卡标准化研究所	教育部	王　键	2001 年
7	化工过程模拟与优化湖南省工程研究中心	省发改委	罗和安	2000 年
8	特种功能薄膜材料湖南省工程实验室	省发改委	周益春	2010 年
9	锂离子储能与动力电池技术与应用湖南省工程实验室	省发改委	王先友	2011 年
10	微光电与系统集成湖南省工程实验室	省发改委	金湘亮	2013 年
11	复杂重金属废水高效净化技术与应用湖南省工程实验室	省发改委	葛　飞	2016 年

序号	名称	主管部门	负责人	批准时间
12	科学工程计算与数值仿真湖南省重点实验室	省科技厅	舒　适	2004 年
13	材料设计及制备技术湖南省重点实验室		尹付成	2007 年
14	高分子材料应用技术湖南省重点实验室		张海良	2008 年
15	环境友好化工过程集成技术湖南省重点实验室		刘平乐	2009 年
16	新型化学电源及其储能材料湖南省国际科技合作基地		王先友	2010 年
17	薄膜材料及器件湖南省重点实验室		孙立忠	2011 年
18	微纳能源材料及器件湖南省重点实验室		钟建新	2012 年
19	湖南省机械智能产品工业设计中心		马秋成	2012 年
20	电化学能源储存与转换湖南省重点实验室		王先友	2014 年
21	岩土力学与工程安全湖南省重点实验室培育基地		罗文波	2015 年
22	焊接机器人与应用技术湖南省重点实验室		郑学军	2016 年
23	装备用关键薄膜材料及应用湖南省国防科技重点实验室	省国防科工局	欧阳晓平	2011 年
24	新型能源存储与转换湖南省国防科技重点实验室		王先友	2011 年
25	国防科技数值算法与模拟湖南省国防科技重点实验室		肖爱国	2013 年
26	智能制造湖南省普通高等学校重点实验室	省教育厅	刘任任	2003 年
27	量子工程与微纳能源技术湖南省普通高等学校重点实验室		钟建新	2008 年
28	先进功能高分子材料湖南省普通高等学校重点实验室		张海良	2008 年
29	绿色催化与反应工程湖南省普通高等学校重点实验室		刘平乐	2008 年
30	重金属污染控制湖南省普通高等学校重点实验室		黄力群	2009 年
31	绿色化工湖南省高校产学研合作示范基地		罗和安	2008 年
32	锂离子动力电池湖南省高校产学研合作示范基地		王先友	2009 年
33	电子信息研发与产业化湖南省高校产学研合作示范基地		刘任任	2010 年
34	过程工业智能排程与能源优化调度湖南省高校产学研合作示范基地		章　兢	2014 年
35	工程结构动力学与可靠性分析湖南省普通高等学校重点实验室		游世辉	2014 年

人文社会科学类

序号	名称	主管部门	负责人	批准时间
36	教育部高校人文社会科学重点研究基地——湘潭大学毛泽东思想研究中心	教育部	李佑新	2004 年
37	教育部高校人文社会科学重点研究基地——中国共产党革命精神与文化资源研究中心		李佑新	2013 年
38	湘潭大学反腐败司法研究中心	中国法学会	李　蓉	2014 年

序号	名称	主管部门	负责人	批准时间
39	湖南省普通高等学校哲学社会科学重点研究基地——湘潭大学社会主义经济理论研究中心	省教育厅	刘长庚	2005年
40	湖南省普通高等学校哲学社会科学重点研究基地——诉讼法学研究中心		廖永安	2008年
41	湖南省普通高等学校哲学社会科学重点研究基地——政府绩效评估与管理创新研究基地		颜佳华	2008年
42	湖南省普通高等学校哲学社会科学重点研究基地——湘潭大学信息资源管理与知识产权研究基地		何　振	2014年
43	湖南省法学研究基地	省社科规划办	欧爱民	2002年
44	湖南省中外文学与文化研究基地		季水河	2002年
45	湖南省红色旅游研究基地		刘建平	2007年
46	湖南省经济安全研究基地		肖国安	2010年
47	湖南省湘学研究基地		王继平	2010年
48	湖南省调解理论研究基地		廖永安	2014年
49	湖南省预算与会计理论研究基地		刘长青	2014年
50	湖南省公共信息资源管理与开发利用科普基地	省社科联	王协舟	2014年
51	人口、资源与环境经济研究所	省政协	陈湘满	2007年
52	湖南省检察理论研究基地	省人民检察院	李　蓉	2009年
53	湖南省中国特色社会主义理论体系研究中心湘潭大学基地	省委宣传部	王继平	2009年
54	湖南政府绩效评估研究中心	省机构编制委员会	颜佳华	2009年
55	湖南省调解理论研究与人才培训中心	省司法厅	廖永安	2011年
56	湖南省专利分析与评估中心	省知识产权局	肖冬梅	2011年
57	湖南省知识产权司法保护理论研究基地	省高级人民法院	肖冬梅	2012年
58	湘潭大学消费研究院	省发改委	杨汝岱	2012年
59	湖南省社情民意研究中心	省国安厅	王协舟	2013年
60	湖南省美国问题研究中心湘潭大学基地		朱陆民	2014年

（苏绪霞　王向前）

湖南省高等学校“2011 协同创新中心”

序号	中心名称	负责人	批准时间
1	“毛泽东思想研究”协同创新中心	李佑新	2013 年
2	“法治湖南建设与区域社会治理”协同创新中心	廖永安	2014 年
3	“环境友好与资源高效利用化工新技术”协同创新中心	罗和安	2015 年

（陈淑华）

校级研究机构

序号	名称	负责人	批准时间	建设层次
	自然科学类			
1	计算与应用数学研究所	许进超	2007 年	重点研究机构
2	现代物理研究所	唐　翌	2007 年	重点研究机构
3	高分子材料科学与工程研究所	张海良	2007 年	重点研究机构
4	流变力学研究所	张　平	2007 年	重点研究机构
5	量子工程与微纳能源技术研究所	钟建新	2008 年	重点建设研究机构
6	有机化学研究所	阳年发	2008 年	重点建设研究机构
7	新能源材料研究所	王先友	2008 年	重点建设研究机构
8	信息安全理论与技术应用实验室	段　斌	2008 年	重点建设研究机构
9	小波分析与智能信息处理中心	高协平	2008 年	重点建设研究机构
10	数学研究所	曹佑安	2007 年	
11	智能光电技术研究所	曾以成	2007 年	
12	纳米物理与稀土发光研究所	丁建文	2009 年	
13	应用化学研究所	钟超凡	2007 年	
14	环境工程设计研究所	田学达	2007 年	
15	清洁生产研究中心	戴友芝	2009 年	
16	重金属污染控制研究中心	戴友芝	2007 年	
17	材料设计研究所	苏旭平	2007 年	
18	现代设计与制造研究中心	谭援强	2007 年	
19	过程装备研究所	龚曙光	2007 年	
20	风电技术研究所	刘雄伟	2009 年	
21	三金软件研究所	刘任任	2007 年	
22	进化计算与智能系统研究中心	郑金华	2007 年	

序号	名称	负责人	批准时间	建设层次
23	智能模式处理研究所	戴　永	2007 年	
24	控制工程研究所	黄辉先	2007 年	
25	半导体粒子光子成像探测器研发制作中心	李　正	2014 年	湘潭市建设重点
	人文社会科学类			
26	湘潭大学湘学研究所	陈代湘	2007 年	重点研究机构
27	湘潭大学消费经济研究所	龚志民	2007 年	重点研究机构
28	湘潭大学诉讼法学研究中心	廖永安	2007 年	重点研究机构
29	湘潭大学曾国藩研究中心	王继平	2008 年	重点建设研究机构
30	湘潭大学非洲法律与社会研究中心	洪永红	2008 年	重点建设研究机构
31	湘潭大学传媒科学研究所	樊昌志	2008 年	重点建设研究机构
32	湘潭大学公共管理研究基地	颜佳华	2008 年	重点建设研究机构
33	湘潭大学英语语言文学研究基地	文卫平	2008 年	重点建设研究机构
34	湘潭大学人口、资源与环境经济研究所	黄云清	2007 年	
35	湘潭大学中国韵文与古籍研究所	雷　磊	2007 年	
36	湘潭大学语言文字学研究所	陈立中	2008 年	
37	湘潭大学旅游科学应用研究所	阎友兵	2008 年	
38	湘潭大学信息资源管理研究所	刘昆雄	2008 年	
39	湘潭大学企业管理研究中心	刘巨钦	2008 年	
40	湘潭大学大学生心理健康研究所	陈立新	2008 年	
41	湘潭大学人力资源管理研究所	帅建华	2009 年	
42	湘潭大学知识产权研究中心	廖永安	2009 年	
43	湘潭大学中国农村发展研究中心	杨汝岱	2009 年	
44	湘潭大学中国文化创意产业评价研究中心	季水河	2013 年	
45	湘潭大学商业银行经营与管理研究所	谭燕芝	2013 年	
46	湘潭大学中共党史研究院	王继平	2014 年	
47	湘潭大学易经哲学研究所	陈代湘	2014 年	
48	湘潭大学反腐败司法研究基地	廖永安 吴建雄	2014 年	
49	湘潭大学地方立法研究中心	廖永安	2015 年	

（苏绪霞　王向前）

中央财政支持地方高校发展专项资金项目经费汇总表

序号	实验室名称	项目类别	项目负责人	经费（万元）
1	云桌面实验教学平台	教学实验平台	曹江莲	300
2	“互联网＋”艺术专业互动式创新教学实训平台	教学实验平台	黎　青	200
3	机电系统复杂工程问题创新教学实验平台	教学实验平台	郑学军	300
4	工程力学实验室	教学实验平台	罗文波	300
5	综合性物理实验教学创新平台	教学实验平台	唐　超	250
6	综合工程素养与创新能力实践基地	专业能力实践基地	张高峰	300
7	电工电子工程实践中心	专业能力实践基地	段福长	300
8	环境治理与资源循环开放创新实践基地	专业能力实践基地	葛　飞	300
9	大型仪器信息化管理服务平台	公共服务体系	李胜群	250

（刘晓梅）

国家级实验教学示范中心

序号	实验室名称	所属学院	实验室主任	批准时间
1	材料科学与工程实验教学中心	材料科学与工程学院	周益春	2008 年
2	法学实验教学中心	法学院	廖永安	2009 年
3	经济管理实验教学中心	商学院	楚尔鸣	2013 年

（刘晓梅）

湖南省普通高等学校基础课示范实验室

<table>
<tr><th>序号</th><th>实验室名称</th><th>所属学院</th><th>实验室主任</th><th>批准时间</th></tr>
<tr><td>1</td><td>基础物理实验中心</td><td>材料与光电物理学院</td><td>邓水凤</td><td rowspan="2">2002 年</td></tr>
<tr><td>2</td><td>基础力学与建筑工程实验中心</td><td>土木工程与力学学院</td><td>马石城</td></tr>
<tr><td>3</td><td>机械工程基础实验中心</td><td>机械工程学院</td><td>尹付成</td><td rowspan="3">2006 年</td></tr>
<tr><td>4</td><td>基础化学实验中心</td><td>化学学院</td><td>苏国钧</td></tr>
<tr><td>5</td><td>电工与电子技术实验中心</td><td>信息工程学院</td><td>刘奇能</td></tr>
</table>

（刘晓梅）

湖南省普通高等学校实践教学示范中心

序号	实验室名称	所属学院	实验室主任	批准时间
1	诉讼证据实验中心	法学院	肖伟志	2008 年
2	经济管理实验教学中心	商学院	楚尔鸣	
3	环境科学与工程实验教学中心	化工学院	葛　飞	2009 年
4	旅游与酒店管理实验中心	旅游管理学院	方世敏	

（刘晓梅）

湖南省普通高等学校虚拟仿真实验教学中心

序号	实验室名称	所属学院	实验室主任	批准时间
1	化工生产与环境治理虚拟仿真实验教学中心	化工学院	罗和安	2014 年
2	旅游与酒店管理虚拟仿真实验教学中心	旅游管理学院	阎友兵	2015 年
3	土木工程与力学虚拟仿真实验教学中心 *	土木工程与力学学院	罗文波	2016 年

注：* 表示 2016 年新增仿真实验教学中心

（刘晓梅）

各类省级以上人才培养基地

序号	基地名称	合作单位	获批时间	类别
1	化学化工类专业校企合作人才培养基地	中国石化集团长岭分公司	2012	湖南省校企合作人才培养示范基地
2	药学和化学类专业校企合作人才培养基地	长沙国家生物产业基地管委会	2013	
3	卓越法律人才校外实践教育基地	湖南省人民检察院	2013	
4	新闻传播学类专业校企合作人才培养示范基地	湘潭广电传媒集团	2014	
5	环境科学与工程类专业校企合作人才培养示范基地	中环保水务投资有限公司	2014	
6	湘潭大学法学教育实践基地	湖南省高级人民法院	2013	国家大学生校外实践教育基地
7	湘潭大学－中国石油化工股份有限公司长岭分公司工程实践教育中心	中国石化集团长岭分公司	2013	
8	机械类专业校企合作人才培养示范基地	湘潭锅炉有限责任公司	2015	湖南省校企合作人才培养示范基地
9	艺术设计类专业校企合作人才培养基地	常德华智动漫设计有限责任公司	2015	

序号	基地名称	合作单位	获批时间	类别
10	化学化工类专业校企合作创新创业教育基地*	中国石化集团长岭分公司	2016	湖南省校企合作创新创业教育基地
11	药学和化学类专业校企合作创新创业教育基地*	长沙国家生物产业基地管委会	2016	
12	电子类专业校企合作创新创业教育基地*	长沙韶光半导体有限公司	2016	
13	电子信息类校企合作创新创业教育基地*	创博龙智信息科技股份有限公司	2016	
14	湖南江麓机械集团有限公司	湖南江麓机械集团有限公司	2006	湖南省研究生培养创新基地
15	中石化催化剂长岭分公司	中石化催化剂长岭分公司	2006	
16	湖南省环境监测中心站	湖南省环境监测中心站(环工)	2007	
17	中国石化巴陵石化分公司	中国石化巴陵石化分公司(化学)	2008	
18	工程机械研究生培养创新基地	中联重科股份有限公司	2012	
19	知识产权研究生培养创新基地	湖南省高级人民法院	2012	
20	智能制造与能源管理研究生培养创新基地	湘潭钢铁集团有限公司	2013	
21	湘潭大学材料类专业学位研究生培养创新基地	株洲时代新材料科技股份有限公司	2013	
22	金融与工商管理类研究生培养创新基地	湘潭经济技术开发区管理委员会	2014	
23	统计学研究生培养创新基地	湖南省统计局	2014	
24	土木工程研究生培养创新基地	湖南省第六工程有限公司	2014	
25	新闻传播研究生培养创新基地	湖南日报	2015	
26	新材料制备加工与应用研究生培养创新基地	广东省顺德工业设计研究院	2015	
27	绿色高效过程装备及智能控制研究生培养创新基地	中冶长天国际工程有限责任公司	2015	
28	焊接自动化装备与工艺研究生培养创新基地	湖南智谷焊接技术培训有限公司	2015	
29	金融与工商管理类研究生培养创新基地*	株洲动力谷自主创新园	2016	
30	风能新技术研究生培养创新基地*	湖南优利泰克自动化系统有限公司	2016	
31	食品工程领域研究生培养创新基地*	株洲千金药业股份有限公司	2016	
32	公共管理类研究生培养创新基地*	湖南怀化经济开发区	2016	

注：* 表示2016年新增人才培养基地

（张红爱　朱丹红）

第九部分
表彰与奖励

学生获奖

2016年获湖南省优秀博士学位论文一览表

序号	论文题目	作者	导师
1	醇或环己酮的氧化及转化反应和亚磺酸盐为原料的C-S键生成反应研究	肖福红	邓国军
2	层状富锂正极材料的结构设计、制备及其性能研究	杨秀康	王先友
3	脂肪酶催化合成(S)-吲哚洛芬及其与小分子相互作用机理	刘学英	曾虹燕

（朱丹红）

2016年获湖南省优秀硕士学位论文一览表

序号	论文题目	作　者	导　师
1	韩愈的经学思想探析——以《论语笔解》为中心	彭文桂	李伏清
2	官员激励视角下地方官员腐败问题研究	聂　欣	湛　泳
3	我国农村金融排斥影响因素研究	陈　彬	谭燕芝
4	基于SFA方法的商业银行X效率研究	郭君艳	李勇辉
5	刑法解释限度新论	向夏厅	黄明儒
6	我国民事诉讼专家辅助人制度探讨	杨　丹	张立平
7	文化社会学视域下的偶像嬗变现象研究	刘　娟	杨向荣
8	《罗克珊娜》中现代女性身体僭越的悲剧	朱　芳	王建香
9	嘉禾城变迁研究	雷建飞	吉成名
10	基于分数布朗运动构建递归网络的拓扑性质和分形分析	刘金龙	喻祖国
11	硅/碳复合纳米材料的制备、表征及其储锂性能研究	刘玉平	黄　凯
12	超级电容器用新型多孔碳材料的制备及其电化学性能研究	吴　春	王先友
13	含噻唑和吲哚基团的有机光伏材料的合成及性能研究	刘勋山	谭松庭
14	壳结构锰酸锂正极材料制备及电化学性能研究	刘　伟	刘　军
15	基于知识的约束圆或矩形正交Packing问题的智能搜索算法研究	黄　荣	黎自强
16	风和列车荷载作用下大跨桥梁动力分析	曹素功	陈锐林
17	铜催化C-C键断裂合成吖啶酮的研究	杨友清	周　旺
18	基于萤火虫算法的自由曲面测量序列规划研究	马建华	李明富
19	国内旅游流质量研究	贺文娟	阎友兵
20	村务公开绩效评价	谭倩云	邹　凯
21	网络谣言的协同治理机制构建及其实现途径研究	杨建武	谭九生

（朱丹红）

2016年国家级大学生创新创业训练计划项目名单

序号	项目名称	项目负责人	指导教师
1	大学生微商创业面临的问题及其对策研究	张俊哲	杨小军 张　普
2	基于国际化发展视角的红色旅游人力资源素质现状调查及提升策略——以湘潭红色旅游国际合作创建区为例	李福有	阎友兵
3	新生代农民工利用“互联网+农业”模式返乡创业调查研究——以湖南省靖州县为例	陆　怡	罗依平
4	基于图像识别算法的图书管理机器人研制	杨　柳	毛宇亮
5	环糊精催化作用机理的理论研究	常　丹	王学业
6	基于“多成分多靶标”的“柴胡疏肝散”半挥发性组分(CHH)微囊制剂工艺研究	杨天标	贺　敏
7	材料火花鉴别及识别系统的开发	潘　登	尹付成
8	全自动多功能物流智能分类机器人研究	崔扬扬	张高峰
9	Ni-Fe-Mo-C/$LaNi_5$多孔电极材料的制备及其电催化析氢性能的研究	管　卓	吴　靓
10	小口径管道检测机器人的研究与应用	岳凌怡	张　莹
11	基于导电橡胶的柔性电容式传感器的传感性能研究	邓　颜	胡小玲 宋　奎
12	乙酰甲胺磷优势降解菌筛选及特性研究	蔡伟萍	邓志毅

（张红爱）

2016年省级大学生创新创业训练计划项目名单

序号	项目名称	项目负责人	指导教师
1	新型城镇化背景下医养结合养老服务供给模式研究——以失能老人为例	肖硕电	李时华
2	开放性小区建设中的法律问题实证探究	方镇邦	胡梦云
3	去产能改革中下岗职工的权益保障问题研究——以河北省钢铁行业为例	侯璐阳	程　波
4	大数据背景下个人信息权法律保护的缺陷及其对策研究	梁　仪	尹华容
5	行政性调解机制调查研究	徐绯璠	廖永安 黄艳好
6	新生代人气男明星广告代言的粉丝效应研究——以鹿晗、李易峰、TFBOYS为重点	孙誉天	刘中望
7	有向强正则图的相关的理论研究	何益钦	张必成
8	互联网验证码的图灵测试与安全机制研究	赵振江	刘韶跃
9	“行车宝”系统开发	罗绍威	唐平华
10	以无机硫作为硫源的含硫杂环生成反应研究	郭艳君	邓国军
11	锂硫正极材料的制备及性能研究	张亚鹏	王先友
12	高倍率锂硫一次电池正极材料的研究	卢　正	潘　勇
13	硬质合金复合铣齿的研究	李浪浪	肖逸锋
14	基于二维码的商品跟踪系统	陈柳吉	刘　新
15	专业认证达成度辅助APP的开发	陈　曦	段　斌
16	基于Ibeacon的商场定位服务系统开发	华清清	胡洪波
17	工厂废弃热温差发电装置研究与制作	罗志全	吴亚联
18	基于位置指纹的室内定位系统开发	黄丽君	周　彦
19	基于Arduino的智能饮水机的设计与实现	王　淏	周　维

（张红爱）

2016 年省级及以上学生学科竞赛先进个人和先进集体名单

一、2016 年美国大学生数学建模竞赛

国际级一等奖

物理与光电工程学院： 余雪佳 国欣宇
信息工程学院： 董 辉
指导教师： 刘红良

信息工程学院： 王胜男
机械工程学院： 周恩至
物理与光电工程学院： 董邓伟
指导教师： 刘红良

数学与计算科学学院： 李 源
机械工程学院： 杜 进
信息工程学院： 刘家麒
指导教师： 刘红良

化学学院： 李金盈
机械工程学院： 崔扬扬
信息工程学院： 韦金记
指导教师 文志武

国际级二等奖

信息工程学院： 张 政
土木工程与力学学院： 王晓倩
物理与光电工程学院： 程 菲
指导教师： 刘红良

机械工程学院： 王 钦
数学与计算科学学院： 王 倩
信息工程学院： 丁 姗
指导教师： 刘红良

物理与光电工程学院： 曹克亚 季寒赛
机械工程学院： 徐宗煌
指导教师： 刘红良

物理与光电工程学院： 童 立 刘 松
信息工程学院： 罗晓波
指导教师： 刘红良

信息工程学院： 赵昱鑫 张毛蛋 刘 月
指导教师： 刘红良

物理与光电工程学院： 刘鸣杰

信息工程学院：　　　　　刘宇星
土木工程与力学学院：　　艾司达
指导教师：　　　　　　　刘红良

机械工程学院：　　　　　吕　冉　范延琪
信息工程学院：　　　　　刘惜滨
指导教师：　　　　　　　杨　柳

环境与资源学院：　　　　金江波　霍梦玲
信息工程学院：　　　　　龙秋云
指导教师：　　　　　　　杨　柳

材料科学与工程学院：　　周　坚
化学学院：　　　　　　　任　艺
信息工程学院：　　　　　代家民
指导教师：　　　　　　　杨　柳

化学学院：　　　　　　　王　晨　孙仁梅
信息工程学院：　　　　　陈思必
指导教师：　　　　　　　杨　柳

材料科学与工程学院：　　周　豪
数学与计算科学学院：　　杨喜喜　裴　茜
指导教师：　　　　　　　杨　柳

信息工程学院：　　　　　龙思璐　徐罗凤
化学学院：　　　　　　　方澍杰
指导教师：　　　　　　　杨　柳

数学与计算科学学院：　　尹思思　马明月
材料科学与工程学院：　　冯文营
指导教师：　　　　　　　杨　柳

信息工程学院：　　　　　沈梦君
数学与计算科学学院：　　申　静
机械工程学院：　　　　　衣雪宁
指导教师：　　　　　　　杨　柳

商学院：　　　　　　　　刘　芳　柳　宇
物理与光电工程学院：　　张文轩
指导教师：　　　　　　　周光明

信息工程学院：　　　　　魏琳　杨晓飞
土木工程与力学学院：　　陈俊杰
指导教师：　　　　　　　周光明

机械工程学院：　　　　　林小虎　渠明玉　李发波

指导教师：　　　　　　周光明

材料科学与工程学院：　熊海龙　曾　超
物理与光电工程学院：　胡　伟
指导教师：　　　　　　周光明

物理与光电工程学院：　蒋金益
材料科学与工程学院：　袁亚龙
信息工程学院：　　　　胡　串
指导教师：　　　　　　周光明

信息工程学院：　　　　杨金权
数学与计算科学学院：　刘　帅
化工学院：　　　　　　郝树强
指导教师：　　　　　　文志武

信息工程学院：　　　　曾　征
物理与光电工程学院：　肖　镕
机械工程学院：　　　　夏赞武
指导教师：　　　　　　文志武

信息工程学院：　　　　周　黎　王奇斌
机械工程学院：　　　　马希凯
指导教师：　　　　　　文志武

数学与计算科学学院：　李继龙　孟　晨　封益航
指导教师：　　　　　　袁健美

数学与计算科学学院：　罗　超　李滨澎　谢冰雪
指导教师：　　　　　　袁健美

数学与计算科学学院：　李金泉　赵振江　麻宁娜
指导教师：　　　　　　袁健美

材料科学与工程学院：　陈立全　蒋双泉
信息工程学院：　　　　唐　路
指导教师：　　　　　　李成福

物理与光电工程学院：　谭驰誉　李华超
信息工程学院：　　　　程科盛
指导教师：　　　　　　李成福

信息工程学院：　　　　殷　旺　谢　靖　宋云华
指导教师：　　　　　　李成福

数学与计算科学学院：　甘　慧
信息工程学院：　　　　辛凯华　邓　洁
指导教师：　　　　　　李成福

机械工程学院：　　　　何荣华　张　毅　徐　靖
指导教师：　　　　　　李成福

公共管理学院：　　　　周宇真　李丰男
数学与计算科学学院：黎雪峰
指导老师：　　　　　　邓春林

二、"高教社杯"全国大学生数学建模竞赛

国家级一等奖及湖南赛区一等奖

材料科学与工程学院：袁亚龙
信息工程学院：　　　　胡　串
物理与光电工程学院：蒋金益
指导教师：　　　　　　刘红良

机械工程学院：　　　　王思敏　蒋　帅　尹常攀
指导教师：　　　　　　岳　慧

数学与计算科学学院：李春妍　黄江红
机械工程学院：　　　　陈海臻
指导教师：　　　　　　文志武

国家级二等奖及湖南赛区一等奖

信息工程学院：　　　　王玉婷　李任鹏
物理与光电工程学院：桂　凯
指导教师：　　　　　　冯春生

机械工程学院：　　　　沈喆锴
信息工程学院：　　　　崔超杰
土木工程与力学学院：程子华
指导教师：　　　　　　冯春生

信息工程学院：　　　　陈茜茜
物理与光电工程学院：李祥林
机械工程学院：　　　　范彩明
指导教师：　　　　　　刘红良

数学与计算科学学院：周仪璇
信息工程学院：　　　　谢楚珮　伍志林
指导教师：　　　　　　刘红良

机械工程学院：　　　　邹　阳　谭元波
信息工程学院：　　　　欧　玲
指导教师：　　　　　　岳　慧

材料科学与工程学院：周芊骞　赵文婷
信息工程学院：　　　　王湘月

指导教师：　　　　　　周光明

数学与计算科学学院：　周芳欣
机械工程学院：　　　　何平洋
物理与光电工程学院：　朱红新
指导教师：　　　　　　文志武

湖南赛区一等奖

物理与光电工程学院：　赵新宇
信息工程学院：　　　　郭良超
物理与光电工程学院：　刘　畅
指导教师：　　　　　　冯春生

信息工程学院：　　　　董春连
材料科学与工程学院：　谢　帅
机械工程学院：　　　　于杰保
指导教师：　　　　　　周光明

物理与光电工程学院：　欧　琳　刘玉豪　谢斐然
指导教师：　　　　　　刘红良

信息工程学院：　　　　李振民　曹国旁
物理与光电工程学院：　姚丽珠
指导教师：　　　　　　刘红良

物理与光电工程学院：　张文轩
信息工程学院：　　　　岳凌怡
商学院：　　　　　　　钟先茜
指导教师：　　　　　　刘红良

湖南赛区二等奖

化工学院：　　　　　　董晓晗　唐永翔
信息工程学院：　　　　桂俊达
指导教师：　　　　　　文志武

物理与光电工程学院：　曹嘉祺
土木工程与力学学院：　蒋金员
化工学院：　　　　　　谢　容
指导教师：　　　　　　周光明

机械工程学院：　　　　王兆国　曹　新
数学与计算科学学院：　雷子伊
指导教师：　　　　　　周光明

材料科学与工程学院：　陈润奇　张雪冬　陈珍妮
指导教师：　　　　　　周光明

化工学院：　　　　　张金超
信息工程学院：　　　刘慧婷　谭　燕
指导教师：　　　　　周光明

物理与光电工程学院：王　超　宁　颖
信息工程学院：　　　朱　洪
指导教师：　　　　　刘红良

物理与光电工程学院：窦智强　楚　姣　杨　怡
指导教师：　　　　　刘红良

物理与光电工程学院：赵文婷
信息工程学院：　　　张争辉
机械工程学院：　　　杜彭玉
指导教师：　　　　　刘红良

化工学院：　　　　　杨天标　孙碧玉
信息工程学院：　　　范卫江
指导教师：　　　　　杨　柳

环境与资源学院：　　王　沁　张布云
机械工程学院：　　　唐松胜

机械工程学院：　　　刘再兴　翁福星
数学与计算科学学院：殷志敏
指导教师：　　　　　冯春生

物理与光电工程学院：肖泽祥　刘　敏
数学与计算科学学院：肖　望
指导教师：　　　　　冯春生

材料科学与工程学院：吴传宗
环境与资源学院：　　肖　娆
数学与计算科学学院：谢匆梦
指导教师：　　　　　冯春生

土木工程与力学学院：周　博
材料科学与工程学院：蒋双泉
信息工程学院：　　　唐　路
指导教师：　　　　　李成福

土木工程与力学学院：陈　康
机械工程学院：　　　蒲幸禹
数学与计算科学学院：张　峰
指导教师：　　　　　李成福

数学与计算科学学院：辛　策　孙诗翔　周志恒

指导教师：　　　　　　李成福

数学与计算科学学院：　赵振江
信息工程学院：　　　　张思卓　史　豪
指导教师：　　　　　　李成福

湖南赛区三等奖

物理与光电工程学院：　朱丽婷
数学与计算科学学院：　陈姝彤
信息工程学院：　　　　王海峰
指导教师：　　　　　　文志武

机械工程学院：　　　　徐　晨　周东东　王　刚
指导教师：　　　　　　文志武

机械工程学院：　　　　周　振
信息工程学院：　　　　李　耀
材料科学与工程学院：　刘炫伶
指导教师：　　　　　　文志武

物理与光电工程学院：　尹孟琪　蒋文华
数学与计算科学学院：　刘　倩
指导教师：　　　　　　文志武

物理与光电工程学院：　李易相
机械工程学院：　　　　金　鑫
数学与计算科学学院：　张盼花
指导教师：　　　　　　岳　慧

化工学院：　　　　　　郑景元　李灿欣
信息工程学院：　　　　李青青
指导教师：　　　　　　岳　慧

物理与光电工程学院：　姚宇华　刘佳威
化工学院：　　　　　　钱兢菁
指导教师：　　　　　　岳　慧

材料科学与工程学院：　李　旭　张文娜　陈胤杰
指导教师：　　　　　　周光明

化工学院：　　　　　　方澍杰
信息工程学院：　　　　张鑫瑶　彭启明
指导教师：　　　　　　周光明

信息工程学院：　　　　唐文冰　董　辉
物理与光电工程学院：　国欣宇
指导教师：　　　　　　刘红良

信息工程学院：　　　　夏青平　杨　梅
数学与计算科学学院：　籍冉冉
指导教师：　　　　　　刘红良

数学与计算科学学院：　周文雯
材料科学与工程学院：　丁国真　金海伦
指导教师：　　　　　　杨　柳

材料科学与工程学院：　高　萍　陈世铅
土木工程与力学院：　　李梓洵
指导教师：　　　　　　杨　柳

物理与光电工程学院：　林泽伦　谢　刚
信息工程学院：　　　　贾文轩
指导教师：　　　　　　冯春生

土木工程与力学学院：　万文诤
信息工程学院：　　　　刘惜滨
物理与光电工程学院：　杨俏春
指导教师：　　　　　　冯春生

土木工程与力学学院：　艾司达
信息工程学院：　　　　段路瑶
机械工程学院：　　　　罗秀强
指导教师：　　　　　　冯春生

信息工程学院：　　　　陈贻琦　刘　畅
数学与计算科学学院：　王　迅
指导教师：　　　　　　冯春生

材料科学与工程学院：　李　秀　李伶俐　曹永久
指导教师：　　　　　　冯春生

数学与计算科学学院：　陈宇娟　张施荣　罗　玥
指导教师：　　　　　　李成福

土木工程与力学学院：　李柱东　刘筱钰
数学与计算科学学院：　刘　羽
指导教师：　　　　　　李成福

土木工程与力学学院：　惠潇涵　朱宪明
数学与计算科学学院：　马　赫
指导教师：　　　　　　李成福

数学与计算科学学院：　杜逸凡　李　丽
机械工程学院：　　　　付　强
指导教师：　　　　　　李成福

省级优秀组织奖

湘潭大学

优秀组织单位

数学与计算科学学院

三、第九届中国大学生计算机设计大赛

国家级三等奖

信息工程学院：陈灵锋
指导教师：欧阳建权

中南赛区二等奖

艺术学院：曹　宁　闫欢欢　孙增印
指导教师：熊菁菁

中南赛区三等奖

信息工程学院：王中涛　曾一峰　黎　娜
指导教师：唐欢容　刘　行

信息工程学院：杜磊磊　肖华文　钟　雅
指导教师：刘　新

信息工程学院：陈丽霞　王　玲
指导教师：唐欢容

艺术学院：孟文龙　何　辉　王瑞瑞
指导教师：熊菁菁

艺术学院：王　宇
指导教师：熊菁菁

四、2016 年第九届全国大学生信息安全竞赛

国家级二等奖

信息工程学院：陈灵锋
指导教师：欧阳建权

五、2016 年全国大学生英语竞赛

国家级特等奖

外国语学院：廖一梅

国家级一等奖

外国语学院：杨　玲(研)　宋锦霞　向　倩　张芙容
法学院·知识产权学院：曾雨虹
商学院：许继文　王春茗　谭志飞
历史系：何世韬

机械工程学院：　李昕帝
物理与光电工程学院：　程　菲

国家级二等奖
外国语学院：　丁镕勤　刘梦靓　周如月　黄玲莉(研)　陆嘉威　赵美露　刘祎祎
化工学院：　杨　更　陈　莹　廖腊梅
商学院：　李　娜　石　琦　江依玲　杜柠西　秦小奇　王　丹　刘亚希　罗子希
法学院·知识产权学院：胡佳卉
文学与新闻学院：　何鑫鑫　刘　慧
信息工程学院：　林烁烁　仲　宁
数学与计算科学学院：　郭雅雯　王涵之　赵胜蓝
机械工程学院：　沈喆锴
土木与力学工程学院：　陈　康

国家级三等奖
商学院：　查淑宣　方　刚　欧阳霄平　戴林燕　周　凯　吴梦娇　张丝雨　陈依蕾　陈思忆　黄　欣　段娅琴
外国语学院：　谢桂芬　孙慧琳　李叶木子　申思思　赵萱玲　李　彦　潘靖宇(研)　米智超(研)　吕　沙　陈林瑶　唐梦娴
材料科学与工程学院：　熊　娇　陈晓庆
机械工程学院：　张　瑞　全籽妍　唐　钰　徐　靖
历史系：　张甲英　黄绎频
物理与光电工程学院：　林钰涵
信息工程学院：　谭亚男　胡凤明
化工学院：　刘倩妤
旅游管理学院：　曹柏慧　李素贞　王文君　杨　熠
文学与新闻学院：　曹文昱　肖　云　张　庆　臧雪文　潘　晨
公共管理学院：　廉志强　王　灿　丁铭悦
数学与计算科学学院：　丁丽娜
化学学院：　王　华　雷佳丽
法学院·知识产权学院：王一伽　陈家希　徐伟杰　彭彦莎
环境与资源学院：　郭丁淑　文进宝

优秀组织单位
外国语学院

六、第十九届"外研社杯"全国大学生英语辩论赛

国家级三等奖及华南赛区二等奖
公共管理学院：　曾诗媛
外国语学院：　刘祎祎
指导教师：　彭　薇

华南赛区三等奖

兴湘学院：　谭姿玮　王　政
指导教师：　彭　毅

七、2016"外研社杯"全国英语演讲大赛暨湖南省普通高等学校第二十二届大学生英语演讲比赛

国家级二等奖

公共管理学院：　苗欣悦
指导教师：　林　莉

国家级三等奖

商学院：　谷湘波
指导教师：　杨　柳

省级地面赛

省级团体一等奖

公共管理学院：　苗欣悦
商学院：　谷湘波
外国语学院：　赵垠垠
指导教师：　杨　华　曾　艳　冷　琳

省级团体二等奖

兴湘学院：　高　洋　谢宜君　王　政
指导教师：　杨　华　彭　毅　彭　薇

省级个人一等奖

公共管理学院：　苗欣悦
指导教师：　曾　艳

省级个人二等奖

外国语学院：　赵垠垠
指导教师：　杨　华

商学院：　谷湘波
指导教师：　冷　琳

兴湘学院：　王　政
指导教师：　彭　薇

兴湘学院：　高　洋
指导教师：　彭　毅

兴湘学院：　谢宜君
指导教师：　杨　华

省级网络赛

省级特等奖

商学院：　谷湘波

公共管理学院：　苗欣悦

优秀组织单位

外国语学院

八、第六届全国高等学校采矿工程专业学生实践作品大赛

国家级三等奖

环境与资源学院：　王学进　周楷杰　赵逸帆　尹俊钦　沈　磊
指导教师：　鹿　浩　何利文

环境与资源学院：　吴振东　肖　雨　苏　蔚　袁　也　罗卫平
指导教师：　王新丰　何利文

九、2016年全国大学生工业设计大赛暨湖南省大学生工业设计竞赛

国家级二等奖及省级一等奖

机械工程学院：　周才致　张　沙　田　野　何　遥　胡圣贤
指导教师：　罗建平

国家级优秀奖及省级二等奖

机械工程学院：　张　沙　郑子凯　李鸿佳
指导教师：　罗建平

省级二等奖

机械工程学院：　周才致　张　沙　田　野　何　遥　李鸿佳　胡圣贤
指导教师：　罗建平

省级三等奖

机械工程学院：　袁开祎　张阅川
指导教师：　姚　湘

机械工程学院：　王光辉　郝　莹
指导教师：　傅燕翔

机械工程学院：　李婉莹(研)　李鸿佳　周才致
指导教师：　余从刚

机械工程学院：　李婉莹(研)　范可馨　周才致　李鸿佳
指导教师：　罗建平

机械工程学院：　周才致　李鸿佳　李婉莹(研)
指导教师：　罗建平

机械工程学院：　李婉莹(研)　范可馨　周才致　李鸿佳
指导教师：　罗建平

十、第十届中国制冷空调行业大学生科技竞赛

国家级二等奖

土木工程与力学学院： 张　静　刘隽薇　徐　璐

指导教师： 龙激波

十一、第七届"蓝桥杯"全国软件和信息技术专业人才大赛

国家级三等奖及湖南赛区一等奖

物理与光电工程学院： 罗绍威

指导教师： 王　毅

全国总决赛一等奖（视同省级奖励）及湖南赛区一等奖

信息工程学院： 陈　荣

指导教师： 李枚毅

信息工程学院： 程　坚

指导教师： 王　毅

全国总决赛二等奖（视同省级奖励）及湖南赛区一等奖

信息工程学院： 段超凡

指导教师： 李枚毅

信息工程学院： 彭程润

指导教师： 李枚毅

信息工程学院： 王成龙

指导教师： 王　毅

信息工程学院： 李世豪

指导教师： 谢　勇

信息工程学院： 曾景仰

指导教师： 李枚毅

信息工程学院： 赖　鑫

指导教师： 王　毅

全国总决赛三等奖（视同省级奖励）及湖南赛区一等奖

信息工程学院： 卫重波

指导教师： 谢　勇

湖南赛区二等奖

信息工程学院： 郑慧琛

指导教师： 李枚毅

公共管理学院： 李丰男

指导教师： 王　毅

信息工程学院： 肖黎丽

指导教师：　　　　　王　毅

信息工程学院：　　　赵悦浩
指导教师：　　　　　李枚毅

信息工程学院：　　　殷雪峰
指导教师：　　　　　李枚毅

信息工程学院：　　　王思惠
指导教师：　　　　　李枚毅

信息工程学院：　　　方凌飞
指导教师：　　　　　李枚毅

信息工程学院：　　　刘　洋
指导教师：　　　　　王　毅

信息工程学院：　　　杨礼和
指导教师：　　　　　王　毅

化工学院：　　　　　贺志强
指导教师：　　　　　王　毅

信息工程学院：　　　田　磊
指导教师：　　　　　李枚毅

信息工程学院：　　　程化宇
指导教师：　　　　　谢　勇

信息工程学院：　　　朱枭帅
指导教师：　　　　　李枚毅

信息工程学院：　　　杜永亮
指导教师：　　　　　谢　勇

信息工程学院：　　　喻佳鑫
指导教师：　　　　　李枚毅

物理与光电工程学院：张加乐

湖南赛区三等奖

兴湘学院：　　　　　缪小俊
指导教师：　　　　　李枚毅

信息工程学院：　　　陈　天
指导教师：　　　　　李枚毅

信息工程学院：　　　王长建
指导教师：　　　　　王　毅

物理与光电工程学院：黎师良

指导教师：　　李枚毅

信息工程学院：　　王　凡
指导教师：　　王　毅

信息工程学院：　　董　潇
指导教师：　　李枚毅

信息工程学院：　　欧阳志强
指导教师：　　李枚毅

机械工程学院：　　陈　蕾
指导教师：　　王　毅

信息工程学院：　　涂　帅
指导教师：　　李枚毅

信息工程学院：　　汪伶俐
指导教师：　　李枚毅

信息工程学院：　　靳程旭
指导教师：　　李枚毅

信息工程学院：　　杜磊磊
指导教师：　　王　毅

信息工程学院：　　吴同清
指导教师：　　王　毅

信息工程学院：　　向　伟
指导教师：　　王　毅

信息工程学院：　　李翼宏
指导教师：　　李枚毅

信息工程学院：　　刘　欢
指导教师：　　李枚毅

信息工程学院：　　黄靖媛
指导教师：　　李枚毅

信息工程学院：　　曹国旁
指导教师：　　李枚毅

信息工程学院：　　袁子恒
指导教师：　　王　毅

全国总决赛优秀组织单位奖
湘潭大学

湖南赛区优胜学校奖
湘潭大学

湖南赛区优秀组织单位奖
湘潭大学

省级优秀指导教师
谢　勇　王　毅　李枚毅

十二、第七届全国计算机仿真大赛

国家级一等奖
信息工程学院：　唐文冰　唐　路　王艳东
指导教师：　李利娟

国家级二等奖
信息工程学院：　张　政　杨　梅　胡　串
指导教师：　李利娟

信息工程学院：　彭小桂　李钊颖
机械工程学院：　杜　进
指导教师：　李利娟

国家级优秀组织奖
湘潭大学

十三、“永冠杯”第七届中国大学生铸造工艺设计大赛

国家级优秀奖
机械工程学院：　周资人　黄梦桃　赵明杰
指导教师：　董文正　林启权

十四、第八届“亚龙杯”全国大学生智能建筑工程实践技能竞赛

国家级三等奖
信息工程学院：　黄其森
指导教师：　易　芳　李利娟

信息工程学院：　黄其森　王智鹏
指导教师：　李利娟　易　芳

十五、第二十四届全国高等学校人工环境学科奖

国家级优秀奖
土木工程与力学学院：　张　静
指导教师：　王　平　阮　芳

十六、第十届全国大学生化工设计竞赛

国家级一等奖及省级特等奖

化工学院：　　陈　莹　杨天标　刘玲桂
环境与资源学院：　　朱松山　李德健
指导教师：　　易争明　罗和安　揭　嘉

国家级二等奖

化工学院：　　曾令秋　虢啸虎　胡英杰
环境与资源学院：　　张布云　谢沅红
指导教师：　　揭　嘉　易争明　周春初　吴志民

国家级三等奖及省级一等奖

化工学院：　　李　平　张　浩　王　娜　林志敏
环境与资源学院：　　李林茜
指导教师：　　揭　嘉　易争明　廖立民

化工学院：　　方桥松　唐梦童　何扬静　李　扬　裴　锐
指导教师：　　廖立民　易争明　揭　嘉　罗和安

环境与资源学院：　　董明喆　王　沁
化工学院：　　徐　艳　李阳平　周姝华
指导教师：　　揭　嘉　易争明　廖立民

国家级三等奖

化工学院：　　孙渡洋　吴莹莹　朱　蕾　任诗雨
环境与资源学院：　　张　敏
指导教师：　　易争明　揭　嘉　周业丰　吴志民

省级二等奖

环境与资源学院：　　蔡伟萍
化工学院：　　江晓蓉　李贵云　陆紫燕　胡志金
指导教师：　　易争明　吴志民　揭　嘉

省级三等奖

化工学院：　　赵明曦　于智群　蒙肖容　韩　清　马　倩
指导教师：　　易争明　揭　嘉　吴志民

化工学院：　　唐永翔　董晓晗　贺志强　韩　焱　权熙程
指导教师：　　揭　嘉　林争鸣

省级最佳组织奖

化工学院

优秀组织单位

化工学院

十七、第六届“国药工程杯”全国大学生制药工程设计竞赛

国家级三等奖

化工学院：　段鳗珍　于晓晓　杨秋月　孙渡洋　曾令秋　朱欢银
指导教师：　潘浪胜　吴志民

十八、第八届全国大学生广告艺术大赛暨第七届湖南省大学生广告艺术设计竞赛

国家级二等奖及省级三等奖

艺术学院：　彭晓君　白玉鹏
指导教师：　黄　准

国家级三等奖及省级二等奖

文学与新闻学院：　程　宇　袁逸夫　蒋　琴　杨新雨　陈　鑫
指导教师：　王苑丞　孙丰国

文学与新闻学院：　韩　悦　何　菁　谭惠丹　孔新平　梁朝松
指导教师：　谭石维　胡琼华

国家级三等奖及省级三等奖

文学与新闻学院：　边云蕾　赵　婷　王　飒
指导教师：　孙丰国　刘中望

文学与新闻学院：　谢鑫丽
指导教师：　王苑丞　谭石维

国家级三等奖及省级优秀奖

艺术学院：　宋　旭　陈　洁
指导教师：　李　娜

国家级优秀奖及省级二等奖

艺术学院：　刘宇健　孙章意　郭　晖　杨川川　石小磊
指导教师：　匡睿颖　毛璐璐

国家级优秀奖及省级三等奖

艺术学院：　刘　鑫
指导教师：　张　希

艺术学院：　杨露霞
指导教师：　李　娜

省级一等奖

文学与新闻学院：　邓　美
化学学院：　王　丰
指导教师：　王苑丞　刘中望

文学与新闻学院：　潘金婧　余　巧　郭　琪　左雪霁
指导教师：　孙丰国　刘中望

兴湘学院：　彭　程　朱凌霄　邓林峰　张宏宇　吕　恒
指导教师：　孙丰国　谭石维

省级二等奖

文学与新闻学院：　邓超君　李　姣　李　琴　龚绵欢　郭　琪
指导教师：　孙丰国　刘中望

文学与新闻学院：　刘　璐
指导教师：　王苑丞

省级三等奖

兴湘学院：　戴　卫　黄　澜　刘　慧
指导教师：　熊　明　胡中平

机械工程学院：　李鸿佳　郑子凯
指导教师：　傅燕翔

文学与新闻学院：　黎一萱
指导教师：　王苑丞

艺术学院：　穆世清　马文津
指导教师：　黄　准

文学与新闻学院：　边云蕾　孙誉天　潘林芳
指导教师：　王苑丞　胡琼华

文学与新闻学院：　孙誉天
指导教师：　孙丰国　胡琼华

文学与新闻学院：　蒋　琴　潘林芳　钟声富　杨新雨
机械工程学院：　王其优
指导教师：　孙丰国　陈维超

省级优秀奖

艺术学院：　王　静
指导教师：　罗俊敏

文学与新闻学院：　黎一萱　张晓晨　向雪梅　郭　琪　胡伟健
指导教师：　王苑丞　谭石维

文学与新闻学院：　谢鑫丽
指导教师：　孙丰国　刘中望

文学与新闻学院：　裴　育　龚若瑶　史佳槟　刘艺珂　谢鑫丽
指导教师：　孙丰国　刘中望

兴湘学院：　戴　辉　杨千莹　王　姣
指导教师：　王苑丞　谭石维

文学与新闻学院：　刘　璐

指导教师：　　　　　　孙丰国

艺术学院：　　　　　　王　静
指导教师：　　　　　　罗俊敏

十九、“法源杯”第四届全国大学生模拟法庭竞赛
国家级团体三等奖
法学院·知识产权学院

二十、国际大学生程序设计竞赛
亚洲区预选赛
国家级银奖
青岛站
信息工程学院：　　　　程化宇　陈　荣　程　坚
指导教师：　　　　　　谢　勇

国家级铜奖
大连站
信息工程学院：　　　　袁子恒　刘　洋　斯海洋
指导教师：　　　　　　谢　勇

青岛站
信息工程学院：　　　　袁子恒　刘　洋　斯海洋
指导教师：　　　　　　石跃祥

信息工程学院：　　　　莫　涛　方凌飞
数学与计算科学学院：　郭晨亮
指导教师：　　　　　　谢　勇

沈阳站
信息工程学院：　　　　程化宇　陈　荣　程　坚
指导教师：　　　　　　谢　勇

国家级优胜奖
北京站
信息工程学院：　　　　吴同清　喻佳鑫　向　伟
指导教师：　　　　　　谢　勇

信息工程学院：　　　　郭　格　康云霞　孙瑞婕
指导教师：　　　　　　谢　勇

沈阳站
信息工程学院：　　　　卫重波　李世豪　赖　鑫
指导教师：　　　　　　谢　勇

二十一、2016年中国大学生程序设计竞赛

国家级优胜奖及（杭州站）省级铜奖

信息工程学院：　　卫重波　李世豪　赖　鑫
指导教师：　　谢　勇

中南地区邀请赛

赛区级银奖

信息工程学院：　　程化宇　李世豪　程　坚
指导教师：　　谢　勇

赛区级铜奖

信息工程学院：　　斯海洋　吴　量　刘　鑫
指导教师：　　谢　勇

信息工程学院：　　卫重波　陈　荣　尹　虹
指导教师：　　谢　勇

信息工程学院：　　殷雪峰　莫　涛　赖　鑫
指导教师：　　谢　勇

赛区级优胜奖

信息工程学院：　　刘　洋　袁子恒　王成龙
指导教师：　　谢　勇

信息工程学院：　　杨近星　魏　标　赵悦浩
指导教师：　　谢　勇

信息工程学院：　　喻佳鑫　吴同清　向　伟
指导教师：　　谢　勇

数学与计算科学学院：　　郭晨亮
信息工程学院：　　金　琦
兴湘学院：　　陈维涛
指导教师：　　谢　勇

省级铜奖

长春站

信息工程学院：　　程化宇　程　坚　陈　荣
指导教师：　　谢　勇

信息工程学院：　　袁子恒　刘　洋　斯海洋
指导教师：　　谢　勇

省级优胜奖

杭州站

信息工程学院：　　莫　涛　方凌飞
数学与计算科学学院：　　郭晨亮
指导教师：　　谢　勇

信息工程学院：　　　殷雪峰　梁　晶　周　杰
指导教师：　　　谢　勇

合肥站
信息工程学院：　　　向　伟　吴同清　喻佳鑫
指导教师：　　　谢　勇

信息工程学院：　　　郭　格　康云霞　李可青
指导教师：　　　谢　勇

二十二、2016“外研社杯”全国英语写作大赛

省级一等奖
外国语学院：　　　王柳丁
指导教师：　　　严美红　周超飞　余　璐

省级二等奖
外国语学院：　　　余文皓
指导教师：　　　周超飞　余　璐　严美红

商学院：　　　梁沛资
指导教师：　　　余　璐　严美红　周超飞

二十三、2016“外研社杯”全国英语阅读大赛

湖南赛区一等奖
商学院：　　　张子威
指导教师：　　　廖　晖　王志勇

湖南赛区二等奖
外国语学院：　　　许　言
指导教师：　　　王志勇　廖　晖

外国语学院：　　　陈　菲
指导教师　　　王志勇　廖晖

二十四、2016全国大学生智能互联创新大赛

国家级二等奖及华南赛区一等奖
信息工程学院：　　　徐　杰　吴桂全　王　鹏　向　阳　钱　程
指导老师：　　　陈洋卓　盛孟刚

信息工程学院：　　　王　顺　韩　颖　应忠翔　方思远
机械工程学院：　　　莫园生
指导老师：　　　胡洪波　姚子力

华南赛区二等奖
信息工程学院：　　　刘沁蕊　黄睿钊　刘泽辉　黄　琛　周向文

指导老师：　陈洋卓

信息工程学院：　杨晓飞　黎中玉　袁博文　姜继富　谢尚位
指导老师：　肖业伟　郭雪峰

信息工程学院：　陈占鸣　郝凡凡　崔超杰　王　果　张安州
指导老师：　陈洋卓

信息工程学院：　严浩栋　王思惠　李皓星　杜　瑞
指导老师：　胡洪波

信息工程学院：　康灿平　李梦雅　刘　旋　刘泽彬
机械工程学院：　乔启鸣
指导老师：　吴亚联

信息工程学院：　屈冬梅　犹元彬
物理与光电工程学院：　罗绍威　杨　怡
机械工程学院：　崔扬扬
指导老师：　胡洪波

华南赛区三等奖

信息工程学院：　王富林　李　媛　金浩文　曾　媛　伍慧兰
指导老师：　盛孟刚　陈洋卓

信息工程学院：　赵　阳　徐玲林　王　伟　欧　松
指导老师：　盛孟刚

信息工程学院：　王如平　赵海生　钱玉红　郭慕文
指导老师：　姚志强

信息工程学院：　胡　串　薛涛涛　王程辉　陈茜茜　雷延科
指导老师：　肖业伟　郭雪峰

信息工程学院：　赵嘉麒　杨雅慧　武文韬
指导老师：　吴亚联

信息工程学院：　陈　曦　梁文豪
兴湘学院：　王彬任
指导老师：　吴亚联

信息工程学院：　石素坤　沈梦君
指导老师：　胡洪波

华南赛区优胜奖

信息工程学院：　李文晴　胡东升　贺刘刚
指导老师：　陈洋卓

物理与光电工程学院：　张加乐
信息工程学院：　王含颖　肖志强

兴湘学院：　　　　　罗志全
指导老师：　　　　　吴亚联　苏永新

二十五、第13届CASC杯国际空间法模拟法庭竞赛

国家级二等奖

法学院·知识产权学院：刘　蓉(研)　陈　倩　梁子钦
指导教师：　　　　　覃斌武　　　蔡高强　刘功奇

最佳书状指导奖

覃斌武　蔡高强　刘功奇

二十六、第14届中国大学生广告艺术节学院奖

国家级金奖(一等奖)

兴湘学院：　　　　　席　芸
指导教师：　　　　　朱璐莎

艺术学院：　　　　　宋　旭　勇吉康　卫子煜
指导教师：　　　　　陈　娟　李　娜

艺术学院：　　　　　赵志勇　孙亚斌　尚李娜
指导教师：　　　　　李　娜　聂　璐

国家级银奖(二等奖)

文学与新闻学院：　　林　莎　李龙跃
艺术学院：　　　　　龚昊涵
指导教师：　　　　　王苑丞

艺术学院：　　　　　杨露霞　陈　洁　赵志勇
指导教师：　　　　　陈　娟　李　娜

艺术学院：　　　　　尚李娜　彭晓君　孙亚斌
指导教师：　　　　　黄　准　张　希

艺术学院：　　　　　吴　凡　马玉茹　杨腾飞
指导教师：　　　　　黄　准

艺术学院：　　　　　万霄婷　周朋朋　梁晓慧　王琼莲　穆世清
指导教师：　　　　　熊　明　胡中平

兴湘学院：　　　　　彭先锋
艺术学院：　　　　　王　巧
指导教师：　　　　　姜　倩　朱璐莎

艺术学院：　　　　　尹赛瑞
指导教师：　　　　　姜　倩　朱璐莎

兴湘学院：　　　　　陈思帆　谢宛轩　席　芸

指导教师：姜　倩　朱璐莎

艺术学院：钟熠能　冯永恒
指导教师：朱璐莎

艺术学院：朱艳秋　刘文杰　张梦雅
指导教师：陈　娟　李　娜

艺术学院：勇吉康　张　冯　宋　旭
指导教师：李　娜　聂　璐

艺术学院：曾晶晶　潘　攀　黄之珊
指导教师：李　娜　聂　璐

艺术学院：冯　晨　王昕玥　李　莹
指导教师：李　娜　聂　璐

艺术学院：张安苒　肖　露
指导教师：姜　倩

国家级铜奖(三等奖)

艺术学院：杜秀林　赵明哲　张传杰　窦天泽
指导教师：左迎颖

艺术学院：苗文霞　王　鑫　穆世清　白玉鹏　王　力
指导教师：左迎颖

艺术学院：武　晖　彭　丹　黄之珊
指导教师：黄　准　张　希

艺术学院：张安苒　李　鑫　殷韦洁
指导教师：朱璐莎

艺术学院：欧阳瑾　韩书然　许　峥
指导教师：陈　娟　李　娜

艺术学院：樊　雪
指导教师：朱璐莎

兴湘学院：陈思帆
指导教师：朱璐莎

艺术学院：陈　洁　杨露霞　陈玉冰
指导教师：陈　娟　李　娜

艺术学院：张梦雅　潘　攀　罗　文
指导教师：陈　娟　李　娜

艺术学院：罗　文　梁诗婷　张梦雅
指导教师：陈　娟

艺术学院：许　峥　王　晓　欧阳瑾
指导教师：李　娜　陈　娟

艺术学院：王梦莹　王淑珍　余灿璨
指导教师：李　娜　聂　璐

国家级优秀奖

艺术学院：龚昊涵
文学与新闻学院：林　莎
指导教师：王苑丞

文学与新闻学院：边云蕾　赵　婷　林　莎
指导教师：王苑丞

文学与新闻学院：高　璇
指导教师：王苑丞

文学与新闻学院：边云蕾
指导教师：王苑丞

艺术学院：田　荣
指导教师：刘正军

艺术学院：李思琪
指导教师：刘正军

艺术学院：秦　婧
指导教师：刘正军

艺术学院：武　晖　彭　丹　黄之珊
指导教师：黄　准　张　希

艺术学院：仲筱申
指导教师：左迎颖

艺术学院：刘　晓
指导教师：左迎颖

艺术学院：陈　霞
指导教师：左迎颖

艺术学院：李斯琪
指导教师：左迎颖

艺术学院：杜秀林
指导教师：左迎颖

艺术学院：范雨薇　李海涛
指导教师：左迎颖

艺术学院：刘　鑫
指导教师：左迎颖

艺术学院：　王士哲
指导教师：　左迎颖

艺术学院：　谭伟欣　徐嘉欣　喻晓伟　邓　兵　陆嘉欣
指导教师：　熊　明　胡中平

艺术学院：　鲁思威　喻晓伟
指导教师：　熊　明　胡中平

艺术学院：　郭　金　徐婷婷　陆芯蕊
指导教师：　熊　明　胡中平

兴湘学院：　李　尤
指导教师：　胡中平

兴湘学院：　牛舒捷　邱　严
指导教师：　姜　倩

兴湘学院：　章雅婧
指导教师：　姜　倩

艺术学院：　杨运龙　邓　兵　钱宝森
指导教师：　姜　倩

兴湘学院：　李俊杰
指导教师：　姜　倩　朱璐莎

兴湘学院：　谢沛妤
指导教师：　姜　倩

兴湘学院：　汤晓红　谢沛妤　牛舒捷
指导教师：　姜　倩　朱璐莎

兴湘学院：　唐瑞联
指导教师：　姜　倩

艺术学院：　杨运龙　喻晓伟　陈　威
指导教师：　姜　倩　朱璐莎

兴湘学院：　李俊杰　刘水清　张　瑾
指导教师：　姜　倩　朱璐莎

艺术学院：　尹赛瑞　景苗苗　苗舒淋
指导教师：　姜　倩　朱璐莎

兴湘学院：　田　雨　张　鹏　章雅婧
指导教师：　姜　倩　朱璐莎

兴湘学院：　李　丽　刘慧瑜　郭贺依伊
指导教师：　朱璐莎

兴湘学院：　唐宇轩　黄　琛　李思雨
指导教师：　朱璐莎

艺术学院：　喻晓伟
指导教师：　朱璐莎　姜　倩

兴湘学院：　曾思琪
指导教师：　朱璐莎

艺术学院：　黄佳亮　熊　婷
指导教师：　朱璐莎　姜　倩

艺术学院：　孙艳西
指导教师：　朱璐莎　姜　倩

兴湘学院：　谢沛妤
指导教师：　朱璐莎

兴湘学院：　汤晓红
艺术学院：　黄佳亮
指导教师：　朱璐莎

艺术学院：　喻晓伟　邓　兵　钱宝森
指导教师：　朱璐莎　姜　倩

艺术学院：　黄佳亮　熊　婷
指导教师：　朱璐莎　姜　倩

艺术学院：　刘　顺　储小倩　牛　浩
指导教师：　孙淑萍

艺术学院：　陈衔微　刘徽羽
指导教师：　熊菁菁

艺术学院：　刘家亨
指导教师：　卢　洁

艺术学院：　李斯琪
指导教师：　卢　洁

艺术学院：　张　蓓
指导教师：　卢　洁

艺术学院：　董晓玲
指导教师：　陈　娟

艺术学院：　郁鑫钰
指导教师：　陈　娟

艺术学院：　马文津　朱艳秋　彭亚飞
指导教师：　陈　娟　李　娜　刘正军

艺术学院：　马文津　罗　文
兴湘学院：　王　陈
指导教师：　陈　娟　李　娜　刘正军

艺术学院：　欧阳瑾　韩书然　许　峥
指导教师：　李　娜

艺术学院：　欧阳瑾　韩书然　许　峥
指导教师：　李　娜　陈　娟

艺术学院：　韩书然　欧阳瑾　许　峥
指导教师：　李　娜　刘正军

艺术学院：　王　力　任桂花　苗文霞
指导教师：　李　娜

艺术学院：　冯　晨　王昕玥　李　莹
指导教师：　李　娜　聂　璐

艺术学院：　刘晨艳　张智超　王清祥　欧阳青
指导教师：　匡睿颖　毛璐璐

艺术学院：　陈　洋　张　蓓　薛君雨
指导教师：　匡睿颖　毛璐璐

艺术学院：　杨玉增　李正源　张燕飞
指导教师：　匡睿颖　毛璐璐

艺术学院：　陈梅仪　王　蒙
兴湘学院：　周　仁
指导教师：　匡睿颖　毛璐璐

艺术学院：　钟耀坤　黑笑文
指导教师：　匡睿颖　毛璐璐

国家级佳作奖

艺术学院：　张欣宇
指导教师：　陈　娟

文学与新闻学院：　余　巧
艺术学院：　陈希好
指导教师：　王宛丞　陈　娟

文学与新闻学院：　龚若瑶　谢鑫丽
指导教师：　王苑丞

文学与新闻学院：　张　莹　古荣鑫　王雪怡
指导教师：　王苑丞

文学与新闻学院：　龚绵欢　李　琴
指导教师：　王苑丞

文学与新闻学院：　彭思琳　林国荣
指导教师：　王苑丞

艺术学院：　邢晓莹
指导教师：　刘正军

艺术学院：　赵诗若
指导教师：　刘正军

艺术学院：　金梦非
指导教师：　刘正军

艺术学院：　何思源
指导教师：　左迎颖

艺术学院：　胡　斌　赵田田　彭亚飞　陈　彤
指导教师：　左迎颖

艺术学院：　聂鹤启
指导教师：　张　希

兴湘学院：　沈翔宇　王　维
指导教师：　胡中平

兴湘学院：　王　维
指导教师：　胡中平

艺术学院：　周朋朋　梁晓慧　王琼莲　万霄婷　鲁思威
指导教师：　熊　明　胡中平

艺术学院：　刘春麟
指导教师：　姜　倩　朱璐莎

兴湘学院：　席　芸
指导教师：　姜　倩　朱璐莎

兴湘学院：　汤晓红
指导教师：　姜　倩

兴湘学院：　唐瑞联
指导教师：　姜　倩

兴湘学院：　张予柯　席　芸　赵　爽
指导教师：　姜　倩

艺术学院：　刘春麟　骆雅婷　高君扬
指导教师：　姜　倩

兴湘学院：　章雅婧
指导教师：　朱璐莎

艺术学院：骆雅婷
指导教师：朱璐莎

兴湘学院：彭先锋
指导教师：朱璐莎

艺术学院：高君杨
指导教师：朱璐莎

艺术学院：喻晓伟　杨运龙　邓　兵　樊　雪
指导教师：朱璐莎　姜　倩

艺术学院：刘徽羽　杜玉静　孙艳西
指导教师：朱璐莎　姜　倩

艺术学院：王　静　储小倩
指导教师：卢　洁

艺术学院：储小倩　刘　顺　王　静
指导教师：卢　洁

艺术学院：何思源
指导教师：卢　洁

艺术学院：宋　琦
指导教师：陈　娟

艺术学院：秦　唯　刘文杰　曹胜男
指导教师：李　娜　陈　娟

艺术学院：陈玉冰　陈　洁　杨露霞
指导教师：李　娜　刘正军

艺术学院：陈　洁　杨露霞　罗　文
指导教师：刘正军　李　娜

艺术学院：宋　旭　卫子煜　罗　文
指导教师：刘正军　李　娜

艺术学院：韩书然　欧阳瑾　许　峥
指导教师：李　娜　刘正军

艺术学院：钱宝森　钟熠能　章　正
指导教师：聂　璐　李　娜

艺术学院：张晓双　暨　冰　周广耀
指导教师：匡睿颖　毛璐璐

艺术学院：刘文杰　董海鹏　曹胜楠
指导教师：李　娜　刘正军

艺术学院：许 峥 孙章意 郭 晖 杨川川
指导教师：李 娜 陈 娟

艺术学院：宋 旭 卫子煜 勇吉康
指导教师：刘正军 李 娜

艺术学院：冯 晨 王昕玥 李 莹
指导教师：李 娜 聂 璐

国家级提名奖

艺术学院：周朋朋 梁晓慧 王琼莲
指导教师：熊 明

艺术学院：熊 婷 黄佳亮
指导教师：姜 倩 朱璐莎

艺术学院：骆雅婷
指导教师：姜 倩

杰出指导教师

黄 准 姜 倩 张 希 朱璐莎

优秀指导教师

卢 洁

二十七、2016 年中国包装创意设计大赛

国家级一等奖

艺术学院：刘 琴 刘亦昊
指导教师：刘正军 李 娜

国家级二等奖

艺术学院：梁俊裕 刘亦昊 李 根
指导教师：刘正军 李 娜

艺术学院：董海鹏 朱艳秋 马文津 许 峥
指导教师：李 娜

国家级三等奖

艺术学院：张 慧 刘亦昊
指导教师：刘正军 李 娜

艺术学院：马文津 朱艳秋 张梦雅
兴湘学院：王 陈
指导教师：刘正军

艺术学院：宋 旭 罗 文 卫子煜
指导教师：李 娜

兴湘学院：　　王　陈
艺术学院：　　张梦雅　朱艳秋　马文津
指导教师：　　李　娜　刘正军

艺术学院：　　许　峥　盛倩倩　龚惠敏　朱艳秋
指导教师：　　李　娜

艺术学院：　　欧阳瑾　元培君　许　峥　韩书然
指导教师：　　李　娜

艺术学院：　　朱艳秋　马文津　董海鹏
兴湘学院：　　王　陈
指导教师：　　李　娜

国家级入围奖
艺术学院：　　韩书然　张梦雅
指导教师：　　刘正军　李　娜

艺术学院：　　杨露霞　陈　洁　黑笑文
指导教师：　　李　娜

二十八、第十二届“博创杯”全国大学生嵌入式设计大赛

国家级二等奖及省区级一等奖
信息工程学院：　　赵嘉麒　杨雅慧　武文韬
指导教师：　　吴亚联

国家级三等奖及省区级一等奖
信息工程学院：　　李梦雅　康灿平
机械工程学院：　　乔启鸣
指导教师：　　吴亚联

国家级三等奖及省区级一等奖
信息工程学院：　　杨晓飞　黎中玉　袁博文
指导教师：　　肖业伟　郭雪峰

省区级二等奖
信息工程学院：　　胡　串　王程辉　薛涛涛
指导教师：　　肖业伟　郭雪峰

信息工程学院：　　徐　杰　王　鹏　欧　松
指导教师：　　陈洋卓

信息工程学院：　　陈占鸣　郝凡凡　崔超杰
指导教师：　　陈洋卓

信息工程学院：　　赵海生　徐　杰　王富林
指导教师：　　陈洋卓

信息工程学院： 刘沁蕊 刘泽辉 黄睿钊
指导教师： 陈洋卓

信息工程学院： 袁博文 曹家盛 郑剑波
指导教师： 邓清勇

信息工程学院： 赵 阳 向 阳 吴桂全
指导教师： 盛孟刚

信息工程学院： 刘 旋 应忠翔
机械工程学院： 莫园生
指导教师： 吴亚联

信息工程学院： 王 顺 韩 颖 方思远
指导教师： 姚子力 胡洪波

二十九、第六届“赛佰特杯”全国大学生物联网创新应用设计大赛

国家级二等奖

机械工程学院： 乔启鸣
信息工程学院： 李梦雅 康灿平 刘 旋 应忠翔
指导教师： 吴亚联

国家级三等奖

物理与光电工程学院： 杨 怡 罗绍威
信息工程学院： 屈冬梅 犹元彬
机械工程学院： 崔扬扬
指导教师： 胡洪波

信息工程学院： 杨晓飞 黎中玉 袁博文
指导教师： 肖业伟 郭雪峰

三十、第七届全国大学生数学竞赛

国家级二等奖

数学与计算科学学院： 何益钦 曹华斌

三十一、第八届全国大学生数学竞赛暨2016年湖南省高校大学生数学竞赛

国家级一等奖及非数学类赛区级、省级一等奖

物理与光电工程学院： 段一豪

数学类

赛区级一等奖及省级一等奖

数学与计算科学学院： 何益钦 龙汉清 李星颖

赛区级二等奖及省级一等奖

数学与计算科学学院： 李春妍

赛区级二等奖及省级二等奖

数学与计算科学学院：张　峰

赛区级三等奖及省级二等奖

数学与计算科学学院：张亚飞　肖熠程　曹华斌　方日鑫　江铁松　杨　威　马晓波　刘　桃　于嘉汀　郎大宇　孙诗翔　曾　玲　龚　臣　陈婷婷　张琪琛

赛区级三等奖及省级三等奖

数学与计算科学学院：于克凡　杨雅晴

省级三等奖

数学与计算科学学院：麻宁娜　陈智琦　黄淑婷　郭晨亮　孙慧敏　肖　思　邱　群　杜逸凡　胡震涛

非数学类

赛区级一等奖及省级一等奖

机械工程学院：赵仕林

赛区级二等奖及省级二等奖

商学院：张　晔　赵　玲

赛区级三等奖及省级二等奖

物理与光电工程学院：江禹璇

信息工程学院：肖　尧

机械工程学院：林小虎　李健源　周　俊

省级三等奖

机械工程学院：袁　超

化工学院：张　浩

材料科学与工程学院：林金国

土木工程与力学学院：万文诤　靳鸿攀

优秀组织单位

数学与计算科学学院

三十二、第九届全国大学生网络商务创新应用大赛

国家级特等奖

兴湘学院：王智成　李旭华　孙赫林　王　鹏　王晓凤　田浩嘉　熊紫鹏

指导教师：刘湘蓉

国家级一等奖及赛区级一等奖

商学院：李坤洋　谢　飞　白怡颖　罗湘芸　田　姝

指导教师：刘湘蓉

国家级二等奖及赛区级一等奖

商学院：伍　娟　陈雯雯

信息工程学院：曾　艳　李佳慧

艺术学院：　　　　　陈泓宇
指导教师：　　　　　刘亚军

赛区级特等奖
兴湘学院：　　　　　王智成　田浩嘉　王　鹏　黄秀清　王晓凤
指导教师：　　　　　刘湘蓉

赛区级二等奖
兴湘学院：　　　　　阳　璐　黎俊豪
信息工程学院：　　　付　萧
机械工程学院：　　　袁　鹏
指导教师：　　　　　刘亚军

赛区级三等奖
信息工程学院：　　　李　雯
历史系：　　　　　　姚　卓
兴湘学院：　　　　　蒋　琴
商学院：　　　　　　欧阳晓蕾　　　余秦雯
指导教师：　　　　　刘湘蓉

商学院：　　　　　　何秋霞　许晓君　刘事成　沈芝艳
信息工程学院：　　　熊海璇
指导教师：　　　　　田小文　华　进

公共管理学院：　　　柯坤坤
旅游管理学院：　　　胡意平　曹斯琪　周　盼
指导教师：　　　　　刘湘蓉

国家级优秀组织院校
湘潭大学

优秀指导老师奖
刘湘蓉　刘亚军

三十三、第六届全国大学生电子商务“创新、创意、创业”挑战赛暨湖南省大学生电子商务大赛
国家级一等奖及省级一等奖
机械工程学院：　　　卢孟明　朱武贞　梁恺文
商学院：　　　　　　周明涛　龚俊杰
指导教师：　　　　　刘亚军

国家级二等奖及省级一等奖
商学院：　　　　　　田　姝　李坤洋　罗湘芸　白怡颖　谢　飞
指导教师：　　　　　刘湘蓉

兴湘学院：　　　　　王智成　熊紫鹏　李旭华　孙赫林　黄秀清
指导教师：　　　　　刘湘蓉　周　艳

省级一等奖

商学院：	朱彦斌　王舒韵　秦琮发　赵荣彬　张应中
指导教师：	刘湘蓉
商学院：	何秋霞　沈芝艳　许晓君　刘事成
机械工程学院：	彭鑫泰
指导教师：	田小文　华　进
商学院：	张　威　殷　鹏　李建兴
指导教师：	雷丽彩

省级三等奖

商学院：	何　苗　雷　宏　孙　姣
信息工程学院：	张　灿
机械工程学院：	韩海峰
指导教师：	刘亚军

省级优秀组织奖

湘潭大学

优秀组织单位

商学院

最佳指导老师

刘湘蓉

优秀指导老师

刘亚军

三十四、第九届全国三维数字化创新设计大赛

国家级一等奖

机械工程学院：	何　遥　齐开然
指导教师：	聂松辉
机械工程学院：	何　遥　胡圣贤　田　野　周才致
指导教师：	聂松辉
艺术学院：	赵梦琦　方　安　梁华康
指导教师：	卢　洁　熊　明

国家级二等奖

机械工程学院：	乔启鸣　莫园生
指导教师：	刘思思　吴亚联
艺术学院：	方　安　张竹清　赵梦琦
指导教师：	熊　明　卢　洁

国家级二等奖及省级特等奖

机械工程学院：　刘雪琪　胡　璇　李　广　杜彭玉
指导教师：　聂松辉

国家级三等奖

机械工程学院：　乔启鸣　廖　明
信息工程学院：　李文晴
指导教师：　秦衡峰

省级特等奖

机械工程学院：　何　遥　齐开然　薛　超　张超颖
指导教师：　聂松辉

艺术学院：　陈明雷　张竹清
指导教师：　熊　明　卢　洁

艺术学院：　王国晋　梁华康
指导教师：　卢　洁

省级一等奖

机械工程学院：　乔启鸣　廖　明
指导教师：　秦衡峰

机械工程学院：　乔启鸣　莫园生　曹　丽
信息工程学院：　应忠翔
指导教师：　刘思思　吴亚联

艺术学院：　王国晋　梁华康
指导教师：　卢　洁

机械工程学院：　崔扬扬　曾令城
信息工程学院：　容向杏　黄　琛
指导教师：　聂松辉

省级二等奖

机械工程学院：　林　聪　刘　磊　潘辉辉　李许臻
指导教师：　姜胜强

机械工程学院：　马奇骏　齐开然　薛　超　张超颖
指导教师：　聂松辉

艺术学院：　张倩姣　邓　娟
指导教师：　胡中平　卢　洁

兴湘学院：　肖　磊
艺术学院：　闫欢欢
指导教师：　熊　明　卢　洁

艺术学院：　陈锦玉　高立志
指导教师：　熊　明　卢　洁

艺术学院：　郭　金　董译锴
指导教师：　胡中平

艺术学院：　李滕滕　陈永佳
指导教师：　卢　洁　熊　明

艺术学院：　占　诚
兴湘学院：　陈天为
指导教师：　熊　明

艺术学院：　胡　晶　何咏霖
指导教师：　胡中平　熊　明

艺术学院：　李滕滕　冯久强
指导教师：　熊　明　卢　洁

艺术学院：　梁晓慧　季公达
指导教师：　卢　洁　熊　明

省级三等奖

艺术学院：　王琼莲　王洁茹
指导教师：　胡中平

艺术学院：　万霄婷　赵　琳
指导教师：　胡中平

艺术学院：　周朋朋　褚召华
指导教师：　卢　洁

艺术学院：　王庆伟　钱皖新
指导教师：　胡中平　熊　明

优秀组织单位

艺术学院

三十五、第五届全国大学生金相技能大赛

国家级一等奖

材料科学与工程学院：　李　霞
指导教师：　王鑫铭　陈　旭

国家级二等奖

材料科学与工程学院：　江群弟
指导教师：　王鑫铭　陈　旭

国家级三等奖

材料科学与工程学院：　邢超伟
指导教师：　王鑫铭　陈　旭

国家级团体二等奖

湘潭大学

优秀组织单位

材料科学与工程学院

国家级优秀指导老师

王鑫铭　陈　旭

三十六、第四届"蔡司·金相学会杯"全国高校大学生金相大赛

省级一等奖

材料科学与工程学院：　江群弟

指导教师：　王鑫铭　陈　旭

材料科学与工程学院：　易华清

指导教师：　王鑫铭　陈　旭

省级三等奖

材料科学与工程学院：　李　霞

指导教师：　王鑫铭　陈　旭

材料科学与工程学院：　袁　帅

指导教师：　王鑫铭　陈　旭

省级优秀指导老师

王鑫铭　陈　旭

三十七、第十四届 MDV 中央空调设计应用大赛

国家级一等奖及省级一等奖

土木工程与力学学院：　贾宇豪　谢青霖

指导教师：　龙激波

省级优秀奖

土木工程与力学学院：　黄　垚　蒋　轩

指导教师：　孙宏发

土木工程与力学学院：　陈东红　王　迪

指导教师：　阮　芳

三十八、第十届国际大学生 iCAN 创新创业大赛

国家级二等奖及省级一等奖

信息工程学院：　刘泽辉　郝凡凡　崔超杰　刘沁蕊　陈占鸣

指导教师：　陈洋卓　盛孟刚

信息工程学院：　周佳聆　杨　怡　杜　鑫　瞿　安　王　果

指导教师：　陈洋卓

信息工程学院：　　梁文豪　陈　琢　何　婕
兴湘学院：　　王彬任
物理与光电工程学院：　　张文轩
指导教师：　　胡洪波

信息工程学院：　　刘　旋　应忠翔　康灿平　李梦雅
机械工程学院：　　乔启鸣
指导教师：　　吴亚联

国家级三等奖及省级一等奖

信息工程学院：　　徐　杰　向　阳　王　鹏　赵　阳　吴桂全
指导教师：　　陈洋卓　盛孟刚

信息工程学院：　　赵海生　周　诗　曾　媛　王富林　毛建锋
指导教师：　　陈洋卓

信息工程学院：　　赵嘉麒　武文韬　杨雅慧　陈　曦
指导教师：　　吴亚联

湖南赛区选拔赛

省级二等奖

物理与光电工程学院：　　杨　怡　罗绍威
信息工程学院：　　陈文英　张志杰
指导教师：　　胡洪波

信息工程学院：　　石素坤　谭志勇　沈梦君　桂俊达
指导教师：　　胡洪波

信息工程学院：　　王　顺　韩　颖
机械工程学院：　　莫园生
指导教师：　　胡洪波　姚子力

信息工程学院：　　王思惠　杜　瑞　李皓星　严浩栋
指导教师：　　苏永新　吴亚联

信息工程学院：　　胡　串　陈茜茜　薛涛涛　王程辉　朱庆倩
指导教师：　　肖业伟　郭雪峰

省级三等奖

信息工程学院：　　李　源　张帅勇　叶　婷　王建辉　陈才宁
指导教师：　　肖业伟　郭雪峰

信息工程学院：　　娄　兴　胡凤明　李纯鹏　胡神磊　朱林丹
指导教师：　　肖业伟　郭雪峰

三十九、2016 年创青春全国大学生创业大赛暨湖南省大学生创业大赛

国家级铜奖及省级金奖

信息工程学院：　郭慕文　王如平　赵海生　钱玉红　黄睿钊
指导教师：　姚志强

国家级铜奖及省级银奖

机械工程学院：　周才致　田　野　张　沙　何　遥　胡圣贤　余祥杰　封超男
商学院：　王睿雅　肖乐玲
指导教师：　罗建平　杨怀保

省级银奖

法学院·知识产权学院：徐　成　周　婷　徐　敏　蒋林君　张　妙　梁子钦
指导教师：　肖冬梅　刘友华　隆　瑾　蒋　新

信息工程学院：　李梦雅　杨　浪　祖庆庆　沈梦君　屈冬梅　潘怡凡　邹佳丽　康　洋　张　薇
商学院：　余秦雯
指导教师：　段　斌

省级铜奖

信息工程学院：　晏丹丹　陈　曦　谢楚珮　曹国旁　万泽林
物理与光电工程学院：　苏　豪
商学院：　欧阳晓蕾
指导教师：　段　斌　龙　辛

法学院·知识产权学院：宋　尧
商学院：　冯　涛　贾东梅
机械工程学院：　金佳人　申佳蕊　曾祥平　张思阳　管　卓
公共管理学院：　徐　圳
指导教师：　张　立

机械工程学院：　封超男　邓克凡
商学院：　隋书坤　陈　倩　靳琴琴
外国语学院：　李敏敏
物理与光电工程学院：　李阿鲁
信息工程学院：　杨晓飞
指导教师：　陈　勇

兴湘学院：　李江浩　陶　梦　向慧娟　刘　侃　罗江唯
指导教师：　陈　旭

兴湘学院：　段小桃　谢艺武
环境与资源学院：　吴萍萍
机械工程学院：　周才致
商学院：　吴少康　李东侠　赵佳培

哲学系：　　　聂金刚
指导教师：　　刘巨钦

旅游管理学院：　　马　浩　王　丹　王雪妍　廖文静
公共管理学院：　　刘　硕　周义琼
商学院：　　许明平　郝诗卿　唐娜娜
信息工程学院：　　刘　鑫
指导教师：　　郭　滟　伍　喆　田小文

省级优秀指导老师
姚志强

四十、第九届全国大学生节能减排社会实践与科技竞赛

国家级三等奖
机械工程学院：　　刘　磊　潘辉辉　李许臻　林　聪　乔启鸣
信息工程学院：　　李文晴
指导教师：　　姜胜强

机械工程学院：　　胡　赛　赵　双　龙　傲　赵　霞　丁喜连
指导教师：　　傅燕翔

土木工程与力学学院：　宋凯华　王晓倩　陈振焱
指导教师：　　阮　芳

材料科学与工程学院：　崔霖霖
物理与光电工程学院：　高京亮　蒋金益
指导老师：　　曾以成　李旭军

四十一、第九届全国高校法语演讲比赛全国总决赛

国家级三等奖
兴湘学院：　　朱鹜球

四十二、第六届"华为杯"中国大学生智能设计竞赛

国家级特等奖(季军)
信息工程学院：　　徐　杰　王　鹏　欧　松
指导教师：　　陈洋卓

国家级二等奖
信息工程学院：　　陈占鸣　郝凡凡　崔超杰
指导教师：　　陈洋卓

信息工程学院：　　石素坤　屈冬梅　沈梦君
指导教师：　　胡洪波

信息工程学院：　　李皓星　严浩栋　杜　瑞

指导教师：　胡洪波

信息工程学院：　刘　旋　应忠翔
机械工程学院：　莫园生
指导教师：　胡洪波

信息工程学院：　康灿平　李梦雅
机械工程学院：　乔启鸣
指导教师：　吴亚联

国家级三等奖
信息工程学院：　杨晓飞　黎中玉
指导教师：　肖业伟

信息工程学院：　赵　阳　吴桂全　向　阳
指导教师：　陈洋卓

信息工程学院：　叶祖焕　陈　曦　梁文豪
指导教师：　吴亚联

信息工程学院：　王　顺　韩　颖　方思远
指导教师：　姚子力

四十三、第七届全国大学生过程装备实践与创新大赛

国家级一等奖
机械工程学院：　何荣华　李　涛　尹比升　王海风(研)　刘　倩
指导教师：　张大兵

国家级三等奖
机械工程学院：　李　亮　方官乐　胡胜(研)　杜宜辰　马曾文
指导教师：　张建平

四十四、第七届湖南省大学生机械创新设计大赛暨第七届全国大学生机械创新设计大赛

国家级一等奖及省级一等奖
机械工程学院：　陈佳洋　张枫涛　邓　鑫　蔡凌志　何小涛
指导教师：　李明富

国家级二等奖及省级一等奖
机械工程学院：　何　遥　胡圣贤　田　野　周才致　张　沙
指导教师：　罗建平　刘金刚

省级一等奖
机械工程学院：　乔启鸣　李许臻　潘辉辉　刘　磊　林　聪
指导教师：　姜胜强

省级二等奖
机械工程学院：　方　波　周旺旺　陈泽民　贾亚卫

环境与资源学院：赵　丹
指导教师：刘思思　姜胜强

机械工程学院：张安州　曾令城　刘　豪　左立来　刘　倩
指导教师：聂松辉

机械工程学院：张旭东　姜红亮　周施印　张广亮
信息工程学院：郝凡凡
指导教师：毛美姣　谭志飞

机械工程学院：崔扬扬　关　哲　李　广　杜彭玉　胡　璇
指导教师：张高峰

机械工程学院：袁俊鹏　刘浩东　王英俊　雷高攀
指导教师：秦衡峰

慧鱼赛区省级三等奖
机械工程学院：乔启鸣　李许臻　潘辉辉　刘　磊　林　聪
指导教师：姜胜强

省级三等奖
机械工程学院：莫园生　应忠翔　崔扬扬　韩　颖　李鹏程
指导教师：刘柏希　胡洪波

机械工程学院：张青龙　李　爽　姜守禹　李泽星　王超军
指导教师：张高峰

机械工程学院：叶　冲　魏　杰　翟　妮　宋雨泽
兴湘学院：闫晓波
指导教师：张建平

机械工程学院：尹比升　谢泽宇　曹　新　谢　祥
物理与光电工程学院：张文轩
指导教师：吴继春　胡洪波

省级优胜奖
机械工程学院：金　鑫　毕小刚　蒲幸禹　陈德山　阳　婷
指导教师：冯建军

优秀组织单位
机械工程学院

四十五、第七届全国中高等院校学生“斯维尔杯”建筑信息模型（BIM）应用技能大赛

国家级团体全能二等奖
土木工程与力学学院：刘斯维　刘洪宇　曹旭光　陈振焱　王晓倩
指导教师：涂佳黄　许　福　陈　俊　彭良忠　阮　芳

国家级专项三等奖

兴湘学院：　　　　贺　云　周　杰　阳梦妮　屈港圆　童　奇
指导教师：　　　　涂佳黄　许　福　陈　俊　彭良忠　孙宏发

四十六、第十届全国数字艺术设计大赛

国家级优秀奖

艺术学院：　　　　邢晓莹
指导教师：　　　　尹晓燕

四十七、第四届全国高校数字艺术作品大赛

国家级一等奖

艺术学院：　　　　张玉梅
指导教师：　　　　马　力　姜　倩

艺术学院：　　　　刘徵羽　熊　婷
指导教师：　　　　姜　倩　朱璐莎

物理与光电工程学院：刘　昆
艺术学院：　　　　石焰荣
指导教师：　　　　刘正军　李　娜

兴湘学院：　　　　谢沛妤　陈思帆　刘水清
指导教师：　　　　朱璐莎　姜　倩

国家级二等奖

兴湘学院：　　　　唐宇轩　周　仁　文新宇
指导教师：　　　　高　深

艺术学院：　　　　张　蓓
指导教师：　　　　匡睿颖　毛璐璐

艺术学院：　　　　甄小丽
指导教师：　　　　匡睿颖

艺术学院：　　　　刘徵羽　尹赛满
兴湘学院：　　　　蔡仁峰
指导教师：　　　　朱璐莎　姜　倩

国家级三等奖

艺术学院：　　　　陈　洋　刘晨艳　杨梦娅
指导教师：　　　　匡睿颖　毛璐璐

艺术学院：　　　　周广耀　陆宝优　暨　冰
指导教师：　　　　匡睿颖　毛璐璐

艺术学院：　　　　杨玉增
指导教师：　　　　匡睿颖　毛璐璐

艺术学院：　　　　　　王清祥
指导教师：　　　　　　匡睿颖　毛璐璐

艺术学院：　　　　　　暨　冰
物理与光电工程学院：　许　姣
指导教师：　　　　　　匡睿颖　毛璐璐

艺术学院：　　　　　　陈　洋　李建博　杨梦娅
指导教师：　　　　　　黎　青　匡睿颖

艺术学院：　　　　　　陈梅仪
指导教师：　　　　　　匡睿颖　毛璐璐

兴湘学院：　　　　　　田　雨　张予柯
指导教师：　　　　　　朱璐莎

四十八、第五届中国高等院校设计艺术大赛

国家级二等奖

机械工程学院：　　　　张阅川　何小涛　王倩倩
指导教师：　　　　　　傅燕翔

四十九、第三届湖南省大学生旅游专业综合技能竞赛

省级一等奖

旅游管理学院：　　　　陈　勘　潘伟安　李福有
指导教师：　　　　　　马丽君

省级二等奖

旅游管理学院：　　　　李红晓　黄冰清　朱　瑶
指导教师：　　　　　　林龙飞

兴湘学院：　　　　　　刘智蓉　庞　偎　龚　佳
指导教师：　　　　　　李卫飞

兴湘学院：　　　　　　贺佳芳　抗晓菲　王偲琪
指导教师：　　　　　　陈喆芝

省级三等奖

旅游管理学院：　　　　黄　玲　张　亭　黄　谢
指导教师：　　　　　　龙祖坤

五十、第十一届全国大学生“恩智浦”杯智能汽车竞赛

华南赛区二等奖及省级一等奖

信息工程学院：　　　　马　鉴　朱德荣　李泽贤
指导教师：　　　　　　姚志强　盛孟刚

华南赛区二等奖及省级二等奖

信息工程学院：　　吕梦平　杜培培　周小舒
指导教师：　　郭雪峰　刘奇能

信息工程学院：　　刘浩林　夏青平　汪立夫
指导教师：　　肖业伟　刘奇能　冷爱莲（省级）

华南赛区二等奖

信息工程学院：　　金浩文　王富林
兴湘学院：　　李远贵
指导教师：　　盛孟刚　陈洋卓

信息工程学院：　　童朝辉　谢依伦　甘典志
指导教师：　　肖业伟　郭雪峰

华南赛区三等奖及省级二等奖

信息工程学院：　　姜继富　谢尚位　杨晓飞
指导教师：　　郭雪峰　肖业伟

华南赛区三等奖及省级三等奖

信息工程学院：　　胡家栋　江海敏　王　果
指导教师：　　郭雪峰　肖业伟　杜　若（省级）

华南赛区三等奖

兴湘学院：　　黄冠群
信息工程学院：　　谭志勇　辛凯华
指导教师：　　肖业伟

省级二等奖

信息工程学院：　　宋云华　谢　靖
兴湘学院：　　李黄芬兰
指导教师：　　曾以成　李旭军

五十一、第九届“中国电机工程学会杯”全国大学生电工数学建模竞赛

省级一等奖

化工学院：　　李英泽　聂子轩　张新平
指导教师：　　文志武

省级二等奖

材料科学与工程学院：　　袁亚龙
物理与光电工程学院：　　蒋金益
信息工程学院：　　胡　串
指导教师：　　刘红良

物理与光电工程学院：　　宁　颖　王　超
信息工程学院：　　刘惜滨
指导教师：　　刘红良

物理与光电工程学院：　窦智强　楚　姣　杨　怡
指导教师：　刘红良

信息工程学院：　李振民　谢楚珮
物理与光电工程学院：　张焕钧
指导教师：　刘红良

化工学院：　唐永翔　钟瑞霖　董晓晗
指导教师：　文志武

化工学院：　郑景元　李灿欣
信息工程学院：　李青青
指导教师：　文志武

机械工程学院：　周　振
信息工程学院：　李　耀
材料科学与工程学院：　刘炫伶
指导教师：　文志武

机械工程学院：　朱海波
信息工程学院：　郑礼鹏　周佳倩
指导教师：　文志武

数学与计算科学学院：　周思敏　孟　晨　刘彦波
指导教师：　李成福

信息工程学院：　辛凯华
数学与计算科学学院：　甘　慧　谭力凡
指导教师：　李成福

省级三等奖

物理与光电工程学院：　余雪佳　国欣宇
信息工程学院：　董　辉
指导教师：　刘红良

物理与光电工程学院：　张文轩　苏　姣　邓香香
指导教师：　刘红良

物理与光电工程学院：　谢斐然　欧　琳　刘玉豪
指导教师：　刘红良

信息工程学院：　杨　梅　朱　洪
物理与光电工程学院：　姚丽珠
指导教师：　刘红良

信息工程学院：　王海峰
物理与光电工程学院：　朱丽婷　张人予
指导教师：　文志武

材料科学与工程学院： 卢 猛 王俊程 赵亚姿
指导教师： 周光明

土木工程与力学学院： 周 博
材料科学与工程学院： 冯文营 陈立全

信息工程学院： 周 捷 金 徽 朱少武
指导教师： 杨晟院

信息工程学院： 颜子均 李言琴 王梦媛
指导教师： 杨晟院

五十二、2016年湖南省首届虚拟仪器设计大赛

省级一等奖

物理与光电工程学院： 李玉成 陈 卓
指导教师： 李旭军 曾以成

物理与光电工程学院： 刘建松 张泽鑫
指导教师： 李旭军

省级二等奖

物理与光电工程学院： 黄荣珂 王亚平 蒋 悦
指导教师： 李旭军 曾金芳

物理与光电工程学院： 刘 韬 杨俏春
指导教师： 李旭军 余云霞

机械工程学院： 何荣华
物理与光电工程学院： 金 涛
指导教师： 李旭军 闫 磊

物理与光电工程学院： 刘 辉 曹 罡 江禹璇
指导教师： 李旭军 罗致春

省级三等奖

物理与光电工程学院： 周锦炜 崔 健 郑达成 王 帆
指导教师： 李旭军 龚跃球

物理与光电工程学院： 高京亮 刘沐霖 宁 颖 谷健林
信息工程学院： 郝凡凡
指导教师： 李旭军 龚跃球

物理与光电工程学院： 童 立 刘 松 张 波
指导教师： 李旭军 杨恢先

物理与光电工程学院： 杨 柳 蒋金益 刘 薇
材料科学与工程学院： 崔霖霖
指导教师： 李旭军 毛宇亮

省级特别贡献奖

李旭军

省级优秀指导老师

李旭军　曾以成

五十三、湖南省第三届大学生物理竞赛

省级一等奖

物理与光电工程学院：王　超
指导教师：王登龙

材料科学与工程学院：周芊骞
指导教师：胡　柯

物理与光电工程学院：王泽晶
指导教师：王凤姣

物理与光电工程学院：罗帅帅
指导教师：刘文亮

省级二等奖

物理与光电工程学院：唐　可
指导教师：王登龙

土木工程与力学学院：靳鸿攀
指导教师：刘文亮

物理与光电工程学院：谢斐然
指导教师：肖化平

材料科学与工程学院：袁亚龙
指导教师：杨友田

物理与光电工程学院：桂　凯
指导教师：谢月娥

省级三等奖

土木工程与力学学院：高铁宁
指导教师：王登龙

材料科学与工程学院：胡　芳
指导教师：肖化平

机械工程学院：刘再兴
指导教师：肖化平

机械工程学院：林小虎
指导教师：胡　柯

化工学院：　　　　　　张　浩
指导教师：　　　　　　胡　柯

材料科学与工程学院：　陈芳琳
指导教师：　　　　　　杨友田

机械工程学院：　　　　唐松胜
指导教师：　　　　　　杨友田

物理与光电工程学院：　楚　姣
指导教师：　　　　　　谢月娥

物理与光电工程学院：　王　帅
指导教师：　　　　　　刘文亮

材料科学与工程学院：　石聪聪
指导教师：　　　　　　王凤姣

省级优秀组织奖

湘潭大学

五十四、2016 年湖南省大学生电子设计竞赛

省级二等奖

信息工程学院：　　　　邹齐敏　欧　松　黄睿钊
指导教师：　　　　　　姚志强　盛孟刚

省级三等奖

信息工程学院：　　　　童朝辉　姜继富　邓　斌
指导教师：　　　　　　冷爱莲　郭雪峰

信息工程学院：　　　　黄　赞　刘浩林　郭腾涛
指导教师：　　　　　　冷爱莲　肖业伟

信息工程学院：　　　　赵智斌　杜　鑫　张　滨
指导教师：　　　　　　姚志强　陈洋卓

省级优胜奖

信息工程学院：　　　　罗明双　张　浩　梁海凤
指导教师：　　　　　　冷爱莲　郭雪峰

信息工程学院：　　　　谭志勇　吕梦平　瞿家宝
指导教师：　　　　　　冷爱莲　肖业伟

信息工程学院：　　　　徐　杰　王　鹏　肖　奇
指导教师：　　　　　　陈洋卓　姚志强

信息工程学院：　　　　朱德荣　金浩文　王富林
指导教师：　　　　　　盛孟刚　陈洋卓

五十五、第十二届湖南省大学生计算机程序设计竞赛

省级一等奖

信息工程学院：　陈　荣　程　坚　程化宇
指导教师：　谢　勇

信息工程学院：　卫重波　李世豪　赖　鑫
指导教师：　谢　勇

省级三等奖

信息工程学院：　莫　涛　方凌飞　向　伟
指导教师：　石跃祥

省级团体第三名

湘潭大学

五十六、第四届湖南省大学生工程训练综合能力竞赛

省级一等奖

机械工程学院：　毕小刚　蒲幸禹　金彬坤
指导教师：　冯建军

省级二等奖

机械工程学院：　曹　新　李巧林　贾　儒
指导教师：　秦衡峰

省级三等奖

机械工程学院：　戴闽敏　张超颖　朱凤鸣
指导教师：　李玉平

五十七、2016 年湖南省普通高等学校大学生日语演讲比赛

省级团体三等奖

外国语学院：　李　晨　黄素琴　彭　琴
指导教师：　徐　红　杨渊斐　曾　艳

省级个人二等奖

外国语学院：　黄素琴
指导教师：　杨渊斐

省级个人三等奖

外国语学院：　彭　琴
指导教师：　徐　红

外国语学院：　李　晨
指导教师：　曾　艳

省级个人优胜奖

兴湘学院：　吴雅林
指导教师：　小川治之

五十八、第六届湖南省大学生化学实验技能与化学化工创新竞赛

省级一等奖

化学学院： 杨旭潇
指导教师： 谭红艳 李涛海

化学学院： 方松佳
指导教师： 雷钢铁 肖启振

化学学院： 万家佳
指导教师： 张 劲 肖福红

省级二等奖

化学学院： 刘 芳
指导教师： 曹 毅

省级三等奖

化学学院： 邵 麟 隋兆阳 吴星霖
指导教师： 朱卫国

五十九、湖南省首届大学生写作竞赛

省级一等奖

文学与新闻学院： 刘铠齐
指导教师： 郭明浩 张慧佳 罗如春

省级二等奖

兴湘学院： 彭 穗
指导教师： 华 进 沈云霞 郭明浩

省级三等奖

文学与新闻学院： 邓 欣
指导教师： 华 进 张慧佳 罗如春

省级优秀组织奖

湘潭大学

优秀组织单位

文学与新闻学院

六十、“建行杯”第二届湖南省“互联网+”大学生创新创业大赛

省级三等奖

法学院·知识产权学院：杨 桥 周 婷 陈海英 王自想 何朝沛
指导教师： 肖冬梅

机械工程学院： 周才致 张 沙
商学院： 王睿雅 曹安琳
兴湘学院： 蒋 超
指导教师： 罗建平

六十一、2016 年“华为杯”湖南省大学生计算机作品赛

省级一等奖

信息工程学院：　　张　璐　于佳志

指导教师：　　欧阳建权

省级三等奖

信息工程学院：　　徐　成

指导教师：　　唐欢容

信息工程学院：　　杜磊磊　邹艾江　钟　雅　肖华文

指导教师：　　刘　新

六十二、2016 年第九届全国高校德语专业大学生辩论赛

省级优胜奖

外国语学院：　　李昊天　李莎莎

指导教师：　　周　芳　于　陆

六十三、2016 年湖南省“新道杯”首届大学生企业模拟经营大赛

省级二等奖

商学院：　　苏　亮　陈汝凡　陈小红　詹艺雪　王丽丽

指导教师：　　匡茂华

商学院：　　李丹青　曹　攀　王美荣　王紫薇　陈慧婷

指导教师：　　匡茂华

商学院：　　蒋伟宏　朱昊宇　黄明灿

兴湘学院：　　蒋　琴　郑玲芝

指导教师：　　匡茂华

六十四、第十一届中华全国日语演讲比赛

华中赛区一等奖

外国语学院：　　吴　琴

指导教师：　　朱宪文

六十五、第五届全国口译大赛（英语）湖南省复赛

省级二等奖

外国语学院：　　陆嘉威

指导教师：　　侯　晟

省级优秀指导老师

侯　晟

六十六、湖南省第二届大学生思想政治理论课研究性学习成果展示竞赛(本科组)

省级优胜奖

文学与新闻学院：　　强若琳　冀雨薇　胡　骞　王　巧

法学院·知识产权学院：樊玉洁

指导教师：　　刘小莉

省级优秀组织奖

湘潭大学

六十七、第九届"北外－万慧达"杯知识产权英语模拟法庭竞赛

省级优秀辩手奖

法学院·知识产权学院：彭　聪

省级优秀奖

湘潭大学

六十八、中国大学生原创动漫大赛

国家级二等奖

艺术学院：　　李　剑

指导老师：　　朱璐莎　姜　倩

国家级优秀指导老师奖

朱璐莎　姜　倩

（张红爱）

2016 年省级以上体育竞赛活动学生获奖情况一览表

竞赛名称	获奖学生	获奖名次
2015—2016“特步”中国大学生五人制足球联赛湖南选拔赛	盛英夫 李鑫尧 苏波宇 许 超 胡 博 朱天成 王天俊 聂士雄 吴鸿韬 甘 维 范嘉洲 周文元 闫 宁 卢俊安	第二名
第四届中国大学生羽毛球超级赛(混合团体)	周泽奇 林元睿 张 稳 朱聪琳 贾一凡 夏 欢 曾 惜 覃馨漫 朱聪琳 贺松林 陈卉林	第二名
第二十届中国大学生羽毛球锦标赛	朱聪琳	团体第二名
	贾一凡 陈卉林 夏 欢 曾 惜	团体第三名
	周泽奇	男子单打第一名
	贾一凡 陈卉林 夏 欢	女子双打第三名
湖南省大学生羽毛球锦标赛	朱聪琳 陈旭旻 陈旭旻 贺松林 张 榆 覃馨漫 屈珍珺 屈珍珺	女子团体第二名
	敖澄宇 陈俊隆 陈仔民 许嘉熙 薛乃瑞 刘涛弘清	男子团体第二名
	贺松林	混合双打第三名
	陈仔民 朱聪琳	混合双打第四名
	陈俊隆 许嘉熙	男子双打第二名
	刘涛弘清 薛乃瑞	男子双打第三名
	贺松林 覃馨漫	女子双打第三名
	屈珍珺 张 榆	女子双打第四名
	陈仔民	男子单打第一名
	敖澄宇	男子单打第四名
	朱聪琳	女子单打第一名
	陈旭旻	女子单打第四名
2016 年湖南省大学生篮球比赛暨第十九届 CUBA 中国大学生篮球联赛湖南赛区选拔赛	张东文 胡 巍 沈崇文 张逸飞 吴皖东 陈阳小澍 杜炯盛 吴祖名 黄 博 李泽华 王浩宇 范淞铭	男子第五名

竞赛名称	获奖学生	获奖名次
2016年湖南省大学生篮球比赛暨第十九届CUBA中国大学生篮球联赛湖南赛区选拔赛	孟　瑶　刘　杨　连悦羽恫 肖　梦　邵梦洁　陈漳璟 孟　远　张文斌　陈　灿 张　燕	女子第二名
湖南省青少年校园足球大学生联赛	宋　剑　程宗富　朱诗彧 李鑫伟　李雅利　李俊傲 陈　毅　秦　翔　陈　翔 闫　宁　卢俊安　周超为 郭酝涛　龙　强　泽旺曲珠 措　平　高煜中　周昱龙 李　林　仲子博	第五名
第十六届全国大学生田径锦标赛	李　阳	男子撑杆跳第三名
	黎小敏	女子撑杆跳第一名
2016年湖南省大学生田径锦标赛	梁佳琪	10000米第三名
		5000米第四名
	雷艳艳	3000米障碍第一名
		1500米第三名
		4×400米第三名
	刘　渴	800米第三名
		1500米第四名
	王博文	铁饼第四名
		铅球第四名
	任振翔	铁饼第七名
		铅球第三名
	杨翕喆	1500米第三名
		4×400米第六名
		3000米障碍第一名
	熊明皇	4×400米第六名
		全能第五名
		4×100米第五名
	肖　特	4×100米第六名
		200米第八名
		4×400米第六名
	李　琦	4×100米第四名
		200米第八名
		100米第八名
		4×400米第三名

竞赛名称	获奖学生	获奖名次
2016 年湖南省大学生田径锦标赛	吴家慧	标枪第二名
	曾　威	4×400 米第六名
		4×100 米第六名
	游　洋	标枪第三名
		4×100 米第六名
	霍晨红	800 米第六名
	谭　想	4×100 米第四名
		三级跳远第二名
		跳远第六名
	李蒙蒙	铅球第四名
		铁饼第六名
	张　扬	跳远第五名
		跳高第二名
		4×100 米第五名
	叶婧曦	400 米第二名
		4×100 米第四名
		4×400 米第三名
	王磊振	全能第四名
	李　阳	男子撑杆跳第二名
	黎小敏	女子撑杆跳第一名
		跳高第六名
	陈图境	跳高第二名
		男子撑杆跳第一名
		跳高
	林　鑫	5000 米第一名
		10000 米第一名

（王细流）

2016 年学生其他获奖情况一览表

序号	获奖名称	获奖个人和集体	授奖部门
1	2016 年湖南省创青春大学生创业大赛铜奖	徐 圳 贾东梅	共青团湖南省委 省教育厅 省人力资源和社会保障厅 湖南经济和信息化委员会
2	2016 年湖南省“创青春”大学生计划大赛铜奖	刘 硕 唐娜娜 王雪妍	湖南省委员会 湖南省教育厅 湖南省经济和信息化委员会 湖南省人力资源和社会保障厅 湖南省科技技术协会 湖南省学生联合会
3	湖南省第一届人力资源管理知识技能竞赛二等奖	王雪妍 黄显淇	浙江精创教育科技有限公司
4	第十届国际大学生 iCAN 创新创业大赛华南赛区三等奖	王建辉(团体)	国际大学生 iCAN 创新创业大赛组委会
5	2016 One Show 中国青年创新竞赛优秀奖	刘家亨 李思琪 胡 斌 何思源 刘 鑫 彭亚飞	One Show 中华青年创新竞赛与创新营组委会
6	全国高等档案学专业大学生创新性课外科技作品展优秀作品	蓝楚楚 李依玲 张雪尔 白亚东	教育部高等学校档案学专业教学指导委员会
7	第 115 届国际发明展览会铜奖	张紫漾	法国发明者与制造者协会 福建省金福国际商务会展服务有限公司
8	2015 年度中国大学生自强之星“提名奖”	邹 鹏	共青团中央学校部 全国学联秘书处
9	2016 全国大中专志愿者暑期三下乡社会实践活动先进个人		
10	湖南省“青年智囊团”青年研究团队	青年发展研究中心	湖南省青少年研究会
11	“传统孝道文化与大学生社会主义核心价值观”(课题)	青年发展研究中心	共青团中央委员会
12	“城步县农林畜牧特色产业金融服务存在的问题及对策”(课题)	青年发展研究中心	共青团湖南省委

序号	获奖名称	获奖个人和集体	授奖部门
13	“井冈情·中国梦”全国大学生暑期实践季专项行动优秀实践团队	青年发展研究中心	全国青少年井冈山革命传统教育基地
14	“井冈山·中国梦”全国大学生暑假实践季专项行动培训优秀学员	郎学陆	
15	“语文报杯”全国中学生作文大赛省级二等奖	吉健锌	中国共产主义青年团
16	全国女大学生就业创业研讨会征文三等奖	许筱婷	中国女子高等院校联盟
17	第三届红枫大学生记者节新闻作品大赛优秀奖	戴月婷	湖南省新闻工作者协会 湖南广播电视台
18	《孝道文化：大学文化素质教育的重要载体》	邓　榕	《亚太教育》2016年6月，中国知网
19	湖南省大学生2015—2016学年度主题教育活动征文比赛三等奖	杨善舒	中共湖南省委教育工作委员会
20	Ccpc湘潭邀请赛铜奖、湘潭市程序设计铜奖	刘　鑫	湘潭市计算机协会
21	中国大学生广告艺术节学院奖快克药业设计类佳作奖	钟熠能	中国大学生广告艺术节学院奖组委会
22	中国大学生广告艺术节学院奖快克药业设计类银奖	钟熠能	
23	中国大学生广告艺术节学院奖春季赛优秀奖	刘家亨　胡　斌　彭亚飞 李思琪　赵田田	教育部高等学校新闻传播学类专业指导委员会 中国高等教育专业委员会
24	中国大学生广告艺术节学院奖秋季赛优秀奖	刘家亨	
25	中国大学生广告艺术节学院奖春季赛佳作奖	暨　冰	中国广告协会 中国大学生广告艺术节学院奖组委会
26	中国大学生广告艺术节学院奖秋季赛佳作奖	暨　冰	
27	第四届全国高校数字艺术作品大赛三等奖	暨　冰	第四届全国高校数字艺术作品大赛组委会

序号	获奖名称	获奖个人和集体	授奖部门
28	全国高校最受欢迎的百强校园媒体	湘潭大学三翼工作室	中国青年报 中国高校传媒联盟 全国高校校园网站联盟 中国大学生在线
29	国家级优秀通讯员	张一枝	
30	全国高校优秀网络栏目	湘潭大学三翼工作室	教育部思想政治工作司 全国高校校园网站联盟 中国大学生在线
31	网络文明与安全创新传播大赛全国前十强	湘潭大学青年传媒中心	中国青少年新媒体协会 腾讯安全
32	新媒体联盟	湘潭大学青年传媒中心	团中央学校部 全国学校共青团新媒体运营中心 湖南省高校新媒体联盟筹备办公室共青团湘潭大学委员会
33	湖南省青年文化艺术节朗诵类金奖	艺术团曲艺表演部	湖南省教育厅 共青团湖南省委员会 湖南省文化厅 湖南省青年联合会
34	湖南省青年文化艺术节曲艺类银奖		
35	湖南省青年文化艺术节铜奖	艺术团舞蹈部	
36	湖南省青年文化艺术节优秀奖	艺术团民族乐团	
37	湖南省青年文化艺术节金奖	郝　搏	
38	湖南省青年文化艺术节银奖	刘家亨	
39	湖南省青年文化艺术节铜奖	朱天文	
40	湖南省青年文化艺术节优秀奖	李金忆　李思源	
41	湖南省青年文化艺术节舞蹈个人非专业银奖	高梓铭　魏麟骅	
42	湖南省青年文化艺术节舞蹈个人非专业铜奖	刘思颖	
43	2016 年湖南省雷锋式青年志愿者	左潇瑞　郭美娜	湖南省文明委 湖南省志工委
44	三下乡省级先进个人	刘　硕	共青团湖南省委
45	湖南省最美共青团员		
46	三下乡省级优秀个人	左潇瑞　靳海航　邹　鹏　邢梦琴	中共湖南省委宣传部 湖南省教育厅 共青团湖南省委 湖南省文明办 湖南省学生联合会

序号	获奖名称	获奖个人和集体	授奖部门
47	2016年“镜头中三下乡”优秀通讯员	戴月婷	
48	2016年“镜头中的三下乡”优秀团队	校团委科技创新部	
49	湖南省暑期“三下乡”社会实践优秀服务团队	公共管理学院赴花垣县十八洞村社会调研团	中共湖南省委 湖南省教育厅 湖南省精神文明建设委员会
50	湖南省高校“十佳社团”	旱冰表演协会	共青团湖南省委
51	湖南省高校“百优社团”	武术协会 湘潭大学木槿感恩支教团	
52	第七届华语辩论锦标赛湖南赛区冠军	湘潭大学辩论队	世界华语辩论锦标赛组委会
53	湖南省大学生“践行社会主义核心价值观”主题辩论赛季军	湘潭大学辩论队	共青团湖南省委 湖南省学生联合会
54	湖南省大学生“践行社会主义核心价值观”主题辩论赛最佳风采奖		
55	湖南省大学生“践行社会主义核心价值观”主题辩论赛优秀组织奖		
56	湖南省大学生“践行社会主义核心价值观”主题辩论赛半决赛优秀辩手	徐姗姗	共青团湖南省委 湖南省学生联合会
57	海峡两岸大学生微电影大赛“最佳网络人气奖”	戴月婷 邱　浩 王雪妍	海峡两岸大学生微电影大赛组委会

（吴彬彬）

教学获奖

2016 年省级以上教学竞赛获奖一览表

序号	获奖人	获奖项目	获奖等级
1	宋海霞	湖南省普通高等学校青年体育教师课堂教学比赛	省级一等奖
2	周丽华	湖南省普通高等学校青年体育教师课堂教学比赛	省级二等奖
3	黄　准	湖南省普通高校教师课堂教学竞赛	省级二等奖
4	赵　婵	湖南省普通高校教师课堂教学竞赛	省级三等奖
5	王子菡	湖南省普通高校教师课堂教学竞赛	省级三等奖
6	张伟伟	湖南省普通高校教师信息化教学竞赛	省级一等奖
7	王思思	湖南省第二届微课大赛	省级一等奖
8	熊　雄	全国高校数学微课程教学设计湖南省竞赛	省级一等奖
9	匡睿颖	湖南省普通高校教师信息化教学竞赛	省级三等奖
10	曾金芳	湖南省第二届微课大赛	省级二等奖
11	唐　芳	湖南省第二届微课大赛	省级三等奖
12	唐树江	全国高校数学微课程教学设计湖南省竞赛	省级二等奖
13	黄宗玉	湖南省普通高等学校大学物理课程青年教师讲课比赛	省级二等奖

（张红爱）

科研获奖

2016 年度科研成果获奖情况一览表

序号	获奖项目名称	获奖人员	奖励名称	获奖等级	奖励级别
1	＊＊＊＊性能与失效评价	周益春	湖南省国防科学技术进步奖	一等奖	省部级
2	分形与复杂网络方法在数据分析中的若干应用研究	喻祖国　王　访　韩国胜　石　龙　李宝根　杨建益	湖南省自然科学奖	二等奖	省部级
3	微纳机敏材料及其器件性能的调控	郑学军　王登龙　张　勇　彭金峰	湖南省自然科学奖	二等奖	省部级
4	分数阶微分方程的定性理论与控制	周　勇	湖南省自然科学奖	二等奖	省部级
5	新型层状材料的新奇物性与制备方法研究	钟建新　祁　祥　彭向阳　刘文亮　郝国林　黄宗玉	湖南省自然科学奖	二等奖	省部级
6	氧化锌稀磁半导体的铁磁性机理及其调控研究	王金斌　钟向丽　孙立忠	湖南省自然科学奖	三等奖	省部级
7	智慧路灯关键技术产品及其在智慧城市传感网中的应用	王　雷　王鹏举　匡林爱　张钦旗　郑金华	湖南省科技进步奖	三等奖	省部级
8	丙烯高温氯化混合反应器强化关键技术创新与应用	韩路长　王新龙　陈康庄　罗和安　夏金魁　袁罗云　张　献　刘　利　龚升高	湖南省科技进步奖	二等奖	省部级
9	环保型高温水源热泵机组关键技术研究与应用	李　立　林汉柱　李　明　龙激波　陈　晓　杨培志　李　晓	湖南省科技进步奖	三等奖	省部级
10	艺术现代性与当代审美艺术	杨向荣	湖南省第十二届哲学社会科学优秀成果奖	一等奖	省部级
11	冯契“智慧”说探析	王向清　李伏清	湖南省第十二届哲学社会科学优秀成果奖	二等奖	省部级

序号	获奖项目名称	获奖人员	奖励名称	获奖等级	奖励级别
12	网络引证视角的知识交流规律研究	杨思洛	湖南省第十二届哲学社会科学优秀成果奖	二等奖	省部级
13	文心雕龙通论	刘业超	湖南省第十二届哲学社会科学优秀成果奖	二等奖	省部级
14	瞿秋白与俄国马克思主义文学理论关系研究	刘中望	湖南省第十二届哲学社会科学优秀成果奖	二等奖	省部级
15	蔡和森思想研究	李永春	湖南省第十二届哲学社会科学优秀成果奖	三等奖	省部级
16	高科技企业技术创新战略与组织管理研究	彭中文	湖南省第十二届哲学社会科学优秀成果奖	三等奖	省部级
17	后殖民理论下的身份认同话语研究	罗如春	湖南省第十二届哲学社会科学优秀成果奖	三等奖	省部级
18	知识产权纠纷非讼解决机制研究：以调解为考察中心	刘友华	湖南省第十二届哲学社会科学优秀成果奖	三等奖	省部级
19	房地产泡沫研究	鞠　方 周建军	湖南省第十二届哲学社会科学优秀成果奖	三等奖	省部级

（苏绪霞　王向前）

其他获奖

2016年获省级以上有关部门奖励的先进个人

序号	获奖个人	奖励名称	颁奖单位
1	钟建新	第二批国家“万人计划”教学名师	中共中央组织部
2	费俊杰　肖冬梅	2015年度宝钢教育基金优秀教师奖	宝钢教育基金会
3	刘友华	国家知识产权专家库专家	中华人民共和国国家知识产权局
4	黄显中	湖南省第三届优秀青年社会科学专家	中共湖南省委 湖南省人民政府
5	谭　貌	2016年“湖湘青年英才”支持计划人选	中共湖南省委组织部 共青团湖南省委员会 湖南省科学技术厅 湖南省人力资源和社会保障厅 湖南省科学技术协会
6	刘中望　陶永峰	湖南省委教育工委优秀共产党员	湖南省教育工委
7	刘稳丰　陈双喜	湖南省委教育工委优秀党务工作者	湖南省教育工委
8	齐绍平	全国文化科技卫生“三下乡”先进个人	中共中央宣传部等12部门
9	童庄慧	2015年度省直单位“档案工作先进个人”	湖南省档案局
10	黎益君	湖南省第五届高校辅导员职业能力大赛冠军	中共湖南省委教育工委 湖南省教育厅 湖南省高校辅导员工作研究会
11	胡　阳	2015年全省大中专学生志愿者暑期“三下乡”社会实践活动优秀指导者	中共湖南省委宣传部等
12	罗兆祥	湖南省高校学生思想政治教育研究与实践先进个人	湖南省高校学生思想政治教育研究会
13	周　成	湖南省优秀思政论文	
14	孙　瑜　李胜群 肖　妮	湖南省2015年研究生思想政治教育研究与实践先进个人	湖南省研究生思想政治教育研究会
15	唐检云	湖南省2015年研究生思想政治教育研究与实践优秀工作案例	湖南省研究生思想政治教育研究会

序号	获奖个人	奖励名称	颁奖单位
16	黎益君	湖南省高校辅导员工作研究与实践先进个人	湖南省高校辅导员工作研究会
17	蒋科兵	2015 年度申请和资助国家自然科学基金工作先进个人	湖南省自然科学基金委员会
18	张筱艳	2015 年度高校科协工作先进个人	湖南省科学技术协会
19	刘宇谦	湖南省学生资助研究会 2015 年度“优秀通讯员”	湖南省学生资助研究会
20	乔志芳	2015 年度全省非税收收入执收工作先进个人	湖南省财政厅
21	张友平　戴跃春 周明辉	省级治安保卫重点单位保卫工作先进个人	湖南省公安厅
22	李佑新　李雅兴 李益顺　唐正芒 黄显中　肖冬梅 廖永安　刘友华 覃斌武　肖伟志 季水河　王洁群 刘中望　李剑波 周益春　杨　丽 宋德发　蒋文娟 欧阳晓平	第十一届湖南省高等教育省级教学成果奖一等奖	湖南省教育厅
23	罗和安　朱　砾 王文强　刘韶跃 周光明　钟建新 唐　超　孟利军 毛宇亮　胡义伟 刘建平　章　兢 齐绍平　吴彬彬 马天华　陈立新 刘　琴　陈百华 刘期达　张剑锋	第十一届湖南省高等教育省级教学成果奖二等奖	湖南省教育厅

序号	获奖个人	奖励名称	颁奖单位
24	郑赤建 王晖 阎友兵 方世敏 谢春江 杨柳 彭逢春 林莉 熊天添 尹雪梅 宋德发 黎青 陈娟 左迎颖 熊明 熊菁菁 王婷 欧阳建权 唐欢容 刘新 刘任任 郑学军 张勇 唐明华 余从刚 邓水凤 赵又红 刘金刚 李明富 张模蕴 姜胜强 刘巨钦 朱健 陈旭 柳劲 颜文革	第十一届湖南省高等教育省级教学成果奖三等奖	湖南省教育厅
25	罗兰容 何妍 林艳 田华 宋德发 方红姣 周骅	马克思主义理论研究和建设工程重点教材相应课程“精彩一课”	中华人民共和国教育部
26	刘晓丽	2015年湖南省普通高校教师课堂教学竞赛获奖一等奖	湖南省教育厅 湖南省教育工会
27	华进 汤红忠 王秀峰 廖晖	2015年湖南省普通高校教师课堂教学竞赛获奖二等奖	湖南省教育厅 湖南省教育工会
28	陈宾 左迎颖	2015年湖南省普通高校教师课堂教学竞赛获奖三等奖	湖南省教育厅 湖南省教育工会
29	袁健美	首届全国高校数学微课程教学设计竞赛全国二等奖	教育部高等学校大学数学课堂教学竞赛指导委员会
30	岳慧	首届全国高校数学微课程教学设计竞赛华中赛区一等奖	教育部高等学校大学数学课堂教学竞赛指导委员会

序号	获奖个人	奖励名称	颁奖单位
31	杨　柳　张　娟	首届全国高校数学微课程教学设计竞赛华中赛区二等奖	教育部高等学校大学数学课堂教学竞赛指导委员会
32	侯　晟　陈宇平 齐凤丽　吴静芬	第二届中国外语微课大赛湖南省本科组二等奖	高等教育出版社 教育部教指委
33	侯　晟	湖南省普通高校教师信息化教学竞赛一等奖	湖南省教育厅
34	廖　晖　田常清 李婧璇　邹　娟	湖南省普通高校教师信息化教学竞赛三等奖	湖南省教育厅
35	侯　晟　许　迪 吴静芬　曾妍妮	湖南省普通高校教师信息化教改省级名师空间	湖南省教育厅
36	伍　艳	湖南省第二届大学生心理健康教育课程多媒体课件制作大赛三等奖	中共湖南省委教育工作委员会、湖南省教育厅
37	孙明辉	2015 年“镜头中的三下乡”优秀指导教师	团中央学校部 团中央网络影视中心
38	肖伟业　杨万春	2015 年中国大学生创新创业大赛华南赛区一赛区二等奖指导教师	全球华人微纳米系统分子学会 中国国际 MEMS 学会
39	冯文红	湖南省首届高校 MPAcc 企业案例大赛三等奖指导老师	湖南省人民政府学位委员会办公室
40	覃斌武	湖南省首届高校研究生法律案例大赛优秀法律文书指导老师	湖南省人民政府学位委员会办公室
41	覃斌武	湖南省首届高校研究生法律案例大赛言辞辩论竞赛三等奖指导老师	湖南省人民政府学位委员会办公室
42	张　立	湖南省第二届高校 MBA 企业案例大赛三等奖指导老师	湖南省人民政府学位委员会办公室
43	伍　喆	湖南省第二届高校 MBA 企业案例大赛优胜奖指导老师	湖南省人民政府学位委员会办公室
44	李成福　周光明 刘红良　文志武 杨　柳	湖南省高校首届研究生数学建模竞赛二等奖指导老师	湖南省人民政府学位委员会办公室
45	李成福　周光明 刘红良　文志武 杨　柳	湖南省高校首届研究生数学建模竞赛三等奖指导老师	湖南省人民政府学位委员会办公室

序号	获奖个人	奖励名称	颁奖单位
46	黎　青	第三届全国高校数字艺术作品大赛优秀指导教师	工信部人才交流中心、第三届全国数字艺术大赛组委会
47	杨向荣	湖南省第十二届社会科学优秀成果奖一等奖	中共湖南省委 湖南省人民政府
48	王向清　李伏清 杨思洛　刘业超 刘中望	湖南省第十二届社会科学优秀成果奖二等奖	中共湖南省委 湖南省人民政府
49	彭中文　罗如春 刘友华　鞠　方 周建军　李　琳 李永春	湖南省第十二届社会科学优秀成果奖三等奖	中共湖南省委 湖南省人民政府
50	廖永安　王庆安	第六届湖南省社会科学界学术年会论文特等奖	湖南省社会科学界联合会 湖南省社会科学界学术年会组织委员会
51	王文兵　谭燕芝 韩　雷　董石桃	第六届湖南省社会科学界学术年会论文一等奖	湖南省社会科学界联合会 湖南省社会科学界学术年会组织委员会
52	陈　颖　杨小军 邹　琳	第六届湖南省社会科学界学术年会论文三等奖	湖南省社会科学界联合会 湖南省社会科学界学术年会组织委员会
53	何　妍	第四届湖南学位与研究生教育研究优秀论文优秀奖	湖南省学位与研究生教育学会
54	刘宇谦　罗兆祥	湖南省资助研究会2015年学术年会优秀论文三等奖	湖南省学生资助研究会
55	李雅兴	2015湖南统战理论与实践创新研讨会论文奖二等奖	中共湖南省委统战部 湖南省社会主义学院
56	吴克明	2015湖南统战理论与实践创新研讨会论文奖优秀奖	中共湖南省委统战部 湖南省社会主义学院
57	吴克明	2015年全省统战理论政策研究成果三等奖	中共湖南省委统战部
58	陈　军	全国第五届中小学生艺术展演活动指导教师小学甲组一等奖	中国教科文卫体工会
59	齐绍平	湖南省青年文化艺术节最佳指导教师	共青团湖南省委 省教育厅 省文化厅

序号	获奖个人	奖励名称	颁奖单位
60	吴彬彬 郭 滟	湖南省第二届高校校园好声音大赛优秀团体奖指导教师	湖南省教育厅 中共湖南省委教育工作委员会
61	吴彬彬	2015—2016 年中国大学生在线湘潭大学网络通讯站优秀指导教师	全国高校校园网站联盟 中国大学生在线
62	吴彬彬	2016 年湖南省高校最受欢迎“百优十佳”学生社团网络推选优秀指导教师	共青团湖南省委
63	郭 滟	2016 年镜头中的三下乡“优秀指导教师”	团中央学校部 团中央网络影视中心
64	郭 滟 黎益君 孙明辉	湖南省暑期“三下乡”社会实践优秀指导者	中共湖南省委 湖南省教育厅 湖南省精神文明建设委员会

（肖军芳 吴彬彬）

2016年获省级以上有关部门奖励的先进集体

序号	获奖单位	奖励名称	颁奖单位
1	湘潭大学工会委员会	全国模范职工之家	中华全国总工会
2	湘潭大学能源工程学院分工会	全国模范职工小家	中华全国总工会
3	湘潭大学	2011—2015年全国法治宣传教育先进集体	中共中央宣传部 中华人人民共和国司法部 全国普及法律常识办公室
4	马克思主义学院党委	湖南省先进基层党组织	中共湖南省委
5	马克思主义学院党委 法学院·知识产权学院党委	湖南省教育系统先进基层党组织	中共湖南省委教育工委
6	湘潭大学	2015年全省社会治安综合治理工作先进单位	湖南省人民政府
7	湘潭大学	湖南省2013—2015年“平安高校”	湖南省教育厅 湖南省教育工委
8	湘潭大学	湖南省大学生思想政治理论课实践教学成果展示组织奖	湖南省教育厅
9	湘潭大学	2015年度大学生征兵工作先进单位	湖南省人民政府征兵办公室、湖南省教育厅
10	湘潭大学	湖南省2015年研究生思想政治教育研究与实践先进集体	湖南省研究生思想政治教育研究会
11	湘潭大学	2014年度湖南省高校大学生心理健康教育研究与实践先进集体	湖南省高校大学生心理健康教育研究会
12	湘潭大学	全省第五届高校辅导员职业能力大赛优秀组织奖	中共湖南省委教育工作委员会 湖南省教育厅 湖南省高校辅导员工作研究会
13	湘潭大学	2015年度湖南省高校学生思想政治教育研究与实践先进单位	湖南省高校学生思想政治教育研究会
14	湘潭大学	2015年湖南省学生资助研究先进单位	湖南省学生资助研究会

序号	获奖单位	奖励名称	颁奖单位
15	数学与计算科学学院 教务处	美国大学生数学建模竞赛优秀组织奖	
16	数学与计算科学学院 教务处	“高教社杯”全国大学生数学建模竞赛优秀组织奖	
17	湘潭大学团委	第十四届“挑战杯”全国大学生课外学术科技作品竞赛暨第十一届“挑战杯”湖南省大学生课外学术科技作品竞赛优秀组织奖	
18	信息工程学院	第七届中国大学生计算机设计大赛优秀组织奖	
19	外国语学院　教务处	2015 年全国大学生英语竞赛优秀组织奖	
20	信息工程学院　教务处	第六届“蓝桥杯”全国软件和信息技术专业人才大赛优秀组织奖	
21	化工学院　教务处	2015 年“东华科技－三井化学杯”全国大学生化工设计竞赛优秀组织奖	
22	文学与新闻学院 教务处	第七届全国大学生广告艺术大赛暨第五届湖南省大学生广告艺术设计竞赛优秀组织奖	
23	外国语学院 兴湘学院 教务处	2015“外研社杯”全国英语演讲大赛暨湖南省普通高等学校第二十一届大学生英语演讲比赛优秀组织奖	
24	艺术学院 文学与新闻学院 教务处	第十三届中国大学生广告艺术节学院奖优秀组织奖	
25	艺术学院	2015 中国包装创意设计大赛优秀组织奖	
26	湘潭大学	第四届中国创新创业大赛优秀组织间奖	
27	湘潭大学	中国首届 3D 打印创意设计大赛优秀组织奖	
28	湘潭大学	第五届“赛佰特杯”全国大学生物联网创新应用设计大赛优秀组织奖	

序号	获奖单位	奖励名称	颁奖单位
29	商学院　教务处	第八届全国大学生网络商务创新应用大赛优秀组织奖	
30	艺术学院	第八届全国三维数字化创新设计大赛优秀组织奖	
31	材料科学与工程学院	“徕卡杯”第四届全国大学生金相技能大赛优秀组织奖	
32	信息工程学院	第九届中国大学生 iCAN 物联网创新创业大赛优秀组织奖	
33	物理与光电工程学院 教务处	湖南省第二届大学生物理竞赛优秀组织奖	
34	湘潭大学 湘潭大学兴湘学院	第六届全国高等院校斯维尔杯 BIM 软件建模大赛优秀组织奖	
35	信息工程学院	第五届“华为杯”中国大学生智能设计竞赛优秀组织奖	
36	湘潭大学团委	湖南省暑期“三下乡”社会实践优秀单位	中共湖南省委 湖南省教育厅 湖南省精神文明建设委员会

（肖军芳　吴彬彬）

第十部分

综　合　统　计

人才培养统计

2016 年研究生人数统计表

（单位：人）

	毕业生数	授予学位数	招生数		在校学生数			
			计	其中：应届生	合计	一年级	二年级	三年级及以上
总计	1844	1845	2098	1441	6429	2098	2066	2265
博士	75	72	108	61	492	108	104	280
学术型学位博士	75	72	108	61	492	108	104	280
专业学位博士	/	/	/	/	/	/	/	/
硕士	1769	1773	1990	1380	5937	1990	1962	1985
学术型学位硕士	1206	1209	1258	952	3779	1258	1258	1263
专业学位硕士	563	564	732	428	2158	732	704	722

（朱丹红）

2016 年在职人员攻读硕士学位人数统计表

（单位：人）

	授予学位数	招生数	在校学生数			
			合计	一年级	二年级	三年级及以上
总计	139	161	913	161	156	596
学术型学位硕士	1	0	28	0	0	28
专业学位硕士	138	161	885	161	156	568

（朱丹红）

2016 年本科生人数统计表

（单位：人）

	毕业生数	授予学位数	招生数		在校学生数				
			计	其中：应届生	合计	一年级	二年级	三年级	四年级
总计	5527	5024	6150	5680	24888	6187	6215	6507	5979
本科	5110	5024	6150	5680	24381	6187	6215	6000	5979
专科	417	/	/	/	507	/	/	507	/

（蒲红华）

2016 年外国留学生人数统计表

（单位：人）

	毕(结)业生数	授予学位数	招生数	在校学生数				
				合计	一年级	二年级	三年级	四年级
总计	238	0	270	411	270	115	15	8
本科	19	0	17	47	17	24	3	3
硕士	15	0	15	43	15	15	9	4
博士	4	0	3	12	3	2	3	1

（贺昕）

2016 年成人教育学生人数统计表

（单位：人）

	毕业生数	授予学位数	招生数	在校学生数					
				合计	一年级	二年级	三年级	四年级	五年级及以上
总计	2687	178	3034	6342	3034	2858	126	145	179
函授	1538	86	1872	3506	1872	1460	59	52	63
函授本科	716	86	902	1881	902	805	59	52	63
函授专科	822	0	970	1625	970	655	0	0	0
业余	1149	92	1162	2836	1162	1398	67	93	116
业余本科	649	92	557	1537	557	704	67	93	116
业务专科	500	0	605	1299	605	694	0	0	0

（孙清平）

2016 年兴湘学院本科生人数统计表

（单位：人）

毕业生数	授予学位数	招生数		在校学生数				
		计	其中:应届生	合计	一年级	二年级	三年级	四年级
2188	2118	1363	1363	6212	1371	1430	1473	1938

（赵晓薇）

2016 届毕业生就业率统计表

（单位：人）

研究生		本科生		专科生	
毕业生人数	就业人数	毕业生人数	就业人数	毕业生人数	就业人数
1858	1714	5150	4837	417	391
就业率	92.25%	就业率	93.92%	就业率	93.76%

（赵家文）

2016届本专科生年终就业情况统计表

截至2016年12月

院系	合计			已就业并办证		出国		自主创业		聘用（灵活就业）		继续深造		自由职业		国家、地方项目		待就业（总）	
	总人数	总就业人数	百分比（%）	人数	百分比（%）	人数	百分比（%）	人数	百分比（%）	人数	百分比（%）	人数	百分比（%）	人数	百分比（%）	人数	百分比（%）	人数	百分比（%）
合计	5567	5228	93.91	596	10.71	70	1.26	33	0.59	3323	59.69	1101	19.78	91	1.63	14	0.25	339	6.09
哲学系	57	51	89.47		0.00		0.00		0.00	35	61.40	14	24.56		0.00	2	3.51	6	10.53
历史系	139	132	94.96	2	1.44	2	1.44	1	0.72	82	58.99	44	31.65		0.00	1	0.72	7	5.04
商学院	1029	922	89.60	184	17.88	20	1.94	4	0.39	479	46.55	172	16.72	61	5.93	2	0.19	107	10.40
公共管理学院	275	260	94.55	23	8.36	2	0.73	1	0.36	161	58.55	69	25.09	1	0.36	3	1.09	15	5.45
旅游管理学院	193	191	98.96	11	5.70	1	0.52		0.00	155	80.31	20	10.36	4	2.07		0.00	2	1.04
法学院·知识产权学院	175	163	93.14	9	5.14	3	1.71	2	1.14	98	56.00	50	28.57		0.00	1	0.57	12	6.86
文学与新闻学院	300	275	91.67	13	4.33	2	0.67	3	1.00	208	69.33	45	15.00	1	0.33	3	1.00	25	8.33
外国语学院	256	241	94.14	13	5.08	17	6.64	1	0.39	151	58.98	51	19.92	6	2.34	2	0.78	15	5.86
数学与计算科学学院	136	130	95.59	2	1.47		0.00		0.00	96	70.59	30	22.06	2	1.47		0.00	6	4.41
物理与光电工程学院	216	214	99.07	13	6.02	1	0.46	1	0.46	152	70.37	47	21.76		0.00		0.00	2	0.93
材料科学与工程学院	190	172	90.53	6	3.16		0.00	2	1.05	106	55.79	58	30.53		0.00		0.00	18	9.47
化学学院	275	266	96.73	26	9.45	1	0.36	4	1.45	139	50.55	96	34.91		0.00		0.00	9	3.27
化工学院	351	343	97.72	27	7.69	1	0.28	2	0.57	237	67.52	75	21.37	1	0.28		0.00	8	2.28
机械工程学院	427	413	96.72	67	15.69	10	2.34	2	0.47	241	56.44	93	21.78		0.00		0.00	14	3.28
信息工程学院	690	630	91.30	74	10.72	8	1.16	7	1.01	407	58.99	130	18.84	4	0.58		0.00	60	8.70
土木工程与力学学院	264	260	98.48	115	43.56	2	0.76		0.00	98	37.12	45	17.05		0.00		0.00	4	1.52
职业技术学院	417	391	93.76	8	1.92		0.00		0.00	326	78.18	49	11.75	8	1.92		0.00	26	6.24
国际交流学院	10	7	70.00		0.00		0.00		0.00	7	70.00		0.00		0.00		0.00	3	30.00
艺术学院	138	138	100.00		0.00		0.00	3	2.17	120	86.96	12	8.70	3	2.17		0.00		0.00
能源工程学院	29	29	100.00	3	10.34		0.00		0.00	25	86.21	1	3.45		0.00		0.00		0.00

（赵家文）

师资队伍情况统计

2016年教职工情况统计表

（单位:人）

<table>
<tr><th colspan="3"></th><th>正高级</th><th>副高级</th><th>中级</th><th>初级</th><th>未定职级</th><th>合计</th></tr>
<tr><td rowspan="8">教职工数</td><td rowspan="4">校本部教职工</td><td>专任教师</td><td>301</td><td>490</td><td>533</td><td>10</td><td>128</td><td>1462</td></tr>
<tr><td>行政人员</td><td>3</td><td>48</td><td>168</td><td>65</td><td>77</td><td>361</td></tr>
<tr><td>教辅人员</td><td>1</td><td>58</td><td>123</td><td>23</td><td>34</td><td>239</td></tr>
<tr><td>工勤人员</td><td>–</td><td>–</td><td>–</td><td>2</td><td>92</td><td>94</td></tr>
<tr><td colspan="2">科研机构人员</td><td>–</td><td>–</td><td>–</td><td>–</td><td>–</td><td>–</td></tr>
<tr><td colspan="2">校办企业职工</td><td>–</td><td>–</td><td>–</td><td>–</td><td>–</td><td>–</td></tr>
<tr><td colspan="2">其他附设机构人员</td><td>2</td><td>24</td><td>51</td><td>3</td><td>12</td><td>92</td></tr>
<tr><td colspan="2">合计</td><td>307</td><td>620</td><td>875</td><td>103</td><td>343</td><td>2248</td></tr>
<tr><td colspan="3">聘请校外教师</td><td>267</td><td>280</td><td>12</td><td>12</td><td>209</td><td>780</td></tr>
<tr><td colspan="3">离退休人员</td><td>131</td><td>284</td><td>–</td><td>–</td><td>–</td><td>1286</td></tr>
<tr><td colspan="3">附属中小学幼儿园教职工</td><td>–</td><td>–</td><td>–</td><td>–</td><td>–</td><td>–</td></tr>
<tr><td colspan="3">集体所有制人员</td><td>–</td><td>–</td><td>–</td><td>–</td><td>–</td><td>–</td></tr>
</table>

注：–表示未作具体统计

（肖军芳）

各类人才资源名单

名　称	姓　名	时间
院士(1人)	欧阳晓平	2013
“万人计划”第一批百千万工程领军人才(1人)	黄云清	2014
全国宣传文化系统“四个一批”人才(1人)	彭国甫*	2007
国家“千人计划”人选(1人)	李　正	2012
“万人计划”教学名师(1人)	钟建新	2015
“万人计划”第一批青年拔尖人才(1人)	杨汝岱	2013
教育部“长江学者”特聘教授(3人)	钟建新	2006
	郑学军	2008
	李佑新	2012
全国优秀科技工作者(1人)	罗和安	2010
国家杰出青年科学基金获得者(4人)	周益春	2005
	黄云清	2006
	郑学军	2008
	汤华中	2009
冯康科学计算奖获得者(1人)	黄云清	2006
国家教学名师(4人)	周益春	2006
	文卫平	2007
	季水河	2009
	钟建新	2011
国家人事部“百千万人才工程”第一、二层次人选(2人)	游建强*　钟建新	
“新世纪百千万人才工程”国家级人选(5人)	彭国甫*	2004
	黄云清　高协平	2007
	张海良	2009
	周益春	2013
新世纪(跨世纪)优秀人才支持计划人选(30人)	黄云清　周益春	2002
	陈艳萍*　苏旭平*　颜晓红*　邱兴隆*	2004
	张海良　彭国甫*	2005
	丁建文　廖永安　谭援强*	2006
	黎华明	2007
	胡肖华　喻祖国　王金斌　罗文波	2008
	陈赤平*　葛　飞　夏新华*　颜佳华	2009
	何　振*　刘平乐　孙立忠	2010
	邓国军　金湘亮　杨汝岱	2011
	欧爱民　曹觉先	2012
	陈艳红　黄显中	2013

名　称	姓　名	时间
全国模范教师(3人)	张海良	2007
	钟建新	2009
	李时华	2014
全国优秀教师(9人)	章　兢	1989
	沧　南　郭汉民　刘朋生 陈仲沪※ 张铁夫※	1993—2000
	季水河	2004
	李寿佛	2007
	李佑新	2009
教育部高等学校教学指导委员会委员(10人)	黄云清　周益春　高协平　王向清 颜佳华　何　振　文卫平　曾以成 杨运泉　刘飞兵	2013—2017
湖南省科技领军人才(2人)	罗和安	2007
	黄云清	2011
湖南省“徐特立教育奖”获得者(3人)	向熙庭	1996
	潘长良	2001
	李寿佛	2009
政府特殊津贴专家(52人)	潘长良等35人	1991—1999
	颜晓红* 章　兢	2000
	邓寿昌* 郭晋云*	2002
	肖国安* 彭国甫* 陈艳萍*	2004
	王先友　季水河	2006
	高协平　张海良　苏旭平*	2008
	李佑新	2010
	舒　适	2012
	文卫平　朱卫国*	2014
	唐正芒	2016
湖南省政府特殊津贴专家(3人)	文卫平　喻祖国	2014
	谭松庭	2015
湖南省“芙蓉学者计划”特聘教授(15人)	许进超	2003
	王力波	2004
	周益春　邱兴隆*	2004
	钟建新	2005
	李江宇	2005
	孙长庆　李　文	2006
	邓建新　郑学军	2007
	喻祖国	2009
	彭向阳　王金斌	2010
	Rudder Wu　杨才千	2015

名　称	姓　名	时间
湖南省“芙蓉学者计划”讲座教授(5人)	钱　宇	2009
	冯云田　刘海亮	2010
	R. A. Roemer　杨圣祥	2015
湖南省“百人计划”人选(14人)	许小曙　李爱根	2009
	李江宇　李继春　邓国军　陆旭兵	2010
	牛小东	2011
	李　正　孙长庆	2012
	周光文	2013
	王银民　金湘亮	2014
	廖敏(青年)	2015
	瑞米·莫塞(外专)	2016
湖南省优秀专家(1人)	罗和安	2005
湖南省优秀社会科学专家(5人)	宋世杰※	1998
	张铁夫※	2003
	彭国甫* 季水河	2007
	李佑新	2009
湖南省优秀青年社会科学专家(6人)	肖国安* 王继平　邱兴隆* 何　振* 廖永安　黄显中	2002—2016
宝钢教育基金优秀教师奖(16人)	季水河	2006
	文卫平(特等奖)	2008
	王向清　丁建文	2009
	廖永安　肖爱国	2010
	楚尔鸣　罗文波	2011
	杨　华(特等奖)　王学业	2012
	何　振*(特等奖)　朱卫国*	2013
	童　真　李成福	2014
	费俊杰　肖冬梅	2015
湖南省教学名师(6人)	周益春　季水河	2006
	文卫平　廖永安	2007
	杨　华	2009
	钟建新	2010

名　称	姓　名	时间
湖南省优秀教师(18 人)	刘昭豪　羊春秋※ 李国镇※ 伍极光※ 龙泽斌※ 李益恒※ 文佩琳※ 李瑞昌　向熙廷 何云坤※ 颜晓红* 章　兢	1985—2000
	杨　华　何文燕	2004
	王向清　周　勇　刘任任	2007
	刘跃进	2012
湖南省荣誉社会科学专家(4 人)	姜书阁※ 羊春秋※ 刘桂斌※ 沧　南	1998—2003
湖南省院士专家咨询委员会委员(3 人)	彭国甫* 胡肖华　肖国安*	2005
教育部“高等学校骨干教师资助计划”人选(9 人)	黄云清　陈艳萍* 张　平 罗和安　颜晓红* 阳年发 廖世杰　高协平　韩忠愿*	2002
湖南省优秀中青年专家(9 人)	朱建林　张清辉　黄云清 钟建新　游建强* 周益春 罗和安　廖世杰　刘巨钦	1996—2000
新世纪湖南省青年社会科学研究人才“百人工程”人员(29 人)	刘长庚　彭国甫* 何云坤※ 颜佳华　冯晓青* 邱兴隆* 胡肖华　陈　刚* 胡旭晟* 罗　婷* 孟　泽*	2002
	楚尔鸣　屠新曙* 刘宇红* 陈立中* 阎友兵　张全民 黄明儒	2004
	何　振* 陈赤平* 廖永安 杨向荣* 陈艳红　贺　鉴* 周建军　鞠　方　吴　勇 倪洪涛* 张义清	2009
湖南省“121 人才工程”第一层次人选(10 人)	周益春　黄云清　高协平 刘启良　胡肖华	2005
	刘长庚　文卫平　刘任任	2007
	楚尔鸣　宁国良	2010

名　称	姓　名	时间
湖南省“121 人才工程”第二层次人选(15 人)	刘任任　刘长庚　刘　健* 郭晋云*	2005
	陈赤平*　舒　适　王学业	2007
	廖永安　胡　强　梁丽芝 蔡远利*　谭援强*　刘平乐 段　斌　罗文波	2010
湖南省“121 人才工程”第三层次人选(69 人)	张海良等 38 人	2005
	刘韶跃等 13 人	2007
	倪洪涛*等 18 人	2010
湖南省跨世纪学术和技术带头人培养对象(6 人)	黄云清　罗和安　游建强* 钟建新　颜晓红*　田银华*	1996—1997
湖南省跨世纪学术和技术带头人后备人选(11 人)	王　健*　廖世杰　舒　适 杨建良*　刘任任　刘长庚 冯晓青*　刘　健*　罗迎社* 张　平　朱珍民*	1996—1998
首批全国知识产权领军人才(1 人)	肖冬梅	2013
首批全国专利信息领军人才(1 人)	肖冬梅	2012
湖南省普通高校思想政治理论课优秀教师(2 人)	付菊辉　刘小莉	2009
湖南省高等学校与法律实务部门“双千计划”互聘人员	派出人员:黄明儒　刘友华 刘海鸥　尹华容 接收人员:张小兵　赵建军 陈建华　李世锋	2013—2016
湖南省高等学校与新闻实务部门“双千计划”互聘人员	派出人员:易　蓉　杨皓辉 夏世斌　周　毅 成　然 接收人员:罗　毅　熊劲松 杨为民	2013—2016
湖南省宣传文化系统“五个一批”人才人选(2 人)	颜佳华　廖永安	2008—2013
湖南省高校科技创新团队(6 人)	楚尔鸣　杨汝岱　陈赤平* 龚志民　谭燕芝　鞠　方	2012
湖南省理论学习服务体系第一批省级服务专家人选(7 人)	傅菊辉　李雅兴　罗玉明 廖永安　李佑新　陈赤平* 颜佳华	2009

名　称	姓　名	时间
湖南省普通高校学科带头人培养对象(38 人)	罗和安等 13 人	1998—2002
	王向清　彭国甫*　廖永安 周　勇　王先友　谭援强* 熊茂湘	2005
	刘平乐　张海良　肖爱国 胡肖华　楚尔鸣　丁建文	2008
	陈赤平*　邓国军　胡　强 李永春　罗文波　唐明华	2011
	鞠　方　何　振*　欧爱民 黄　荣　金湘亮　裴　勇	2014
湖南省普通高校青年骨干教师培养对象(230 人)	田银华*等 123 人	1993—2003
	何　振*等 8 人	2004
	贺　鉴*　李勇辉　袁建新 雷　磊　周友行　蔡远利* 曹觉先　赵荣国	2005
	吕　斌　王登龙　余越昕 郭有贵　朱伟东*　王协舟 费俊杰　陈赤平*　李永春	2006
	熊　辉*　王行柱　孙立忠 周建军　赖早兴*　欧阳建权 蒋欣欣　陈艳红　江　军*	2007
	李杰豪*　王太平*　曾楚怡* 肖映雄　杨向荣*　龙士国 李辉文*　谭黎峰	2008
	张今杰　谢凤华　倪洪涛* 赵成林　尹福其　肖思国 刘　煜　张高峰	2009
	文庭孝*　吴　庄*　郭新华 李碧云　陈元平　黄　荣 刘柏希　陶能国	2010
	袁辉初※　刘灿姣*　刘中望 吴　勇　张东波　钟向丽 裴　勇　游奎一　周光明	2011

名　称	姓　名	时间
湖南省普通高校青年骨干教师培养对象(230 人)	周锦涛　刘　婷　盛明科 毛宇亮　谢鹤楼　丁燕怀 陈　旸	2012
	彭中文　向立文　刘友华 张海燕　谢淑红　杨　罗 韩路长　肖　芬	2013
	刘亚军　胡军辉　何　妍 陈　晨　杨　柳　谢月娥 刘　黎　姚志强	2014
	李伏清　醋卫华　董石桃 李益顺　曹　霞　袁健美 魏晓林　彭锐涛　李澄清	2015
	熊元彬　陈　龙　湛　泳 马丽君　杨　银　杨雪娟 李哲涛　李玉芹	2016

注:*表示已调离,※表示已过世

(肖军芳)

国家级、省级教学团队一览表

序号	团队名称	负责人	获批时间	级别
1	材料与器件教学团队	周益春	2007 年	国家级
2	技术物理教学团队	钟建新	2009 年	国家级
3	计算数学教学团队	黄云清	2008 年	国家级
4	英语专业教学团队	文卫平	2008 年	国家级
5	材料与器件教学团队	周益春	2007 年	省级
6	英语专业教学团队	文卫平	2008 年	省级
7	计算数学教学团队	黄云清	2008 年	省级
8	技术物理教学团队	钟建新	2009 年	省级
9	环境友好化工教学团队	罗和安	2008 年	省级
10	中外文论与美学教学团队	季水河	2008 年	省级
11	诉讼法学教学团队	廖永安	2009 年	省级
12	政治经济学教学团队	刘长庚	2010 年	省级
13	大学英语课程教学团队	杨　华	2010 年	省级

（张红爱）

2016年评审通过具备高级专业技术职务资格人员名单

教 授(22人)

彭中文 欧定余 李海海 董石桃 朱红灿 刘友华 王 霞 莫立民 罗如春 杨 银
刘红良 蔡灿英 谢鹤楼 刘 黎 沈 平 韩路长 肖逸锋 周后明 李澄清 李哲涛
兰永红 丁燕怀

副教授(35人)

冷智花 刘 娜 周 静 徐军华 邢文明 李益顺 李秋杨 彭逢春 罗美君 毕懿晴
韩国胜 袁海专 朱 玮 张春小 肖永亮 李 波 王子菡 杨 琼 蒋丽梅 黄华文
肖福红 陈 盛 李银辉 郝 芳 周业丰 刘冀锴 姜胜强 张建平 高 伟 吴 靓
刘思思 龙赛琴 涂佳黄 熊 明 刘正军

(肖军芳)

2016年评审通过具备中级专业技术职务资格人员名单

讲 师(3人)

孙宏发 沈丽琴 曾嘉期

实验师(5人)

杨 忠 张 静 徐 芬 郭进伟 苏 亮

(肖军芳)

2016 年度湘潭大学进站博士后人员一览表

序号	姓名	博士后站	专业	合作导师
1	石　龙	统计学	生物与环境数据统计	肖爱国
2	游志能	法学	诉讼法学	廖永安
3	蔡好涛	数学	计算数学	陈艳萍
4	吴清华	数学	计算数学	黄云清
5	陈传军	数学	计算数学	陈艳萍
6	毛　志	统计学	应用统计	陈艳萍 王嘉福
7	罗海云	哲学	马克思主义哲学	李佑新

（肖军芳）

2015 年度湘潭大学出站博士后人员一览表

序号	姓名	博士后站	专业	合作导师
1	李　娜	材料科学与工程	材料学	王先友
2	刘红良	统计学	应用统计	喻祖国
3	邓春梅	法学	诉讼法学	廖永安
4	杨　穗	物理学	材料学	钟建新
5	李伏清	哲学	马克思主义哲学	王向清
6	许建雄	化学	高分子化学与物理	黎华明
7	吴淑英	力学	一般力学与力学基础	龚曙光
8	张继红	化学	分析化学	王先友
9	李春艳	化学	有机化学	朱卫国
10	李　辉	材料科学与工程	新能源材料与器件	章　兢　罗百敏
11	杨　柳	统计学	数理统计	喻祖国

（肖军芳）

2016 年受聘为湘潭大学特聘教授、荣誉教授、兼职教授名单

兼职教授(28 人)

李跃军 韩增尧 陈家刚 Shuhui Sun 于登云 Harris kagan Jimmy Xu
李笑雪 杨万东 曹实凡 何玉怀 刘 颖 魏悦广 陈 波 李玉平 潘丙才 卓新平
圣 辉 孙伟平 罗瑞盈 黄建宇 李 頔 邓纯东 杨生胜 张 武 郑役军 刘思志
黄永强

荣誉教授(2 人)

黄克智 欧阳自远

特聘教授(3 人)

莫文秀 陈志武 林季蓉

(肖军芳)

2016年湘潭大学外籍专家、教师名单

序号	姓　名	国　籍
1	ANNE MARIE COLETTE COURNAULT	法国
2	BENFORD BECO BEGAY	美国
3	CIAN MC GARRY	爱尔兰
4	DAVID COSTER	法国
5	GUNNAR BJOERN MAHE ESSWEIN	德国
6	HANJUN ZHANG	澳大利亚
7	HUNG PHI TRAN	加拿大
8	LOPEZ DE PRADO ORTIZ ARCE JAVIER EUGEN	西班牙
9	AFFUL JERRY MIREKU	加纳
10	KIM RIGBY	英国
11	SUNNY AMAECHI IKWUNAGU	尼日利亚
12	ZENG WILLIAM B	美国
13	ZHANG ZHENHUA	德国
14	CRISTINA VILLAR GONZALEZ	西班牙
15	MARIA NURIA MARITINEZ GARCIA	西班牙
16	LI ZHENG	美国
17	ESTEFANIA AMADO MENENDEZ	西班牙
18	MIGUEL AUGUSTO ABAD	美国
19	MONTSERRAT RUANO DE LA TORRE	西班牙
20	AARON JUSTIN WATERS	美国
21	CHRISTOPHE ALBERT PIERRE DUBUISSON	法语
22	ROBERTO JOSE SOLANO RODRIGUEZ	墨西哥
23	CARLOS OLIVERA ALVAREZ	西班牙
24	MATHILDE GUILLOTIN	法国
25	VINCENT FREDDY PHLIPPE CARNET	法国
26	GUY PATRICK MAFOUTA BANTSIMBA	法国
27	PHILIPPE GERARD ANDRE ROGEON	法国

序号	姓　名	国　籍
28	LUCIA MONTANA MENDOZA	西班牙
29	GABRIEL BURDALO SALCEDO	西班牙
30	FERNANDO GARCIA PRESMANES	西班牙
31	PILAR FERNANDEZ MARTINEZ	西班牙
32	EDUARDO GARCIA ORTEGA	西班牙
33	JOAQUIN BARREIRO GARCIA	西班牙
34	PATRICIA GARCIA GUTIERREZ	西班牙
35	NOELIA GONZALEZ VERDEJO	西班牙
36	MARIA ANGELES CASTRO SASTRE	西班牙
37	ANA ISABEL FERNANDEZ ABIA	西班牙
38	LAURA FERNANDEZ ROBLES	西班牙
39	JAVIER ALFONSO CENDON	西班牙
40	IVAN GARCIA DIEZ	西班牙
41	ALBA DE LA VEGA RODRIGUEZ	西班牙
42	JUDIT DIEZ SANROMA	西班牙
43	IVAN UBERO MARTINEZ	西班牙
44	GONZALO BALADRON GAITERO	西班牙
45	WANG ZHI GANG	日本
46	HUW DIXON	美国

（贺昕）

教学统计

湘潭大学国家级精品资源共享课程一览表

序号	课程名称	课程承担单位	负责人	时间
1	材料的宏微观力学性能	材料科学与工程学院	周益春	2016年
2	诉讼证据法学	法学院	廖永安	2016年
3	数值计算方法	数学与计算科学学院	黄云清	2016年
4	综合英语	外国语学院	舒奇志	2016年
5	比较文学	文学与新闻学院	季水河	2016年
6	大学化学基础	化学学院	刘恩辉	2016年
7	大学英语	外国语学院	杨　华	2016年
8	电子政务基础	公共管理学院	何　振	2016年
9	计算物理及其应用	物理与光电工程学院	钟建新	2016年

（张红爱）

湘潭大学国家级精品课程一览表

序号	课程名称	课程承担单位	负责人	时间
1	材料的宏微观力学性能	材料科学与工程学院	周益春	2006年
2	综合英语	外国语学院	文卫平	2006年
3	诉讼证据法学	法学院	廖永安	2006年
4	比较文学	文学与新闻学院	季水河	2006年
5	大学化学基础	化学学院	刘恩辉	2006年
6	数值计算方法	数学与计算科学学院	黄云清	2006年
7	大学英语	外国语学院	杨　华	2007年
8	计算物理及其应用	物理与光电工程学院	钟建新	2010年
9	电子政务基础	公共管理学院	何　振	2010年

（张红爱）

湘潭大学国家精品视频公开课一览表

序号	课程名称	课程承担单位	负责人	时间
1	审美与人生	文学与新闻学院	季水河 王洁群	2013年
2	故事中的人生:西方古典文学选讲	文学与新闻学院	宋德发	2014年
3	说服与打动的艺术:广告创意解码	文学与新闻学院	孙丰国	2016年

（张红爱）

湘潭大学省级精品资源共享课程一览表

序号	课程名称	课程承担单位	负责人	时间
1	中国近代史	历史系	王继平	2006 年
2	政治经济学	商学院	刘长庚	2006 年
3	行政诉讼法	法学院	胡肖华	2006 年
4	比较文学	文学与新闻学院	季水河	2006 年
5	跨文化交际学	外国语学院	李素琼	2006 年
6	数值计算方法	数学与计算科学学院	黄云清	2006 年
7	大学化学基础	化学学院	刘恩辉	2006 年
8	机械设计	机械工程学院	谭援强	2006 年
9	离散数学	信息工程学院	刘任任	2006 年
10	马克思主义哲学原理	马克思主义学院	李国华	2007 年
11	国际经济法	法学院	洪永红	2007 年
12	金融学	商学院	楚尔鸣	2007 年
13	大学英语	外国语学院	杨 华	2007 年
14	化工原理	化工学院	罗和安	2007 年
15	工程材料	材料科学与工程学院	尹付成	2007 年
16	单片机原理及应用	信息工程学院	黄辉先	2007 年
17	外国法制史	法学院	夏新华	2008 年
18	微观经济学	商学院	陈赤平	2008 年
19	传播学	文学与新闻学院	樊昌志	2008 年
20	物理化学实验	化学学院	王学业	2008 年
21	水污染控制工程	化工学院	戴友芝	2008 年
22	中国古代文学	文学与新闻学院	李剑波	2009 年
23	模拟法庭	法学院	申君贵	2009 年
24	电子政务基础	公共管理学院	何 振	2009 年
25	计算物理及应用	物理与光电工程学院	钟建新	2009 年
26	现代工程图学	机械工程学院	聂松辉	2009 年
27	有机化学实验	化学学院	朱卫国	2009 年
28	导游理论与实践	旅游管理学院	刘建平	2010 年
29	中共党史(新民主主义革命时期)	历史系	唐正芒	2010 年
30	高分子化学	化学学院	黎华明	2010 年
31	知识产权法学	法学院	王太平	2010 年
32	化工原理实验	化工学院	杨运泉	2010 年

（张红爱）

2016年湖南省普通高等学校教学改革研究立项项目名单

序号	项目名称	主持人
1	教学科研互动视角下社会学专业实验教学模式创新研究	邬欣言
2	基于国际化目标的综合性大学经济学专业教学改革与人才培养模式创新研究	周建军
3	集成创新视角下的高校应用型专业创业教育改革研究——以湘潭大学旅游管理专业为例	罗　栋
4	智慧学习环境下高校青年教师教学胜任力提升研究	赵忠君
5	《概论》课加强中国共产党革命精神教育模式创新与推广应用研究	李雅兴
6	地方综合性大学公共基础写作课程实训体系构建研究	莫小红
7	西班牙语翻译课翻转课堂教学研究与实践	孔繁凡
8	信息与计算科学专业人才的创新性培养教学改革研究	杨　伟
9	基于韶峰实验班探索物理学专业拔尖创新人才培养新模式的研究	唐　超
10	基于专业认证环境的新能源材料与器件专业工程训练课程教学模式研究	雷维新
11	基于虚拟仿真实验技术的绿色化学实验室建设	丁永兰
12	在综合性实践教学环节中实施本科生导师制人才培养模式研究	游奎一
13	专业认证背景下工程热力学课程教学改革与研究	夏小霞
14	工程教育认证达成度评价可持续发展机制研究	段　斌
15	基于虚拟仿真和工程训练平台的CDIO创新型人才力学课程教学模式探索	马雯波
16	基于学生“主动实践”理论的高校校园体育文化环境建设实践研究	雷辉旭
17	《艺术概论》翻转课堂教学实践应用与创新	张　希
18	安全工程本科多学科交叉实践教学研究	鹿　浩
19	人才培养供给侧改革下的创新创业教育研究与实践	黎玉娥
20	以学生为中心的创新创业教学管理模式研究	张模蕴
21	德育视角下大学生安全意识养成教育实效研究	李　丹
22	借助湖南省开放课堂改进“马克思主义基本原理”教学研究	陈宏滨
23	自媒体背景下当代大学生对毛泽东的评价及其引导体系构建研究	陈　龙
24	大学生创新创业精神培育机制研究	王东海
25	合同制项目教学法在“中国近现代史纲要”课的中国共产党革命精神教育中的应用研究	李益顺
26	基于微信的大学课外教育研究	孙丰国

序号	项目名称	主持人
27	基于与力学学科交叉的材料类人才培养模式及实践	杨　丽
28	以学科竞赛和科研为载体的创新型化工人才培养模式实践研究	蔡进军
29	工程设计与制图"名师空间课堂"的建设及应用	易争明
30	面向创新人才培养的现代工程实训模式研究	张高峰
31	信息技术(IT)创意设计人才培养的探索与实践	姚志强
32	大学生自主式开放实验室建设中的创新探索	石跃祥
33	采矿工程本科课程创新型教学模式研究	王新丰
34	面向工科专业"三位一体"的大学生创新创业培养模式研究	陈　宾
35	大学体育微课教学的理论与实践研究——以湘潭大学羽毛球选项课为例	王　卓
36	"游戏观"下基于动画角色表演的《原创动画设计》课程教学创新研究	朱璐莎
37	网络教学环境下成教学生培养模式创新研究	陈百华
38	成教学生思政课差异参与型教学模式研究	程　琼
39	公共英语《创意与学术用途写作》课程模式研究	严美红
40	互联网+背景下大学英语课程设置与人才培养研究实践	杨　柳
41	地方高校创新人才培养模式改革实践研究	胡义伟
42	基于协同育人理念的独立学院应用型人才培养模式构建研究	柳　劲
43	独立学院人力资源管理专业课程模块化改革研究	朱　健

（张红爱）

2016 年湖南省教育科学“十三五”规划课题立项项目名单

序号	课题名称	主持人	学科类别	课题类别
1	绿色发展理念下大学生生态道德教育研究	何　妍	德育研究	省级一般资助
2	张楚廷“隐性课程”思想研究	宋德发	高等教育研究	省级重点资助
3	多元主体参与下的大学协商治理机制构建研究	董石桃	高等教育研究	省级一般资助
4	高校思想政治理论课加强中国共产党革命精神教育的路径与策略研究	李益顺	高等教育研究	省级一般资助
5	湖南省旅游管理专业本科毕业生就业需求特征及引导	马丽君	高等教育研究	省级一般资助
6	材料测控技术与装备新专业的创建与探索	王子菡	高等教育研究	省级一般资助
7	网络时代非正式学习背景下的高校外语教师专业发展研究	李婧璇	高等教育研究	省级一般
8	国库集中支付对省属高校资金结算的影响研究	邓　琼	教育经济与教育管理研究	省级一般资助
9	高校休闲福利缓解教师职业倦怠的路径研究	李卫飞	教育心理研究	青年资助
10	中外学校体育运动伤害纠纷解决机制比较研究	宋彬龄	体育卫生艺术教育研究	青年资助

（张红爱）

科技统计

2016 年度科技活动经费统计表(自然科学类)

经费名称	经费数(万元)
当年科技活动经费合计	11 995.3
其中:科研事业费(包括科研人员工资)	1 052.8
主管部门经专项费(包括平台建设、人才队伍建设经费)	1 953
国家发改委、科技部专项费	43.6
国家自然科学基金项目费	3 337
国务院其他部委专项费	157
省、直辖市、自治区专项费	891
企事业单位委托经费	1 245.8
各种收入转为当年科技活动经费	3 256.4

(苏绪霞)

2016 年度科技活动经费统计表(人文社会科学类)

经费名称	经费数(百元)
当年经费收入合计	400 059.5
政府资金投入	233 330.0
科研活动经费	176 530.0
其中:教育部科研项目经费	4 890.0
教育部其他科研经费	1 500.0
中央其他部门科研项目经费	82 850.0
省、直辖市、自治区社科基金项目	20 600.0
省教育厅科研项目经费	8 740.0
省教育厅其他科研经费	56 000.0
其他各类地方政府经费	1 950.0
科技活动人员工资	56 800.0
科研基建费	0.0
非政府资金投入	166 729.5
企事业单位委托项目经费	40 551.5
金融机构贷款	0.0
自筹经费	126 100.0
国外资金	0.0
其他收入	780.0
其中:港澳台地区合作项目经费	0.0

(王向前)

2016 年度科研项目统计表(自然科学类)

(单位:项)

项目来源	在研课题数	新增课题
“973”计划	2	0
国家科技支撑计划	2	0
“863 ”计划	1	0
国家自然科学基金项目	226	59
教育部	46	1
国家部委其它科技项目	16	0
省市项目	331	109
国际合作项目	1	0
横向项目	393	195
其他课题	2	1
合计	1 020	365

(苏绪霞)

2016 年国家自然科学基金项目一览表

序号	项目名称	项目级别	负责人
1	时间分数阶 Navier – Stokes 方程与扩散方程的定性研究	面上项目	周　勇
2	电磁超材料中的数学模型分析及模拟	面上项目	李继春
3	有限元重构方法及在 Cahn – Hilliard 方程高效计算方法中的应用	面上项目	易年余
4	几类非局部方程的高效谱方法研究	面上项目	杨　银
5	几类非局部微分方程的高效保结构算法	面上项目	肖爱国
6	Al_2O_3/稀土改性的抗 CMAS 热障涂层微观结构设计与调控	面上项目	Rudder Wu
7	氟磷酸玻璃基质中 PbS/PbSe 量子点与稀土离子之间的能量传递调控与上转换光学性质研究	面上项目	阳效良
8	阳离子型钌金属肽的构建及对分子间三螺旋 RNA 的结构调控研究	面上项目	谭黎峰
9	通过引导组装构筑结构可控的液晶纳米粒子聚合物	面上项目	谢鹤楼
10	各向异性湍流分散体系中气泡或液滴的破裂机理研究	面上项目	韩路长
11	基于液态有机氢化物脱氢的贵金属/水滑石负载型催化剂的构筑及其反应机理研究	面上项目	杨运泉
12	过渡金属 – 钒磷氧复合氧化物基固体超强酸的构筑及其催化二氧化氮选择性硝化芳烃性能研究	面上项目	游奎一

序号	项目名称	项目级别	负责人
13	微波催化剂低温微波催化高效分解NO脱硝的微波催化效应及其作用机理	面上项目	周继承
14	微藻油脂合成积累路径关键酶基因的挖掘甄选及调控机制研究	面上项目	李玉芹
15	短孔道酸碱双功能SBA-15催化剂的构筑及其协同催化酯化与酯交换反应	面上项目	刘跃进
16	Al-Ti-YSZ涂层的设计及其抗CMAS的机理	面上项目	杨　丽
17	锡、锑硫化物@导电聚合物复合负极材料的可控构筑与储钠特性	面上项目	刘　黎
18	燃料电池用氮掺杂碳载过渡金属(M-N/C)氧还原反应催化剂研究	面上项目	陈红飙
19	层间域水化特性影响Mo/LDHs层状材料催化降解疏水性有机污染物的机制	面上项目	许　银
20	移动物联网中基于对称密钥机制的可验证隐私保护技术研究	面上项目	裴廷睿
21	动态多目标优化进化算法关键问题研究	面上项目	杨圣祥
22	+非规则二维区域上空间分数阶扩散方程的有限元方法	青年科学基金项目	卜玮平
23	各向异性稀疏网格上的谱方法及其在高振荡问题中的应用	青年科学基金项目	李雪阳
24	低算子复杂度的高效并行AMG法及其在两类PDEs中的应用	青年科学基金项目	岳孝强
25	TGO本构关系温度相关性的DIC表征及机制	青年科学基金项目	朱　旺
26	不确定条件下脆性材料离散元模型参量的计算反求方法研究	青年科学基金项目	陈　睿
27	锂离子电池活性材料/集流体动态界面的结合性能表征研究	青年科学基金项目	雷维新
28	阵列排布柱体群绕流与涡激振动互扰机理研究	青年科学基金项目	涂佳黄
29	二维材料异质结构热电输运的界面效应与应变效应	青年科学基金项目	赵　为
30	基于掠入射X射线散射原位技术研究快速热诱导的嵌段共聚物自组装机理	青年科学基金项目	赵　镍
31	基于具有分立微纳结构含氟配位化合物的界面组装、结构调控及其超疏水性能研究	青年科学基金项目	李　凤
32	基于羟胺衍生物内部氧化的sp3碳氢官能团化反应研究	青年科学基金项目	黄华文
33	基于五氟苯基硅烷衍生物的新型五氟苯基化反应的设计与研究	青年科学基金项目	欧阳昆冰
34	酮肟水解反应-萃取耦合制备羟胺盐及其动力学模型研究	青年科学基金项目	赵方方
35	动态载荷下高强管线钢硫酸盐还原菌腐蚀机理研究	青年科学基金项目	吴堂清
36	超薄介孔Janus复合纳米片可控制备及乳液界面催化	青年科学基金项目	刘益江
37	CALPHAD辅助设计粉末母合金法制备K418合金及其烧结机理研究	青年科学基金项目	刘　烨
38	基于多尺度分析的先进高强度钢板冲压成形粘模机理研究	青年科学基金项目	董文正
39	考虑砂轮表面形貌及工件缺陷影响的工程陶瓷磨削加工损伤行为研究	青年科学基金项目	姜胜强

序号	项目名称	项目级别	负责人
40	磁流变弹性体砂轮的制备及其柔性抛光机理研究	青年科学基金项目	徐志强
41	汽油车催化型微粒捕集器过滤体再生平衡态特性及协同机理研究	青年科学基金项目	左青松
42	基于胞内聚合物的短程硝化与反硝化除磷偶联机制研究	青年科学基金项目	陈洪波
43	无线无源声表面波传感器超分辨率测量方法研究	青年科学基金项目	刘伯权
44	基于低秩表示的交通场景视觉感知理论方法研究	青年科学基金项目	许海霞
45	面向车联网的动态数据收集与恢复算法研究	青年科学基金项目	田淑娟
46	基于稀疏优化与低秩逼近及非局部化方法的红外图像超分辨率重建研究	青年科学基金项目	朱　玮
47	3.5μm 波段拓扑绝缘体锁模掺 Er 氟化物光纤激光器研究	青年科学基金项目	唐平华
48	商业信用与出口企业成长	青年科学基金项目	陆利平
49	风电信息安全检测自动化研究	与欧盟委员会合作交流项目	李澄清
50	Bi_2Se_3 类拓扑绝缘体薄膜拓扑相变的第一性原理研究	国际(地区)合作与交流项目	刘文亮
51	基于高维多目标进化算法与超限学习机的大规模疾病－ncRNA 关联关系预测模型研究	应急管理项目	王　雷
52	微纳等离子体光热转换及热辐射机理研究	应急管理项目	田军龙
53	新型功能磷烯异构体的第一性原理预测及物性研究	应急管理项目	何朝宇
54	烷基糖苷和硫代糖苷性能的基础研究	应急管理项目	陈朗秋
55	模拟孔隙尺度岩石骨架化学溶解损伤与破裂过程的颗粒法－格子 Boltzmann 耦合模型研究	应急管理项目	夏　明
56	两类 Markov 排队模型的衰减性质	数学天元基金项目	张利娜
57	新型改性海泡石负载型镍基多金属催化剂构筑及催化己二腈加氢性能研究	联合基金项目	刘平乐

（苏绪霞）

2016 年度科研项目统计表(人文社会科学类)

(单位:项)

项目来源	在研课题数	新增课题
国家社科基金项目	128	31
国家社科基金单列学科项目	0	0
教育部人文社科研究项目	75	19
高校古籍整理研究项目	0	0
国家自然科学基金项目	10	1
中央其他部门社科专门项目	48	13
省、直辖市、自治区社科基金项目	304	56
省教育厅社科项目	46	44
地、市、厅、局等政府部门项目	253	9
国际合作研究项目	0	0
与港、澳、台合作研究项目	0	0
企事业单位委托项目	112	31
学校社科项目	181	4
外资项目	0	0
其他	14	0
合　计	1 171	208

(王向前)

2016年国家社会科学基金项目一览表

序号	项目名称	项目级别	负责人
1	重大突发事件社会舆情演化规律及应对策略研究	何 振	国家社会科学基金
2	冯锲的中国哲学史诠释理论研究	王向清	国家社会科学基金
3	马克思主义中国化的文化自觉研究	王文兵	国家社会科学基金
4	逻辑全能问题研究	陈晓华	国家社会科学基金
5	中国共产党与湖南抗战	罗玉明	国家社会科学基金
6	中国古代环境资源法律探研	刘海鸥	国家社会科学基金
7	冷战后海湾地区合作的特征与趋向	喻 珍	国家社会科学基金
8	边地出土文献所见秦汉使者研究	李 斯	国家社会科学基金
9	应用型硕士研究生培养研究	廖湘阳	国家社会科学基金
10	清末暂行内阁研究	熊元彬	国家社会科学基金
11	公众选择导向的政府信息公开渠道管理创新研究	朱红灿	国家社会科学基金
12	城镇化背景下粮食供给侧结构性失衡应对政策研究	冷智花	国家社会科学基金
13	战后法国战争小说研究	杨维春	国家社会科学基金
14	康熙雍正时期江苏州县吏治问题研究	雷炳炎	国家社会科学基金
15	毛泽东政治协商思想及其对加强政党协商建议的意义研究	李雅兴	国家社会科学基金
16	基于太空竞争的航天贸易管控及法律规范研究	蔡高强	国家社会科学基金
17	詹姆逊与当代中国马克思主义文论话语的构建	黄宗喜	国家社会科学基金
18	农村空心化背景下社会组织参与养老服务的供给侧改革研究	李熠煜	国家社会科学基金
19	百年文学中的辛亥革命叙事研究	丰 杰	国家社会科学基金
20	新社会科学语境中的现代中国左翼文论研究	刘中望	国家社会科学基金
21	城镇职工养老保险的代内收入再分配效应及政策优化研究	易 菲	国家社会科学基金
22	突发事件网络舆情的政府监控研究	易臣何	国家社会科学基金
22	英汉多重否定的语义对比研究	文卫平	国家社会科学基金
24	非洲国家限制外国人就业法及中资企业的应对	洪永红	国家社会科学基金
25	环境风险项目的社会信任机制研究	吴 勇	国家社会科学基金
26	人民陪审员制度改革试点的跟踪研究	刘方勇	国家社会科学基金
27	以中国为主导的“一带一路”国际生产网络的构建	欧定余	国家社会科学基金
28	适应地方土地财政转型的保障性住房供给长效机制研究	李勇辉	国家社会科学基金
29	生育政策调整、住户规模效应与中国家庭收入不平等研究	刘 娜	国家社会科学基金
30	智慧学习环境下高校教师胜任力要素及培养路径研究	赵忠君	国家社会科学基金

（王向前）

2016 年知识产权授权情况统计表

（单位：项）

学院	发明专利	实用新型	外观设计	集成电路设计	软件著作权	总计
数学与计算科学学院	1				1	2
材料科学与工程学院	11	6				17
化学学院	18					18
化工学院	28	5			1	34
机械工程学院	36	31	6		20	93
信息工程学院	17	2	1		41	61
土木工程与力学学院	5	5				10
物理与光电工程学院	8	7		10		25
环境与资源学院	3	2				5
其他		30	1		21	52
总计	127	88	8	10	84	317

（苏绪霞）

2016 年科技著作、学术论文发表情况统计表（自然科学类）

（单位：部/篇）

所在二级单位	著作	学术论文发表类型					
		CPCI－S	CSCD 核心	CSSCI	EI	SCIE	总计
数学与计算科学学院	1		9		6	39	55
物理与光电工程学院		3	4		10	76	93
化学学院			8		27	182	217
化工学院			10		20	61	91
材料科学与工程学院	1	2	2		15	78	98
机械工程学院	1	1	23		24	11	60
信息工程学院	3	4	11	2	25	12	57
土木工程与力学学院			8		11	8	27
环境与资源学院			6		6	16	28
总计	6	10	81	2	144	483	726

注：同一篇文章同时被 EI、SCIE 收录，只按 SCIE 统计一次

（苏绪霞）

2016年出版著作、学术论文发表情况统计表(人文社会科学类)

(单位:部/篇)

单位	专著	编著或教材	译著	工具书	论文
哲学系	1				50
马克思主义学院	2	1			22
历史系	4	2			56
商学院	5				110
公共管理学院	3	2			143
旅游管理学院	2	5			75
法学院	11	15	2	1	101
文学与新闻学院	6	3			42
外国语学院	2	1	1		23
体育教学部					1
艺术学院		2			22
非教学单位	2				25
毛泽东思想研究中心	1				40
合计	39	31	3	1	710

(王向前)

2016年科研成果获奖统计表

(单位:项)

学科	奖励级别	合计	特别奖	一等奖	二等奖	三等奖	优秀奖	其他
理工类	省部级	9		1	5	3		
	地市级	6				1		5
社科类	省部级	10		1	4	5		
总计		25		2	9	9		5

(苏绪霞　王向前)

固定资产统计

校舍情况

（单位:平方米）

	学校产权校舍建筑面积		正在施工校舍建筑面积	非学校产权校舍建筑面积		
	计	其中 当年新增校舍		合计	独立使用	共同使用
总　　计	832 605	16 123	760	89 489	89 489	
一、教学科研及辅助用房	331 755		760			
教室	132 922					
图书馆	27 498					
实验室、实习场所	130 054		760			
专用科研用房	7 598					
体育馆	18 592					
会堂	15 091					
二、行政办公用房	16 186	3 385				
三、生活用房	347 174	12 738		89 489	89 489	
学生宿舍（公寓）	273 844	12 738		68 177	68 177	
学生食堂	20 395			11 257	11 257	
教工宿舍（公寓）	27 454					
教工食堂	1 129					
生活福利及附属用房	24 352			10 055	10 055	
四、教工住宅	123 016					
五、其他用房	14 474					

资产情况

			学校产权	非学校产权	独立使用
占地面积（平方米）	计		1 890 709. 5	164 267. 4	164 267. 49
	其中：	绿化用地面积	739 933	97 500	97 500
		运动场地面积	123 142		
图书（万册）	计		320. 1		
	其中：当年新增		9. 09		
计算机数（台）	计		13 107		
	其中：教学用计算机	计	8 720		
		其中：平板电脑	20		
固定资产总值（万元）	计		145 970. 32	26 004. 4	13 002. 2
	其中：教学、科研仪器设备资产值	计	46 460. 23		
		其中：当年新增	4 969. 38		
	其中：信息化设备资产值	计	18 519. 66		
		其中：软件	2 859. 75		

信息化建设情况

网络信息点数（个）	计	44 762
	其中：无线接入	2 063
上网课程数（门）		47
电子邮件系统用户数（个）		32 440
管理信息系统数据总量（GB）		706. 16
数字资源量（GB）	数据库（个）	86
	电子图书（册）	5 374 439
	音视频（小时）	7 753
信息化培训人次（人次）		993
信息化工作人员数（人）		69

2016年度收入支出表

单位:元

项　　目	本年累计数
一、本期收入	945 257 352. 14
(一)财政补助收入	534 261 500. 00
1. 教育补助收入	524 418 300. 00
2. 科研补助收入	4 710 000. 00
3. 其他补助收入	5 133 200. 00
(二)事业收入	362 647 839. 81
1. 教育事业收入	293 844 368. 41
2. 科研事业收入	68 803 471. 40
其中:非同级财政拨款	48 780 550. 90
(三)上级补助收入	0. 00
(四)附属单位上缴收入	0. 00
(五)经营收入	0. 00
(六)其他收入	48 348 012. 33
其中:非同级财政拨款	60 800. 00
捐赠收入	0. 00
二、本期支出	918 921 107. 76
(一)财政补助支出-事业支出	575 357 033. 34
1. 教育事业支出	476 878 945. 33
2. 科研事业支出	28 149 918. 47
3. 行政管理支出	19 562 377. 52
4. 后勤保障支出	39 559 301. 99
5. 离退休支出	11 206 490. 03
(二)非财政补助支出	343 564 074. 42
1. 事业支出	343 386 492. 13
(1)教育事业支出	247 692 472. 90

项　　目	本年累计数
(2)科研事业支出	43 546 980.13
(3)行政管理支出	13 635 662.66
(4)后勤保障支出	37 000 699.53
(5)离退休支出	1 510 676.91
2. 上缴上级支出	0.00
3. 对附属单位补助支出	0.00
4. 经营支出	0.00
5. 其他支出	177 582.29
三、本期结转结余	26 336 244.38
1. 财政补助结转结余	-41 095 533.34
2. 事业结转结余	67 431 777.72
3. 经营结余	0.00

（邓琼）

第十一部分

大　事　记

湘潭大学2016年大事记

1月

1月5日至6日，校党委理论学习中心组组织专题学习。集中学习由校党委书记章兢主持，校领导黄云清、周益春、宁建民、刘长庚、高协平、郑赤建、黄竹青、刘建平、刘长青、廖永安、张海良、戴飞军和校长助理谭援强等参加学习。

1月6日，由省政府统一部署，审计厅派出审计组，对学校2014—2015年科技经费分配、管理、使用及效益情况进行专项审计调查。校长黄云清、校纪委书记高协平、副校长刘长青出席审计调查工作接洽会。

1月8日，湖南省"百人计划"考察组来校，对入选该计划的廖敏博士进行考察。考察组由省人社厅境外专家引进和境外培训处处长周立红、副处长韦虹以及省委组织部人才工作处方行健组成。校党委副书记周益春主持考察座谈会。

1月9日，湖南省创新创业教育教学管理人员培训会在图书馆报告厅召开，来自全省42所高校主管教学的副校长、业务专家参加会议。省教育厅副厅长葛建中、副校长廖永安等出席。

1月13日，由湖南省教育厅组织有关媒体评选的2015年度湖南十大教育新闻和新闻人物在长沙揭晓，学校退休教师曾子其因"坚持在青年学生中播种信仰"入选。

1月18日，81岁的天体化学与地球化学家、中国绕月探测工程首席科学家、中国科学院院士欧阳自远来到学校，揭秘"中国的探月梦"，勉励湘大学子立志高远，报效祖国。校长黄云清为欧阳自远颁发"湘潭大学荣誉教授"聘书，周益春主持报告会。

2月

2月5日，教育部办公厅文件《关于公布第八批"精品视频公开课"名单的通知》（教高厅函〔2016〕15号）确定，文学与新闻学院孙丰国副教授的"说服与打动的艺术：广告创意解码"正式入选。

2月23日，湖南省委宣传部、省教育厅公布第一批省级重点马克思主义学院和重点思想政治理论课教学科研机构名单，学校马克思主义学院入选首批省级重点马克思主义学院。

2月26日，化工学院戴友芝教授的"复杂重金属废水深度处理技术及工程应用项目"被湖南省人民政府评为湖南省技术发明奖三等奖。

2月，学校被湖南省知识产权局评为"2015年度湖南省知识产权工作先进单位"。

2月，爱思唯尔发布了"2015年中国高被引学者（Most Cited Chinese Researchers）榜单"，学校王先友教授和周勇教授在能源和数学两个学科领域进入中国高被引学者榜单。

3月

3月3日，校领导班子和校级领导干部2015年度考核述职会在图书馆报告厅举行。省委组织部和省委教育工委有关领导到会指导，校领导章兢、黄云清、周益春、宁建民、高协平、郑赤建、刘建平、廖永安、张海良出席会议。会议由校党委书记章兢主持。省委教育工委组织部副部长黄星亮在讲话中要求以高度的政治责任感搞好测评工作，全面把握好测评内容，严肃认真，确保测评结果客观公正。

3月7日，湖南省教育工会文件《关于表彰第七轮"芙蓉杯"百万女职工"强素质立新功"竞赛先进集体和先进个人的决定》（湘教工发〔2016〕4号）确定，图书馆采编部荣获"芙蓉标兵岗"荣誉称号。

3月9日，湘潭市委常委、常务副市长谈文胜带领市城乡规划局、市发改委、雨湖区政府等相关单位负责人来到学校，就“长湘株”轨道交通线路方案征求建议。校党委书记章兢、校长黄云清、副校长郑赤建和刘建平出席。

3月11日，湖南省教育厅以湘教通〔2016〕97号文件确定，学校理论经济学、中国语言文学、数学、物理学、化学、机械工程、环境科学与工程和公共管理被评湖南省“十二五”优秀重点学科。

3月14日，湖南省教育厅、中共湖南省委教育工委以湘教通〔2016〕98号文件确定，湘潭大学为湖南省“平安高校”。

3月31日，化学学院张海良教授的“高性能纳米和液晶复合材料的制备、性能及机理研究”被广西壮族自治区人民政府评为自然科学奖三等奖(第二)。

3月，第十二届全国人民代表大会第四次会议和政协第十二届全国委员会第四次会议期间，全国人大代表、湘潭大学原校长罗和安，全国政协委员、湘潭大学副校长刘长庚，带着对全面建成小康社会的美好憧憬，为民生福祉、教育公平、改革发展献言建策，其建议提案引起广泛关注。

4月

4月2日，被誉为“中国风投第一人”的美国国际数据集团(IDG)全球常务副总裁兼亚洲区总裁熊晓鸽，做客学校就业创业大讲堂，畅谈“创新与创业”。报告会由校党委书记章兢主持。美国国际数据集团中国区副总裁江洲，2000级校友、58到家首席执行官、58同城首席战略官陈小华，副校长刘建平等出席。

4月5日，湘潭市委书记曹炯芳，市委常委、市委秘书长陈忠红一行来校调研考察。校党委书记章兢，校长黄云清，校党委副书记周益春，副校长宁建民、郑赤建，副校级督导员张海良出席会议。

4月7日，最高人民检察院党组副书记、副检察长邱学强来校考察，参观了法学楼博士工作室、法律大数据研究室，就反腐败司法研究基地建设进行指导。最高人民检察院反贪污贿赂总局三局副局长向泽选，四局副局长詹复亮，省人民检察院党组书记、检察长游劝荣，党组副书记、副检察长常智余，校党委书记章兢，校长黄云清，副校长廖永安等出席座谈会。座谈会由黄云清主持。

4月12日，中共湖南省委党校高校负责同志党性教育专题培训班的37名学员来到学校交流。省委党校、湖南行政学院学员部调研员罗允平，中共党史教研部戴安林教授、李美玲教授，校党委书记章兢等出席交流报告会。副校长刘建平主持会议，并作了题为《红色文化在大学生思想政治教育中的作用研究》的报告。

4月13日，现代大学制度改革推进会在办公楼311室召开，会议就完善学校内部治理结构，构建与有鲜明特色的高水平现代大学相适应的现代大学制度建设进行专题讨论。校领导章兢、黄云清、周益春、宁建民、刘长庚、高协平、郑赤建、张海良、戴飞军出席。

4月22日，最高人民法院多元化纠纷解决机制研究基地揭牌仪式暨多元化纠纷解决机制理论与实务研讨会在逸夫楼第一报告厅举行。经最高人民法院院长周强批示，多元化纠纷解决机制研究基地落户学校法学院。最高人民法院副院长李少平、省人大常委会副主任谢勇、省高级人民法院院长康为民、校长黄云清为基地揭牌。当天，由谢勇和廖永安共同主编、湘潭大学出版社出版的《如何当好调解员》系列丛书首发。

4月25日，省属本科院校校级领导副职民主推荐会在图书馆学术报告厅举行。省委巡视第十组副组长戴清、省委教育工委组织部部长蒋明，校领导章兢、黄云清、周益春、宁建民、刘长庚、高协平、郑赤建、廖永安、张海良、戴飞军出席会议。会议由校党委书记章兢主持。

4月26日，学校组织校级领导班子成员、纪检监察工作人员、各部门主要负责人参加了全省教育系统党风廉政建设和反腐败工作视频会议。校领导章兢、黄云清、周益春、宁建民、刘长庚、高协平、郑赤建、廖永安出席视频会议。省教育厅党组成员、省委教育工委委员、副厅长葛建中主持视频会议。

5月

5月4日，省委常委、省委统战部部长黄兰香来学校考察调研。省委统战部常务副部长谭平，湘潭市委书记曹炯芳、市委秘书长陈忠红、市委统战部部长廖桂生等陪同调研。校领导章兢、黄云清、周益春、宁建民、刘长庚、高协平、郑赤建、刘建平、刘长青、廖永安、张海良出席汇报会。

5月10日，神华公益基金会向学校“伟人之托”奖助学金捐赠了30万元，用于资助材料科学与工程学院品学兼优和家境贫困的学子。神华公益基金会理事长车建明、校党委书记章兢、校长黄云清、校党委副书记周益春出席捐赠仪式。车建明、材料科学与工程学院执行院长尹付成、学校教育基金会秘书长肖其森共同签署了捐赠协议。黄云清向车建明颁发了捐赠证书。

5月10日，学校在办公楼306会议室组织收看全省教育系统“两学一做”学习教育工作视频会议。校党委书记章兢、校长黄云清、党委副书记周益春、纪委书记高协平等参加会议。省教育厅党组书记、省委教育工委书记、厅长肖国安对“两学一做”学习教育作了全面动员部署。省委组织部副巡视员张宏益作了讲话。省教育厅党组成员、省委教育工委副书记夏智伦主持会议。

5月11日，学校“两学一做”学习教育工作部署会议在逸夫楼第一报告厅召开。校领导章兢、黄云清、周益春、宁建民、高协平、郑赤建、刘建平、刘长青、廖永安、张海良、戴飞军出席会议。校党委书记章兢为全体中共党员处级以上领导干部、教职工党支部书记、学生党支部书记讲授了一堂“两学一做”学习教育专题党课。校党委副书记、校长黄云清主持会议，校党委副书记周益春作关于开展“两学一做”学习教育的工作动员部署报告。

5月17日，学校召开专题推进会，就落实党风廉政建设突出问题、“纠‘四风’、治陋习”和“雁过拔毛”式腐败问题专项整治工作作安排部署。校党委书记章兢、校纪委书记高协平出席。

6月

6月2日，湖南省政协副主席杨维刚一行来校，考察了土木工程与力学学院流变力学实验室、岩土力学与工程安全湖南省重点实验室，就“加快发展我省深海矿产资源开发技术与装备产业”进行专题调研。省政协常委、人口资源环境委员会主任胡伟林，湘潭市政协主席周放良，副市长苏健全，市政协副主席傅军、谭岳，校党委副书记周益春，副校长刘长庚，校党委委员、副校级督导员张海良陪同调研。

6月5日，2016年“长城信息杯”中国大学生程序设计比赛（中南地区邀请赛）暨第八届湘潭市大学生计算机程序设计大赛在湘潭大学举行。来自全国16个省56所学校的163支队伍参赛。副市长苏健全，市科学技术协会党组书记、主席涂敬阳，副校长刘建平等出席闭幕式，并为获奖选手颁奖。湘潭大学代表队在湘潭市大学生计算机程序设计大赛中获得冠军和金奖。

6月7日，招商银行长沙分行高校实习基地建设座谈会暨授牌仪式在长沙举行。湘潭大学与中南大学、湖南大学、湖南师范大学四所高校被确定为招商银行长沙分行实习就业基地。

6月7日，湘潭大学教育基金会举行换届暨第三届理事会第一次会议。原校长潘长良，原校党委书记石耀焜，原校长李树丞、罗和安以及校党委书记章兢、校长黄云清、校纪委书记高协平、副校长刘长青出席会议。教育基金会换届会议由校长黄云清主持。会议审议通过了《湘潭大学教育基金会第二届理事会工作报告》《湘潭大学教育基金会2012—2015年财务报告》教育基金会第三届理事会和监事会成员名单，以及《湖南省湘潭大学教育基金会章程（修订稿）》，选举产生了教育基金会第三届理事会理事长、副理事长、秘书长和监事会监事长。章兢当选第三届理事会理事长，刘长青、肖其森为副理事长，秘书长由肖其森兼任，高协平担任监事会监事长。王协舟等19人、刘圣陶等3人分别为新一届理事会和监事会成员。

6月20日，省委巡视第八组专项巡视湘潭大学工作动员会召开，省委巡视第八组组长郭树人作了动员讲话，湘潭大学党委书记章兢主持会议并作了表态发言。

6月23日，学校开展党外代表人士“两学一助”学习教育动员会。校党委副书记周益春主讲了《以新湖南助力新湘大》的专题学习讲座，并对学校“两学一助”学习作了动员部署。

6月23日至30日，应美国密苏里大学圣路易斯分校和墨西哥国立自治大学邀请，校长黄云清率学校代表团一行6人赴美国、墨西哥访问，就师生交流和科研合作进行了深入探讨，并与美国密苏里大学圣路易斯分校签订了访问生协议。

6月30日，国家国防科技工业局召开国防科技创新基地和共建高校座谈会。国家国防科技工业局局长许达哲，教育部党组副书记、副部长杜玉波，教育部党组成员、副部长林蕙青等出席了会议。校党委书记章兢出席了会议。

6月，马克思主义学院思想政治理论课教师“五表率五禁止”行为规范正式实施。这是该院深入贯彻落实中央关于加强高校宣传思想工作和思想政治理论课建设的有关决策部署，对标“四讲四有”，深化“两学一做”学习教育，进一步强化师德师风建设，全方位推进“立德树人”而采取的一项创新举措。

7月

7月1日，省委常委、省委组织部部长郭开朗来学校为土木工程与力学学院研究生、本科生党支部100余名学生党员上党课。省委教育工委书记、省教育厅厅长肖国安，省委巡视第八组组长郭树人，湘潭市委书记曹炯芳，市委常委、市委组织部部长、市委统战部部长廖桂生，校党委书记章兢，校长黄云清，中国工程院院士、材料科学与工程学院院长欧阳晓平，校党委副书记周益春，副校长郑赤建陪同考察，并与大学生党员一起听党课。党课由章兢主持。

7月1日，湖南省教育厅以湘教通〔2016〕320号文件确定，学校被评为2016年湖南省青少年校园足球省级试点县市区和运动队建设基地。

7月4日，湖南省财务厅以湘财教指〔2016〕75号文件确定，湘潭大学云桌面实验教学平台等9个项目获得2016年中央财政支持地方高校发展资金建设经费2500万元。

7月5日，省委统战部常务副部长谭平来到学校，作了题为《学习贯彻中央关于统战工作系列决策部署，切实加强新形势下高校统一战线工作》的专题辅导报告。校领导章兢、黄云清、周益春、刘长庚、郑赤建、刘建平、刘长青、廖永安、张海良、戴飞军等听取了报告。报告会由校党委书记章兢主持。

7月11日，校党委副书记、校长黄云清在逸夫楼第一报告厅，以《学系列讲话，明精神实质，促学校科学发展》为题，讲授了一堂“两学一做”专题党课。校领导章兢、周益春、宁建民、高协平、郑赤建、刘建平、刘长青、廖永安、戴飞军等听取了党课。党课由校党委书记章兢主持。

7月14日，学校召开2016年暑期研讨会，贵州大学校长郑强受邀作了题为《区域性地方高校建设高水平大学的思路与举措》的专题报告。校领导章兢、黄云清、周益春、宁建民、刘长庚、高协平、郑赤建、刘建平、刘长青、廖永安、张海良、戴飞军等聆听报告。报告会由校党委书记章兢主持。

7月18日，学校创新信息公开方式，举办招生录取现场开放日活动，邀请考生、家长及媒体代表走进录取现场，了解“阳光录取”的全过程。

8月

8月5日，中国人民银行湘潭市中心支行“个人信用报告自助查询湘潭大学点”揭牌仪式在中国工商银行湘潭市分行湘大支行举行，这是在全国高校设立的首家个人信用报告自助查询点。副校长刘长庚、中国人民银行湘潭市中心支行行长李明为网点揭牌。

8月12日，由学校承办的中国工业与应用数学学会第十四届年会在湘潭开幕。全国人大常委会委员、副秘书长，中国工业与应用数学学会理事长、中国科学院院士郭雷;省人大常委会副主任谢勇;中国科协副主席、中国数学会理事长、中国科学院院士袁亚湘出席开幕式,校党委书记章兢,学会副理事长、北京应用物理和计算数学研究所党委书记、中国科学院院士江松,高等教育出版社副总编林金安,校长黄云清,省委教育工委副书记夏智伦,中国科学院数学与系统科学研究院副院长、学会副理事长高小山研究员,学会副理事长、复旦大学吴宗敏教授,学会秘书长、清华大学王小群教授,国际著名数学家、美国加州大学张益唐教授等出席大会,大会由学会副理事长、北京大学张平文教授主持。北京大学数学学院应隆安教授,1977级数学系校友、中国科学院数学与系统科学研究院研究员袁亚湘院士获应用数学学科在国内的最高奖——第六届苏步青应用数学奖。

8月21日,由中国仲裁法学研究会主办,湘潭大学、长沙仲裁委员会和上海建纬(长沙)律师事务所承办的"2016年ADR研究方阵系列论坛第五场会议"在长沙举行,本次会议的主题为"中国商事调解的挑战与未来"。省人大常委会副主任谢勇,省贸促会副会长、湖南国际商会党组成员傅丹舟,省高级人民法院党组成员、立案信访局局长李立新,原省人大法工委副主任、省立法研究会会长王汉连,原长沙市人大常委会党组副书记、副主任、长沙仲裁委员会主任刘晓明,中国仲裁法学研究会副秘书长郭峰,学校副校长廖永安等出席开幕式。

8月25日,省发改委主任谢建辉一行来到学校,就大学生创新创业情况进行调研。湘潭市市长谈文胜,校党委书记章兢、校长黄云清、副校级督导员张海良等陪同考察。

8月28日,"世界大学城"空间应用培训班在逸夫楼第一报告厅举办。湖南省人民政府参事王键,副校长刘建平、刘长青、廖永安等出席。

8月31日,湖南省教育厅下发文件《关于2013年省级实践教学建设项目验收结果的通报》(湘教通〔2016〕394号)确定:学校现代工程大学生创新训练中心项目通过省级大学生创新训练中心验收,与长沙国家生物产业基地管委会合作的药学和化学类专业校企合作人才培养示范基地通过验收,学校电子信息多维大学生创新创业教育中心被确定为大学生创新创业教育中心立项建设,与中国石化集团长岭分公司合作的化学化工类专业校企合作创新创业教育基地,以及与长沙国家生物产业基地管委会合作的药学和化学类专业校企合作创新创业教育基地确定为立项建设。

9月

9月2日,麦克雷雷大学孔子学院中方院长洪永红教授在乌干达国家课程开发中心主任格莱斯的陪同下,向刚上任不久的乌干达教育部长、现任总统夫人珍妮·穆塞韦尼汇报工作。穆塞韦尼对孔子学院的工作表示赞赏,表示将全力支持孔子学院的发展,并将与即将到访的孔子学院总部专家共同商讨汉语推广工作。

9月3日,学校在逸夫楼第一报告厅召开第五届党代表大会,对学校出席湘潭市第十二次党代表大会的候选人进行选举,投票选举产生了李时华(女)、杨雪娟(女)、周琦、章兢4名出席市党代表大会代表。会议由校长黄云清主持。

9月6日,数学与计算科学学院院长聘任仪式举行,北京大学汤华中教授受聘为院长,这是学校与北京大学战略合作、北京大学对学校大力支持的具体体现。校党委书记章兢出席聘任仪式,校长黄云清为汤华中颁发聘书并佩戴校徽,副校长宁建民宣读学校干部任命文件。

9月13日,"环境资源保护与生态文明建设"研讨会暨湘潭大学环境与资源学院成立大会在逸夫楼第一报告厅举行。中国工程院院士郝吉明、欧阳晓平,教育部科技司副司长高润生,校党委书记章兢、校长黄云清等出席。郝吉明、章兢、黄云清、欧阳晓平共同为新成立的环境与资源学院揭牌,郝吉明作首场学术报告。副校级督导员张海良主持会议。

9月13日,教育部部长陈宝生在副省长向力力的陪同下来学校考察。国务院教育督导委员会办公室主任、教育部教育督导局局长何秀超,教育部基础一司司长吕玉刚,省政府副秘书长陈小春,省教育厅厅长肖国安、副厅长唐亚武，湘潭市委书记曹炯芳、副市长苏健全，校党委书记章兢、校长黄云清等陪同考察。

9月19日，校党委召开巡视整改专题民主生活会。校领导章兢、黄云清、周益春、宁建民、刘长庚、高协平、刘建平、刘长青、廖永安、张海良、戴飞军参加会议。校党委领导班子全体成员作表态发言，对照省委巡视第八组反馈的问题开展了批评与自我批评，对巡视整改工作进行了安排部署。

9月26日至29日，中国共产党湘潭市第十二次党代表大会隆重召开。大会选举产生了中国共产党湘潭市第十二届委员会委员，选举了出席湖南省第十一次党员代表大会代表。校党委副书记、校长黄云清当选中共湘潭市第十二届委员会委员，校党委书记章兢、物理与光电工程学院党委委员杨雪娟(女)当选湖南省第十一次党员代表大会代表。

9月26日，湖南省教育厅文件《关于公布校地合作试点单位和2016年校企合作基地立项建设名单的通知》(湘教通〔2016〕436号)确定，湘潭大学被确定为与湘潭市人民政府合作试点单位，成为湖南省首批校地合作试点单位。

9月，学校信息工程学院刘任任教授的《渐进式自适应高精度定位导航关键技术及应用项目》被中国卫星导航定位协会评为卫星导航定位科技进步奖一等奖。

10月

10月8日，法学院·知识产权学院院长聘任仪式举行，郑鹏程教授受聘为院长。湖南省人大常委会副主任、法学院·知识产权学院名誉院长谢勇，湖南省高级人民法院副院长、法学院·知识产权学院特聘教授杨翔，校党委书记章兢、校长黄云清、副校长廖永安等出席聘任仪式。章兢为郑鹏程颁发聘书。

10月12日，省教育史志编纂委员会副主任胡学军、省教育工委党校原常务副校长杨志红、省教育科学院教育史志所原所长胡国强一行来校，对学校教育人物志(1978—2015)编纂情况进行调研。校党委书记章兢、副校长宁建民出席调研座谈会。

10月24日，湖南省人社厅、省委组织部、省科协下发文件“关于表彰首届湖南省优秀科技工作者和第十届湖南省青年科技奖获奖者的决定”(湘人社发〔2016〕73号)确定，授予研究生院院长、教授王先友为首届“湖南省优秀科技工作者”，授予化学学院院长、教授邓国军，材料科学与工程学院系主任、教授杨丽为第十届“湖南省青年科技奖”。

10月28日，第五届全国老年大学文艺汇演在学校大礼堂落幕。第十届全国人大常委会副委员长、中国老年大学协会名誉会长顾秀莲出席颁奖仪式，并为获奖者颁奖。省人大常委会原副主任、省关工委副主任高锦屏，《求是》杂志社原总编辑、中国老年协会会长张晓林，全国老龄办原副主任、中国老年大学协会常务副会长袁新立，湘潭市委副书记赵文彬，市人大常委会常务副主任、党组书记李江南，市委常委、组织部部长廖桂生，副市长陈小山，市委原副书记、巡视员郭果夫、劳动，校党委书记章兢，校党委副书记周益春等出席并颁奖。

11月

11月4日，湖南省高等学校第102期处级干部进修班暨我校处级干部培训班开班，学校自2013年10月以来新提拔和近5年来未参加过干部培训机构学习的68名在职处级干部参加本期培训。校党委书记章兢，省教育厅党组成员、省委教育工委副书记夏智伦，省高校干部培训中心书记、省委教育工委党校副校长刘国华出席开学典礼。校党委副书记周益春主持开学典礼。

11月12日至13日，校党委副书记周益春、副校长刘长庚来到学校对口扶贫村龙山县苗儿滩镇补洲村，实地考察学校精准扶贫工作，并代表学校师生向补洲村捐赠25万元。

11月13日，国家国防科技工业局副局长吴艳华来学校考察。国家国防科技工业局综合计划司副司长刘怀宽、科技与质量司副司长刘建桥，省国防科技工业局副局长唐勇，校长黄云清、校党委副书记周益春、副校级督导员张海良陪同考察。

11 月 22 日，学校召开传达学习湖南省第十一次党代会精神报告会，省党代会代表杨雪娟介绍了本次大会的概况、主要成果，并对大会报告进行了解读。会议由校长黄云清主持，校领导周益春、宁建民、郑赤建、刘建平、刘长青、廖永安、张海良、戴飞军出席会议。

11 月 30 日，校党委书记章兢以《依法治校与以德治校——关于高校工作十大相互作用的思考》为题，为省高等学校第 102 期处级干部进修班暨学校处级干部培训班的学员讲授并分享了多年来从事高校管理工作中关于关系高校建设发展的重要问题的思考和体会。校党委副书记周益春出席。

12 月

12 月 9 日，中共湖南委员以湘委干〔2016〕418 号文件确定，黄云清同志任湘潭大学党委书记，免去章兢同志的湘潭大学党委书记职务。

12 月 13 日，校党委理论学习中心组在办公楼 705 会议室组织开展“两学一做”专题学习之四“讲奉献有作为”的专题集中学习。集中学习由校长黄云清主持，校领导周益春、宁建民、刘长庚、郑赤建、刘建平、刘长青、廖永安、张海良、戴飞军，以及中心组其他成员参加了学习讨论。

12 月 19 日，国务院教育督导委员会办公室派出由国家督学、教育部民族教育司原司长阿布都（维吾尔族）任组长的国家督导检查组，对子弟学校义务教育均衡发展进行实地督导检查。省教育厅党组成员、工委委员、副厅长王建华，省教育厅原副巡视员廖湘生，校党委副书记周益春、副校长郑赤建、市教育局局长陈利文等陪同检查。

12 月 21 日，省委书记杜家毫邀请来自县市区、乡镇（街道）、村（社区）、高校、企业的 9 位基层党组织书记到省委座谈，围绕开好 2016 年度省委常委班子民主生活会，面对面听取大家的意见建议。学校化学学院党委书记刘稳丰作为全省教育系统的唯一代表参加座谈会并发言。

12 月 23 日，受省委委托，省委组织部副部长胡奇一行来到学校，在图书馆报告厅召开学校干部大会，通报了省委关于学校主要领导职务任免的决定。省委决定，黄云清同志任学校党委书记，免去其校长职务；章兢同志不再担任校党委书记职务；周益春同志任学校校长。会议由省教育厅党组成员、省委教育工委副书记夏智伦主持。省委组织部干部四处处长曹四成，全体校领导、其他省管干部、近三年退出领导岗位或退休的校领导，以及院士、“千人”计划专家、校学术委员会成员、在职副处以上干部等出席大会。

12 月 28 日，学校召开 2016 年度本科教学工作会议，校领导黄云清、周益春、宁建民、刘长庚、高协平、郑赤建、刘建平、刘长青、廖永安、张海良出席。校党委书记黄云清作《坚守湘大经典品牌，创建一流本科教育》的主题报告，校长周益春主持会议并作会议总结，副校长廖永安作《把握机遇，紧抓落实，建设一流本科教育》的教学工作报告。

补记：

2015 年 12 月 4 日，中华全国总工会下发了《关于表彰全国模范职工之家、全国模范职工小家、全国优秀工会工作者的决定》（总工发〔2015〕38 号），学校工会被中华全国总工会授予“全国模范职工之家”的荣誉称号，能源工程学院分工会获“全国模范职工小家”称号。

2015 年 12 月 30 日，教育部办公厅、中央政法委办公室以教高厅函〔2015〕100 号文件确定，学校陈建华、刘海鸥成为高等学校与法律实务部门人员互聘“双千计划”2015 年度入选人员。